Crime Organizado
Tipicidade – Política Criminal – Investigação e Processo
— BRASIL, ESPANHA E COLÔMBIA —

Conselho Editorial
André Luís Callegari
Carlos Alberto Molinaro
Daniel Francisco Mitidiero
Darci Guimarães Ribeiro
Draiton Gonzaga de Souza
Elaine Harzheim Macedo
Eugênio Facchini Neto
Giovani Agostini Saavedra
Ingo Wolfgang Sarlet
Jose Luis Bolzan de Morais
José Maria Rosa Tesheiner
Leandro Paulsen
Lenio Luiz Streck
Paulo Antônio Caliendo Velloso da Silveira

Dados Internacionais de Catalogação na Publicação (CIP)

C157c   Callegari, André Luís
     Crime organizado: tipicidade – política criminal – investigação e processo: Brasil, Espanha e Colômbia / André Luís Callegari, Clara Moura Masiero, Manuel Cancio Meliá, Paula Andrea Ramírez Barbosa. – 2. ed. rev e ampl. Porto Alegre: Livraria do Advogado Editora, 2016.
     172 p.; 23 cm.
     ISBN 978-85-69538-03-5

     1. Crime organizado. 2. Política criminal. I. Masiero, Clara Moura. II. Cancio Meliá, Manuel. III. Ramírez Barbosa, Paula Andrea. IV.Título.

CDU – 343.911

Índices para o catálogo sistemático:
Política criminal   343.9
Crime organizado   343.911

(Bibliotecária responsável: Marta Roberto, CRB-10/652)

André Luís Callegari
(organizador)
Clara Moura Masiero
Manuel Cancio Meliá
Paula Andrea Ramírez Barbosa

Crime Organizado

Tipicidade – Política Criminal – Investigação e Processo

— BRASIL, ESPANHA E COLÔMBIA —

2ª EDIÇÃO
revista e ampliada

livraria
DO ADVOGADO
editora

Porto Alegre, 2016

©
André Luís Callegari
Clara Moura Masiero
Manuel Cancio Meliá
Paula Andrea Ramírez Barbosa
2016

Capa, projeto gráfico e diagramação
Livraria do Advogado Editora

Revisão
Rosane Marques Borba

Imagem da capa
Stockphoto.com

Direitos desta edição reservados por
Livraria do Advogado Editora Ltda.
Rua Riachuelo, 1300
90010-273 Porto Alegre RS
Fone: 0800-51-7522
editora@livrariadoadvogado.com.br
www.doadvogado.com.br

Impresso no Brasil / Printed in Brazil

Sumário

Apresentação – *André Luís Callegari*...7

I – Controle social e criminalidade organizada
André Luís Callegari..9

II – A política criminal brasileira voltada à criminalidade organizada: análise das leis penais aprovadas no Brasil entre 1940 e 2014
Clara Moura Masiero...23

III – El injusto de los delitos de organización: peligro y significado
Manuel Cancio Meliá...79

IV – Estratégias politico criminales en la persecucíon y sanción la criminalidad organizada. El modelo de Colombia en este ámbito
Paula Andrea Ramírez Barbosa...119

Apresentação à 2ª edição

Quando a primeira edição deste livro foi publicada, em 2008, estava-se diante uma grande impasse jurídico: ao mesmo tempo em que se percebia o incremento de uma nova criminalidade, beneficiada pelos processos da globalização e da consequente expansão internacional da atividade econômica, qual seja, uma criminalidade desenvolvida por estruturas de modelo empresarial, a que se convencionou chamar de criminalidade organizada; percebia-se, também, que o Direito Penal não dispunha de mecanismos eficazes para a persecução dessa criminalidade, na medida em que se preocupa, principalmente, com uma criminalidade associada ao indivíduo isolado.

Dentro deste contexto, já havia uma crescente preocupação da sociedade e da comunidade internacional a respeito da criminalidade organizada, sobretudo devido aos sofisticados meios utilizados na comissão de diferentes delitos, tais como tráfico de drogas, operações de lavagem de dinheiro e até mesmo ações terroristas (realidade, esta, não verificável no Brasil, mas, sim, em outras realidades nacionais, como nos Estados Unidos e em alguns países da Europa). Essa preocupação direciona-se, em grande medida, à intervenção penal, demandando a modernização dos ordenamentos jurídico-penais dos países, para dotá-los de instrumentos capazes de fazer frente à modernização criminosa.

Nesse sentido, é possível visualizar novas tendências político-criminais sendo adotadas pelos países para dispor de mecanismos mais eficazes para a persecução penal da criminalidade organizada. Há que se discutir, então, a adequação dessas tendências, bem como a técnica adotada nas redações das legislações. Afinal, trata-se de questões relativamente novas para o Direito Penal, tais como a infiltração de agentes, a ação controlada das polícias ou flagrante diferido, a delação premiada, a cooperação internacional, dentre outras.

Com isso, a primeira edição debruçou-se nas reformas legais até então operadas – no Brasil, na Espanha e na Colômbia – no sentido de modernizar o Direito Penal, com o objetivo específico de perseguir a criminalidade organizada. A grande crítica residia na política criminal empreendida e na imprecisão da conceituação do que se entende por criminalidade organizada, conforme se afirmou à época: "a técnica para a redação desse dispositivo incriminador não foi a mais feliz, é dizer, faltou clareza ao legislador na hora de definir o que se incrimina, ferindo-se, frontalmente, o princípio da taxatividade dos tipos penais (...). O legislador busca coibir a prática de crime cometido por organização criminosa, muito embora não diga mais nada a respeito do que seja dita organização, sendo um tipo penal amplíssimo, que permite abarcar uma série de condutas, que se confundem, muitas vezes, com a participação criminal (art. 29 do CP) ou com a formação de quadrilha (art. 288 do CP)".

Ocorre que desde 2008 até hoje (2015), o ordenamento brasileiro fora incrementado com mais três leis penais que repercutem no fenômeno da criminalidade organizada, dentre as quais se destaca a Lei n. 12.850/2013, que, finalmente, vem a definir organização criminosa.

Enfim, pretende-se com esta segunda edição atualizar a discussão a respeito da política criminal desenvolvida com fins de fazer frente à chamada organização criminosa, mantendo-se a estrutura de apresentar as realidades do ordenamento brasileiro, a partir de artigo de minha autoria atualizado, e de novo artigo incorporado à obra, desenvolvido por Clara Moura Masiero; do ordenamento espanhol, com artigo atualizado para esta obra de Manuel Cancio Meliá; e, do ordenamento colombiano, com artigo também atualizado para esta obra de Paula Andrea Ramírez Barbosa.

Agradeço, novamente, aos meus colegas Manuel Cancio Meliá, Paula Andrea Ramírez Barbosa e, agora, também a Clara Moura Masiero por aceitarem o convite de atualizar seus escritos, passados sete anos, e de participarem deste importante trabalho. Igualmente o nosso agradecimento ao Walter Abel Filho e à Livraria do Advogado Editora, pois o espírito empreendedor deles torna o nosso sonho possível.

Porto Alegre, inverno de 2015.

Prof. Dr. André Luís Callegari

— I —
Controle social e criminalidade organizada

ANDRÉ LUÍS CALLEGARI
Doutor em Direito pela Universidad Autónoma de Madrid.
Doutor *honoris causa* pela Universidade Autónoma de Tlaxcala – México.
Doutor *honoris causa* pelo Centro Universitário del Valle de Teotihuacan – México.
Professor de Direito Penal nos Cursos de graduação e pós-graduação da Universidade do Vale do Rio dos Sinos – UNISINOS. Advogado Criminalista.

Sumário: 1. O paradigma da segurança; 2. Novos rumos da Política Criminal; 3. Delinquência organizada.

1. O paradigma da segurança

A nova sociedade globalizada e moderna propiciou o aparecimento de novos riscos e sentimentos de insegurança, fatores estes que se devem ao desenvolvimento acelerado das grandes cidades, da migração de pessoas, dos avanços tecnológicos, da ausência de fronteiras e da versatilidade do fluxo de capitais circulante no mundo, dentre outros fatores. Em contrapartida, como política de segurança, estabelecem-se rapidamente políticas claramente repressivas vinculadas aos temas de segurança (terrorismo, crime organizado, tráfico de drogas, violência doméstica), o que abre um amplo debate sobre a necessidade ou eficácia destas políticas legislativas criadoras de novas figuras penais ou restritivas de direitos e garantias individuais conquistadas após longos anos.

Neste contexto, desenvolvem-se e legitimam-se campanhas político-normativas de *Law and Order*, recorrentes nos Estados Unidos desde a década de 80, que se fundamentam na hipersensibilidade de alarmes sociais específicos. Trata-se de políticas baseadas na repressão férrea aplicadas a certos cidadãos, a dureza das sanções, uma certa permissividade à rudeza policial e na busca da eficácia fundada em princípios de repressão/reactividad.[1]

Estas políticas demonstram que a diferença entre políticas de segurança autoritárias e democráticas radica em que enquanto estas últimas estão orientadas a lograr a confiança dos cidadãos, as políticas de segurança autoritárias estão diri-

---
[1] PÉREZ CEPEDA, Ana Isabel. *La seguridad como fundamento de la deriva del Derecho penal postmoderno*. Madrid: iustel, 2007, p. 50.

gidas a conseguir a adesão dos cidadãos, utilizando para isso mecanismos populistas cujo objetivo é canalizar em proveito de determinadas pessoas ou partidos políticos sentimentos, medos ou reações sociais. O discurso do medo destinado a produzir obediência, ou em outros casos a estabelecer uma cortina de fumaça ante erros ou desacertos dos poderes públicos em outros âmbitos de sua gestão, quando nem a liberdade nem a segurança, como a paz autêntica, são possíveis desde o medo. O medo, afastado de sua atividade primária, não gera senão ânsia de segurança.

2. Novos rumos da Política Criminal

A tendência da política criminal atualmente é no sentido de superar o modelo de garantias penais e processuais penais, adquiridas após anos de muito debate e esforço, e substituí-lo por outro de segurança do cidadão[2] ou, ao menos que demonstre esta suposta segurança.

Isso pode ser visto claramente nos discursos dos políticos e nos debates sobre segurança pública. Também se revela na hora da aprovação de novas leis penais imbuídas de caráter repressivo com supressão de garantias ou ampliação das condutas típicas. Dito de outro modo, a revelação dessa nova legislação muitas vezes de imediato não demonstra este viés, porém, nunca se viu uma abertura tão grande nos tipos penais, onde o princípio da taxatividade que norteava o Direito Penal foi olvidado.

Assim, se de um lado aparecem cada vez mais leis penais no sentido de "frear" a crescente criminalidade, de outro, aparecem leis simbólicas, que visam mais a uma resposta social ou cultural a determinados problemas do que propriamente à solução deles. A política criminal se "rearma": o Direito Penal e as penas se expandem. O Direito Processual Penal está se adaptando às elevadas exigências que resultam disso. A execução da pena favorece cada dia mais a mera custódia e a "custódia de segurança" que havia quase sido esquecida, experimentando um inesperado renascimento. Repressão e punitivismo são os nomes das ideias diretrizes da nova política criminal.[3]

Diante deste contexto, este novo modelo de Direito Penal, isto é, Direito Penal que confere maior segurança à sociedade,[4] mostrou uma habilidade para integrar suas análises e propostas de intervenção num debate previamente existente

---

[2] Nesse sentido, DÍEZ RIPOLLÉS, José Luis. De la sociedad del riesgo a la seguridad ciudadana: un debate desenfocado, *Derecho Penal y Política Transnacional*. Barcelona: Atelier Libros Jurídicos, 2005, p. 243.

[3] PRITTWITZ, Cornelius. La desigual competencia entre seguridad y libertad. *Política Criminal, Estado e Democracia*. Rio de Janeiro: Lúmen Juris, 2007, p. 41.

[4] Nesse sentido, GARLAND, David. *La cultura del control*. Tradución de Máximo Sozzo. Barcelona: Editorial Gedisa, 2005, p. 34, assinala que os últimos desenvolvimentos em matéria de controle do delito e justiça penal produzem perplexidade porque parecem compreender uma repentina e surpreendente reversão do padrão histórico preestabelecido. Apresentam uma marcada descontinuidade que deve ser explicada. Os processos de modernização que até pouco tempo pareciam bem consolidados neste âmbito, principalmente as tendências de longo prazo à "racionalização" e à "civilização", parecem agora começar a sofrer um revés. A reaparição na

sobre a política criminal e a conveniência de estender as intervenções penais aos âmbitos sociais até o momento fora do raio de sua ação.[5]

3. Delinquência organizada

As organizações criminais transformaram um mercado de ingressos ilegais organizados de forma artesanal em um mercado ilícito empresarial gerenciado internacionalmente. Os avanços tecnológicos nos sistemas de comunicação, de transmissão de informação e de transporte foram fundamentais para determinadas atividades do crime organizado. De fato, com os meios, as estruturas e *know how* implicados, as organizações criminais transnacionais obtêm rápidos e ingentes benefícios sem precedentes, seja pelo elevado número de clientes, seja pelos escassos custos econômicos e penais a respeito daquelas atividades tradicionais.[6]

A delinquência organizada deixou de ser o arquétipo das grandes e complexas organizações criminais, com capacidade para afetar a cerca socioeconômica e institucional de nossas sociedades, para passar a ser objeto de atenção preferente às manifestações associativas ligadas à delinquência tradicional, como grupos de assaltantes ou sequestradores, estruturas de tráfico ilícito de média importância, redes de pornografia infantil e as organizações terroristas.[7]

Portanto, uma das características do Direito Penal moderno é a evolução de uma criminalidade associada ao indivíduo isolado até uma criminalidade desenvolvida por estruturas de modelo empresarial. Dentro desta evolução, a criminalidade organizada se dirige fundamentalmente à obtenção de importantes benefícios econômicos. A expansão internacional da atividade econômica e a abertura ou globalização dos mercados são acompanhadas da correlativa expansão ou globalização da criminalidade, que frequentemente apresenta um caráter transnacional, podendo-se afirmar que a criminalidade organizada é a da globalização.[8]

Cancio Meliá assinala que os delitos relacionados com as *associações ilícitas* – e, dentro destas, de modo específico, as infrações de pertencer a uma organização terrorista – estão hoje num momento de franca expansão, ao menos em toda a Europa. Esta evolução tem lugar em um marco geral em que uma legislação puramente simbólica e impulsos punitivistas se potencializam mutuamente

---

política oficial de sentimentos punitivos e gestos expressivos que parecem extraordinariamente arcaicos e francamente antimodernos tende a confundir as teorias atuais sobre o castigo e seu desenvolvimento histórico.
[5] RIPOLLÉS, José Luis Díez, op. cit., p. 244.
[6] CEPEDA, Ana Isabel Pérez. *La seguridad como fundamento de la deriva del Derecho penal postmoderno*. Madrid: iustel, 2007, p. 94.
[7] Idem, ob. cit., p. 95.
[8] MONTALVO, José Antonio Choclán. *La organización criminal. Tratamiento penal y procesal*. Madrid: Dykinson, 2000, p. 1; IGLESIAS RÍO, Miguel Angel. "Criminalidad organizada y delincuencia económica". Aproximación a su incidencia global. *Criminalidad Organizada y Delincuencia Económica*. Bogotá: Ediciones Jurídicas Gustavo Ibañez Ltda, 2002, p. 15.

cada vez com maior intensidade, desembocando em uma expansão quantitativa e qualitativa do Direito Penal.[9]

Neste contexto, um dos fenômenos que mais produziu comentários e discussões foi o da criminalidade organizada ou por grupos organizados que praticam determinados delitos. Assim, houve uma crescente preocupação da sociedade a respeito deste tipo de delinquência, sobretudo pela violência e pelos sofisticados meios utilizados na comissão de diferentes delitos, fato este que se refletiu em novas medidas de prevenção e repressão para a delinquência organizada.[10]

De um lado, poderíamos colocar a questão de que se o fenômeno da delinquência organizada é uma nova preocupação social, é dizer, se pode ser considerado como um novo risco na sociedade, ou, pelo contrário, se se trata de um tipo de fenômeno criminal que sempre existiu e que não obstante, atualmente, sofreu um desenvolvimento extraordinário como consequência das novas tecnologias, avanços tecnológicos em informática e telecomunicações, a liberação dos mercados, o relaxamente do controle de fronteiras, etc. Por outro lado, poderia considerar-se que todos estes fatores configuram a delinquência organizada como um novo fenômeno.[11]

Apesar destas considerações, é possível verificar que não só houve uma mudança na comissão dos delitos antes praticados, como também houve um incremento qualitativo na forma da comissão de outros delitos. Isso significa que passamos de uma fase de comissão de delitos denominados clássicos para outra de delitos mais complexos ou não tradicionais. Não que não exista ainda a comissão dos delitos clássicos como homicídio, lesões, furto, estelionato, etc. O que ocorreu é que, além destes delitos, houve um aumento significativo na comissão de outros delitos antes não incriminados ou sem a devida significância na esfera penal.

Ainda que tivéssemos uma legislação já direcionada para repressão de delitos praticados por organizações criminosas, somente na década de noventa é que os processos criminais e novas normas penais orientadas à repressão deste tipo de delito começam a aparecer. A própria Justiça Federal, por força constitucional, competente para o processo e julgamento da maioria dos delitos que envolvem este tipo de criminalidade tem um papel importante na sua reestruturação e organização para julgar estes delitos, fenômeno que se verifica também na década de noventa com a criação de varas especializadas e uma nova estrutura na esfera federal.

Porém, ainda que se tenha uma organização da esfera de combate e prevenção ao crime organizado, atualmente um dos principais focos de insegurança na sociedade tem origem neste tipo de criminalidade. Entretanto, ao analisarmos a

---

[9] MELIÁ, Manuel Cancio. El injusto de los delitos de organización: peligro y significado, em *Política Criminal, Estado e Democracia*. Rio de Janeiro: Lúmen Juris, 2007, p. 150.
[10] ROBLES, Sílvia Planet. Políticas de seguridad y prevención en el Estado español en matéria de delincuencia organizada. *La seguridad en la sociedad del riesgo. Un debate abierto*. Barcelona: Atelier, 2003, p. 155.
[11] Idem, ob. cit., p. 155/156.

evolução das leis e as tendências político-criminais neste campo, custa discernir que estas respondam as novas necessidades objetivas de proteção ou se são fruto de uma demanda social desmesurada e irracional de punição, gerada por um poder político que se vê apertado para gerir empiricamente o desafio de novas formas de criminalidade.[12]

De um lado, parece claro que em matéria de criminalidade organizada é necessária a adaptação a um problema novo, real e em expansão. Sem dúvida, a criminalidade se encontra imersa em um profundo processo de organização, acompanhando fenômenos como a globalização da economia ou a aparição de novas zonas sumidas na anomia, fruto da imposição do bloqueio soviético. Entretanto, não se deve esquecer que, sendo um problema real, é objeto de intensa intrumentalização. Com efeito, até o súbito reaparecimento do novo terrorismo internacional, o crime organizado (em especial o narcotráfico) foi apresentado como a principal ameaça coletiva, substituindo os desaparecidos medos da guerra fria. E depois dos atentados terroristas de Nova Iorque e Madri, tem sido um discreto mas fiel acompanhante do terrorismo na justificação de medidas adotadas.[13]

De outro lado, as manifestações da criminalidade organizada que acentuam a vivência subjetiva de insegurança da população centram-se em aspectos da criminalidade quotidiana (pequena delinquência patrimonial, violência de rua, distribuição de drogas) atribuíveis também a formas de delinquência menos estruturadas, mas que constituem um inimigo menos formidável que o crime organizado para justificar a adoção de medidas contundentes na luta contra o delito. Em câmbio, as expressões mais características e perigosas desde um ponto de vista coletivo (deterioração do tecido econômico e social e das instituições do Estado) são menos percebíveis e suscitam uma demanda social de punição menor. Assim mesmo, em certos âmbitos específicos, por exemplo, os fenômenos migratórios, as organizações criminais são apresentadas como um dos fatores essenciais do problema e, portanto, se convertem no objetivo primordial de uma legislação penal simbólica destinada a resolver problemas que na realidade transbordam.[14]

Em países latino-americanos como o Brasil, a criminalidade organizada é percebida como um fenômeno importado ("máfias estrangeiras", traficantes internacionais com associação no país, contrabandistas, etc.), que, de um certo modo, facilita uma reação punitiva extrema. Assim, as receitas drásticas que se reclamam se dirigem contra os sujeitos com os quais não se identifica a maioria social, que está obcecada pela possibilidade de ser vítima do delito e que não teme, em câmbio, os eventuais abusos do Estado no exercício de seu poder puniti-

---

[12] SILVA-SÁNCHEZ, Jesús-María; FELIP I SABORIT, David; ROBLES PLANAS, Ricardo; PASTOR MUÑOZ, Nuria. La ideologia de la seguridad em la legislación penal española presente y futura. *La seguridad en la sociedad del riesgo. Un debate abierto.* Barcelona: Atelier, 2003, p. 128.

[13] Idem, ibidem.

[14] SILVA-SÁNCHEZ, Jesús-María; FELIP I SABORIT, David; ROBLES PLANAS, Ricardo; PASTOR MUÑOZ, Nuria, ob. cit., p. 129.

vo, posto que tais excessos, em qualquer caso, recairiam sobre elementos alheios ao corpo social "nacional".[15]

Diante deste panorama, é fácil compreender que as medidas penais e processuais penais de supressão de garantias são reclamadas pelas camadas sociais mais altas, tendo em vista que se sentem vítimas dos delitos expostos como geradores de insegurança, além de não se sentirem como autores dos delitos englobados por estas medidas. De outro lado, é possível verificar que estas medidas trazem um forte caráter simbólico[16] e publicitário em que a mensagem é a de passar tranquilidade à população. Porém, o que se verifica é que não há eficácia nas medidas, embora ocorra um recrudescimento embutido nessa nova legislação.

Por isso, a criminalidade organizada é um fator objetivo gerador de insegurança, mas o estado psicológico e social que disso se deriva é imediatamente retroalimentado pelos meios de comunicação e o poder político encarregado da repressão da criminalidade para legitimar assim mais facilmente as suas políticas.

A verdade é que o ganho político destas medidas é incomensurável, pois estamos diante de um tema que atinge a todos e qualquer proposta de uma possível solução sempre é atraente, ainda que nela venha disfarçada toda uma legislação de exceção.

Assim, as características do populismo punitivo são guiadas por três assunções: que as penas mais altas podem reduzir o delito; que as penas ajudam a reforçar o consenso moral existente na sociedade; e que há ganhos eleitorais que são produto deste uso.[17] Também o populismo punitivo pode ser definido como aquela situação em que as considerações eleitorais primam sobre as considerações de efetividade. Acrescentando-se como marco deste populismo que as decisões de política criminal se adotam com desconhecimento da evidência e baseiam-se em assunções simplistas de uma opinião pública não informada.[18]

Como assevera Albrecht, as leis penais não servem somente para os fins instrumentais da efetiva persecução penal, mas devem fortalecer os valores e as normas sociais. A discussão política, mediante a atenção a grupos de interesses, aterrissa no âmbito da legislação. Inclusive os "interesses abstratos do próprio Estado" se encontram nos caminhos da atividade legislativa. Poder e influência pugnam na luta pelo Direito. As reformas da criminalização são apreciadas em todos os campos políticos como meio de reafirmação simbólica de valores.[19]

---

[15] Nesse sentido, ver SILVA-SÁNCHEZ, Jesús-María; FELIP I SABORIT, David; ROBLES PLANAS, Ricardo; PASTOR MUÑOZ, Nuria, ob. cit., p. 129.

[16] Sobre o tema, MELIÁ, Manuel Cancio. *Direito Penal do Inimigo*. 2ª. ed. Tradução de André Luís Callegari e Nereu José Giacomolli. Porto Alegre: Livraria do Advogado, 2007, p. 57 e ss.

[17] PIJOAN, Elena Larrauri. Populismo punitivo y penas alternativas a la prisión, em *Derecho penal y la política transnacional*. Barcelona: 2005, p. 284.

[18] PIJOAN, Elena Larrauri, ob. cit, p. 285.

[19] ALBRECHT, Peter-Alexis. El derecho penal en la intervención de la política populista, em *La insostenible situación del derecho penal*. Granada: Editorial Comares, 2000, p. 478.

Isso ocorre também nos movimentos politicamente alternativos que no princípio mostravam pouca confiança no Estado e na lei e hoje figuram entre os propagandistas do Direito Penal e entre os produtores ativos de leis.[20]

Assim, a qualquer momento surgem novas normas penais e, independentemente da própria situação no jogo das maiorias parlamentares, estas se colocam a caminho legislativo ou publicitário. Não só a normativa penal efetiva, mas também a proposta de criminalização apresentada no parlamento ou discutida fora do parlamento indicam quais são as valorações sociais especialmente significativas e suscetíveis de proteção.[21]

O *uso político* do Direito Penal se apresenta como um *instrumento de comunicação*. O Direito Penal permite trasladar os problemas e conflitos sociais a um tipo de análise específico. Esse emprego político do Direito Penal não requer necessariamente a sanção ou a separação simbólica como meio instrumental de disciplina; nem sequer a ampliação ou endurecimento efetivo da lei estão unidos forçosamente à utilização do Direito Penal como meio de comunicação política. A lógica da utilização política se apoia na função analítica e categorial característica do discurso penal, posto que o cumprimento desta função não requer mais que a demonstração exemplar da atividade da práxis legislativa e da justiça penal.[22]

Esse fato fica demonstrado através do aumento de projetos apresentados em matéria de leis penais e processuais penais, cujo discurso é sempre o de melhorar o sistema já existente. Assim, estaria justificado o uso político do Direito Penal, porque há vários deputados e senadores trabalhando para uma suposta melhoria na segurança pública e na proteção de bens jurídicos, ainda que isto não seja verificado na prática.

O discurso político quase nunca reflete as medidas necessárias,[23] embora aparentemente demonstre aos cidadãos certa tranquilidade que poderá advir das aprovações das medidas propostas. Esse discurso de cunho populista tem um efeito mágico sobre a população que pugna por medidas mais duras, olvidando-se, no futuro próximo, que será a destinatária das mesmas.

A resposta dos legisladores e a insegurança gerada pelas organizações criminais não se limitaram ao tradicional incremento de penas, mas está supondo uma importante transformação no Direito Penal, na linha de consolidar um esta-

---

[20] A esquerda também tem o seu viés punitivo e muitos daqueles que discordavam da intervenção do Direito Penal hoje propõem medidas intervencionistas de cunho popular. Veja-se, por exemplo, a possibilidade do fiscal de trânsito fazer prova da embriaguez do condutor.

[21] ALBRECHT, Peter-Alexis. El derecho penal en la intervención de la política populista, em *La insostenible situación del derecho penal*. Granada: Editorial Comares, 2000, p. 478.

[22] Idem, p. 479.

[23] HASSEMER, Winfried. *Persona, mundo y responsabilidad*. Valencia: Tirant lo blanch alternativa, 1999, p. 90, assevera que quando os efeitos reais e afirmados não são os esperados, o legislador obtém, pelo menos, o ganho político de haver respondido aos meios sociais e às grandes catástrofes com prontidão e com meios radicais que são os jurídico-penais.

belecimento de um "Direito Penal do inimigo".[24] Assim, no Direito Penal substantivo, uma das manifestações mais características deste combate é a tipificação das condutas de "pertencer ou colaborar com uma organização delitiva" como delito independente dos fatos puníveis que tenha como finalidade a organização.[25] Nesse sentido, basta confrontar as principais iniciativas internacionais nesta matéria para detectar também que o fato básico na luta contra a criminalidade organizada (incluída a cooperação judicial e policial) é a harmonização das distintas legislações a partir da tipificação autônoma da associação criminal.[26]

Os problemas desta tendência da nova política criminal recaem em dois aspectos na hora de configuração dos tipos penais. Em primeiro lugar, em face dos problemas para tornar concreto legislativamente o conceito de "organização criminosa",[27] opta-se por definições abertas,[28] com traços próximos ao do crime habitual ou da formação de quadrilha. Em segundo lugar, mediante estas figuras delitivas, está se impondo na doutrina e na legislação um modelo de transferência da responsabilidade de um coletivo a cada um dos membros da organização, que se afasta dos critérios dogmáticos de imputação individual de responsabilidade que vigem normalmente para o Direto Penal.[29]

O primeiro problema assinalado consiste no fato de que em face das dificuldades para caracterizar, ainda que criminologicamente, um fenômeno tão complexo nas propostas de incriminação autônoma das organizações delitivas se optou por uma definição típica paupérrima das mesmas.[30] Assim, via de regra,

---

[24] Ver sobre o tema, JAKOBS, Günther; MELIÁ, Manuel Cancio. *Direito Penal do Inimigo. Noções Críticas.* Tradução de André Luís Callegari e Nereu José Giacomolli. 1. ed. Porto Alegre: Livraria do Advogado, 2005. p. 25-30; CALLEGARI, André Luís, REINDOLFF DA MOTTA, Cristina. *Estado e Política Criminal: a contaminação do Direito Penal ordinário pelo Direito Penal do Inimigo ou a terceira velocidade do Direito Penal.* 2007, p. 24. (no prelo); DONINI, Massimo. El Derecho Penal Frente al "Enemigo". *Drecho Penal del Enemigo. El discurso penal de la exclusión.* V. 1. Buenos Aires: B de F, 2006, p. 605/606.

[25] No Código Penal brasileiro há a tipificação independente do delito de formação de quadrilha ou bando, previsto no art. 288 do CP.

[26] SILVA-SÁNCHEZ, Jesús-María; FELIP I SABORIT, David; ROBLES PLANAS, Ricardo; PASTOR MUÑOZ, Nuria, ob. cit., p. 130.

[27] No Brasil, não há previsão legal do que seja uma organização criminosa, ou seja, embora exista o *nomem júris* da figura típica não existe a definição da conduta incriminada, portanto, incabível sua aplicação. O Conselho Nacional de Justiça, através da Recomendação n°. e, de 30 de maio de 2006, recomendou a adoção do conceito de crime organizado estabelecido na Convenção de Palermo. Sobre crime organizado, CALLEGARI, André Luís. *Direito Penal Econômico e Lavagem de Dinheiro.* Porto Alegre: Livraria do Advogado, 2003, p. 161.

[28] Sobre o tema, ver CALLEGARI, André Luís. Legitimidade Constitucional do Direito Penal Econômico: uma Crítica aos Tipos Penais Abertos. São Paulo: Revista dos Tribunais, ano 95, v. 851, 2006, p. 439; RODRÍGUEZ MOURULLO, Gonzalo. *Derecho penal.* Madrid: Civitas, 1978, p. 287; JESCHEK, Hans-Heinrich. *Tratado de Derecho Penal. Parte General.* 4ª. ed. Traducción de José Luis Manzanares Samaniego. Granada: Editorial Comares, 1993, p. 223. Ver sobre o tema, ROXIN, Claus. *Derecho Penal. Parte General. Tomo I.* Traducción de Diego-Manuel Luzón Peña, Miguel Díaz y García Conlledo y Javier de Vicente Remesal. Madrid: Civitas, 1997, p. 298 e ss.

[29] SILVA-SÁNCHEZ, Jesús-María; FELIP I SABORIT, David; ROBLES PLANAS, Ricardo; PASTOR MUÑOZ, Nuria, ob. cit., p. 130.

[30] Nesse sentido, ver a Lei n. 9.613/98, que trata dos delitos de lavagem de dinheiro e, dentre um dos crimes antecedentes ao de lavagem, traz o de organização criminosa, sem, entretanto, mencionar o que seja dita organização.

para a existência de uma organização criminosa bastaria o acordo estável de uns poucos indivíduos (duas ou três pessoas) para cometer delitos graves, de maneira que a tênue divisória entre a criminalidade organizada e a criminalidade em grupo ou a profissional fica praticamente eliminada. Com efeito, a partir de tais formulações, o arquétipo de organização se aproxima das manifestações associativas da pequena delinquência habitual ou profissional, quando, o modelo que legitimaria uma intervenção deste calibre é o das grandes organizações criminais, de grande complexidade tanto por sua estrutura como pelo número e a substituição de seus integrantes.[31]

Assim, nas propostas legislativas atuais, inclusive abarcadas por alguns setores da doutrina e da jurisprudência, os meros indícios de uma organização criminal[32] (e não seus traços essenciais) foram elevados a uma categoria de elementos definidores da figura delitiva, de maneira que esta se assemelha perigosamente aos "delitos de suspeita".[33] De acordo com isso, não só se tenta deixar de lado problemas probatórios, mas também se produz uma modificação básica na função do tipo delitivo. Esta já não consistiria na delimitação da conduta proibida (em atenção a sua lesividade ou perigosidade) com o objeto de impor uma pena, mas passaria a ser principalmente a base para a adoção de medidas de investigação, cautelares, penitenciárias,etc.[34]

Este problema pode ser observado particularmente nas iniciativas internacionais que respondem à necessidade (real) de harmonizar legislações com o fim de melhorar a cooperação frente às manifestações transnacionais do problema. Se geralmente nestes processos a tendência é a convergência a legislações mais rigorosas (harmonizar não se compadece com descriminalizar), no caso do crime organizado se corre o risco de que as necessidades de repressão local acabem sendo generalizadas e que o estabelecimento de figuras delitivas disfarçadas para satisfazer as necessidades de cooperação internacional tenham como efeito colateral inevitável uma ampliação de comportamentos puníveis e das penas.[35] De acordo

---

[31] SILVA-SÁNCHEZ, Jesús-María; FELIP I SABORIT, David; ROBLES PLANAS, Ricardo; PASTOR MUÑOZ, Nuria, ob. cit., p. 130/131.

[32] GIACOMOLLI, Nereu José. *Legalidade, Oportunidade e Consenso no Processo Penal nas perspectivas das garantias constitucionais*. Porto Alegre: Livraria do Advogado, 2006, p. 92/93, assinala que é reprovável a concepção de ocultar-se, sob o manto da repressão dos delitos de maior gravidade, como o terrorismo, o narcotráfico, os praticados por organizações criminosas, uma normatividade geral de limitação indiscriminada dos direitos fundamentais. Com a escusa de dar segurança jurídica, atenta-se contra a liberdade.

[33] Essa tendência é comum nos delitos econômicos ou nos de lavagem de dinheiro, onde cada vez mais se utilizam fatores indiciários para incriminar os sujeitos, principalmente para a decretação de medidas cautelares em busca da prova.

[34] SILVA-SÁNCHEZ, Jesús-María; FELIP I SABORIT, David; ROBLES PLANAS, Ricardo; PASTOR MUÑOZ, Nuria, ob. cit., p. 131; Ver sobre a nova tendência da política criminal, CALLEGARI, André Luís e MOTTA, Cristina Reindolff. Estado e Política Criminal: a expansão do Direito Penal como forma simbólica de controle social, *Política Criminal, Estado e Democracia*, Rio de Janeiro: Lúmen Juris, 2007.

[35] Nesse sentido, ver a Recomendação nº 3, de 30 de maio de 2006 do Conselho Nacional de Justiça, onde consta: 2. Para os fins desta recomendação, sugere-se: a) a adoção do conceito de crime organizado estabelecido na Convenção das Nações Unidas sobre Crime Organizado Transnacional, de 15 de novembro de 2000 (Convenção de Palermo), aprovada pelo Decreto Legislativo nº 231, de 29 de maio de 2003, e promulgada pelo

com isso, o que pode ocorrer é que enquanto seguimos sem poder dar uma resposta jurídico-penal eficiente à criminalidade organizada, estende-se a aplicação destas medidas a pequenas manifestações de delinquência marginal,[36] ou ainda, amplie-se demasiadamente a utilização deste conceito tão amplo a uma série de delitos em concurso material para aumentar as penas, quando, de fato, não se está diante de uma organização para cometer delitos.

O segundo aspecto digno de ressaltar desde uma perspectiva do Direito Penal material é que mediante os tipos de organização criminal se assentam, no pensamento e na legislação, modelos de atribuição de responsabilidade penal que se afastam do princípio da culpabilidade (em especial a responsabilidade pelo fato próprio) e da proporcionalidade.[37]

Em relação ao princípio da culpabilidade, não se pode olvidar que em respeito às regras constitucionais de um Estado democrático, vige o princípio da culpabilidade pelo fato, isto é, o fato praticado é que deve ser reprovado, e não o autor do fato (direito penal do autor).

O exemplo legislativo mais recente é a criação do regime disciplinar diferenciado, em que o legislador não se preocupou em relação ao fato praticado, mas a tendência de vida do autor, porque, qualquer pessoa que se inclua nos delitos previstos de organização criminosa já estaria incluída no regime de exclusão. Além disso, a lei somente faz referência à suspeita de pertencer a uma organização, isto é, não se faz necessário qualquer prova nesse sentido.

Importante aqui mencionar que essa característica da lei que regula o regime disciplinar diferenciado de incriminar o sujeito pela tendência de vida[38] contraria o princípio da responsabilidade pelo fato praticado, critério esse que norteia o Direito Penal da culpabilidade no Estado Democrático de Direito.

Nesse sentido, um dos subprincípios decorrentes do princípio da responsabilidade pelo fato praticado é o da impunidade pelo plano de vida. Portanto, somente se pode cobrar dos sujeitos os comportamentos concretos, delimitados espacial e temporalmente, e não por haver escolhido um determinado plano de vida ou modo de existência.[39]

Decreto nº 5.015, de 12 de março de 2004, ou seja, considerando o "grupo criminoso organizado" aquele estruturado, de três ou mais pessoas, existente há algum tempo e atuando concertadamente com o propósito de cometer uma ou mais infrações graves ou enunciadas na Convenção das Nações Unidas sobre o Crime Organizado Transnacional, com a intenção de obter, direta ou indiretamente, um benefício econômico ou outro benefício material.

[36] SILVA-SÁNCHEZ, Jesús-María; FELIP I SABORIT, David; ROBLES PLANAS, Ricardo; PASTOR MUÑOZ, Nuria, ob. cit., p. 131.

[37] Idem, ibidem.

[38] AMBOS, Kai. Derecho Penal del Enemigo. *Derecho Penal del Enemigo. El discurso de la exclusión.* Buenos Aires: B de F, 2006, p. 152, assinala que o Direito Penal do Inimigo não é Direito e uma de suas causas é que conduz a um câmbio do Direito Penal do fato para o Direito Penal do autor.

[39] RIPOLLÉZ, José Luis Díez. *La racionalidad de las leyes penales.* Madrid: Editorial Trotta, 2003, p. 148, segue dizendo que a fundamentação ética deste subprincípio e a proteção diante de comportamentos que afetam a convivência social externa e está fundado no objetivo de garantir interações sociais que possibilitem na

Por outro lado, também não se deve olvidar que o princípio da proporcionalidade deve limitar a sanção aplicada ao fato cometido,[40] isto é, a pena deve guardar proporcionalidade em relação à conduta delitiva, e o risco que se corre ao inserirmos uma série de condutas como sendo de organização criminosa é o de não só aumentar a pena em relação ao fato, mas, aumentá-la ainda mais quando se estabelece o concurso de crimes. Neste caso específico não se estaria guardando qualquer proporcionalidade com o fato praticado, e a utilização seria mais de reforço ou política judicial do que qualquer outra coisa.[41]

De acordo com tudo o que foi referido, pode-se afirmar que uma organização criminosa constitui uma estrutura criminógena que favorece a comissão reiterada de delitos (facilitando sua execução, potencializando seus efeitos e impedindo sua persecução) de maneira permanente (já que a fungibilidade de seus membros permite substituir os seus integrantes). Em consequência, é possível que sua mera existência suponha um perigo para os bens jurídicos protegidos pelas figuras delitivas que serão praticadas pelo grupo e, por tanto, constitui um injusto autônomo, um "estado de coisas" antijurídico que ameaça a paz pública.[42]

O problema é a delimitação ou o alcance desta figura típica, pois ainda que mereça uma penalização mais grave esta organização criminal, deve-se ter cautela para não se incorrer no erro de esta figura abarcar toda e qualquer colaboração de pessoas para o cometimento de delitos, fato este que já se encontra regulado no concurso de agentes. Ademais, existem normas específicas para o aumento de pena para o organizador ou para aquele que comanda a atividade criminosa dos demais (art. 62, CP). Portanto, desnecessário, na maioria das vezes, uma figura autônoma e de duvidosa validade para incriminação de atividades cometidas por um grupo de pessoas.

Sempre que emprestamos validade a tipos penais abertos ou sem o devido respeito a taxatividade, incorremos no risco de ampliação desmesurada de ações puníveis na esfera criminal, o que se reverterá em um futuro próximo na antinomia de um Direito Penal liberal e de garantias.

---

maior medida possível o livre desenvolvimento da autorrealização pessoal de acordo com as opções que cada cidadão estime conveniente. Não resulta consequente com isso pedir satisfação pela eleição de certos planos vitais, por mais que possam estimar-se na prática incompatível com a manutenção dessa convivência externa, enquanto tal incompatibilidade não se concretize na efetiva realização de condutas contrárias àquela. De outro lado, a pretensão de que os cidadãos renunciem desde o princípio a adotar determinados planos de vida, devendo responder penalmente em caso contrário, caracteriza uma sociedade totalitária, que pretende garantir a ordem social básica mediante a privação aos cidadãos daquelas possibilidades existenciais que justificam precisamente a manutenção dessa ordem social.

[40] MATEU, Juan Carlos Carbonell. *Derecho penal: concepto y princípios fundamentales*. 3ª. ed. Valencia: Tirant lo blanch, 1999, p. 210; CALLEGARI, André Luís. A concretização dos direitos constitucionais: uma leitura dos princípios da ofensividade e da proporcionalidade nos delitos sexuais. *Direito Penal em Tempos de Crise*. Porto Alegre: Livraria do Advogado, 2007, p138 e ss.

[41] Veja-se, por exemplo, o aumento de pena previsto na Lei n. 9.613/98, que determina o aumento de pena quando o autor pertencer a uma organização criminosa.

[42] SILVA-SÁNCHEZ, Jesús-María; FELIP I SABORIT, David; ROBLES PLANAS, Ricardo; PASTOR MUÑOZ, Nuria, ob. cit., p. 132.

De acordo com isso, pode-se constatar que a política criminal atual se libertou sem complexos dos princípios garantistas do Direito Penal substantivo que aparentemente dominava o panorama político-criminal e dogmático durante boa parte do século XX na Europa e no Brasil. Agora parece que está triunfando o predomino anglo-saxão. O crime organizado passou a engrossar este Direito Penal excepcional, acabando por contaminar o conjunto do sistema. A legislação brasileira vem seguindo as tendências mundiais de emergência: o tratamento da criminalidade organizada como um inimigo a se bater. Trata-se de um Direito Penal *ad hoc* para a luta contra o crime organizado, que frente às dúvidas de legitimidade que apresenta opõe critérios de necessidade e eficácia, justificando sua exceção no caráter de desestabilizador do sistema tanto político como econômico deste tipo de delinquência.[43]

Este tipo de resposta de emergência ou excepcional se aproxima à política criminal contra o terrorismo de alguns países, assimilando-se o tratamento penal da criminalidade organizada ao do terrorismo, como se não importasse nada que a eficácia na repressão possa comportar a perda de eficácia do pacto social. A questão é se é legítimo aceitar erosões ao Estado de Direito impostas pela normativa particular da criminalidade organizada para combater fenômenos criminais que não são dominados por grupos complexos e estruturados, mas que podem ultrapassar os confins da microcriminalidade, igualmente difusa. Existe o risco de que a legislação dirigida especificamente ao crime organizado se transforme em um "cavalo de Troya" capaz de anular os princípios do Direito Penal liberal.[44]

Não há um programa de política criminal específico frente a este tipo de criminalidade organizada para realizar colocações apropriadas de prevenção segundo suas particulares características. A realidade demonstra que o problema reside, pois, em que é justamente frente à criminalidade organizada que provém da exclusão social e os tráficos proibidos contra a que o Estado de exceção atua com toda sua força. Por isso, a reação criminal não passa por estruturar mecanismos de imputação compreendendo a violência coletiva, a responsabilidade organizativa, a atitude criminal do grupo. Esta opção implica o risco de aplicarmos toda a legislação excepcional prevista para a delinquência organizada a pequenas associações de delinquentes profissionais ou a grupos juvenis.[45]

Novamente voltamos ao erro da política criminal atual de abarcar em uma só figura típica todos os comportamentos colaborativos de pequenos grupos de delinquentes, fato este que permite a incriminação fácil de várias praticas delitivas, ainda que não propriamente organizadas. A abertura desmesurada de uma figura típica como esta, sem precedentes no Estado de Direito, acarreta injustiças

---

[43] CEPEDA, Ana Isabel Pérez. *La seguridad como fundamento de la deriva del Derecho penal postmoderno*. Madrid: iustel, 2007, p. 106.
[44] Idem, p. 107.
[45] CEPEDA, Ana Isabel Pérez, ob. cit., p. 107.

na hora da imputação do fato delitivo, ferindo-se as garantias individuais conquistadas.

Assim, caminha-se para um novo fenômeno na hora da descrição das condutas praticadas, invocando-se sempre uma organização associativa organizada como figura autônoma, merecedora de mais reprimenda penal, somada, evidentemente, aos outros delitos praticados pelos membros de dita organização (concurso material), fato este que responde ao novo estado de segurança da coletividade.

Portanto, a figura autônoma do crime organizado assume participação de relevo numa época de descontrole do Estado, onde é mais fácil demonstrar que os problemas se solucionam com a efetividade de um rigoroso Direito Penal do que políticas sociais que demandam grandes investimentos. A utilização do Direito Penal não demanda custos, mas, tão somente a aprovação e publicização de medidas duras, estampadas nos principais veículos de comunicação, demonstrando como age o Poder Público nas demandas de emergência ou "aumento de criminalidade".

Infelizmente, este caminho vem sendo trilhado por diversos governos, sem a menor preocupação da real efetividade das medidas propostas, porém, o ganho político e o reforço da falsa sensação de segurança são palpáveis quando se apresentam os "pacotes de segurança" apresentados com forte apelo emocional. Olvidam-se os nossos representantes políticos de avisarem ao povo que o Direito Penal nunca solucionou o problema da violência e sempre foi apregoado como *ultima ratio*, porém, o povo não merece toda a verdade.

— II —

A política criminal brasileira voltada à criminalidade organizada: análise das leis penais aprovadas no Brasil entre 1940 e 2014

CLARA MOURA MASIERO

Doutoranda em Direito pela Universidade do Vale do Rio dos Sinos (UNISINOS) – Bolsista CAPES/PROEX – Mestre em Ciências Criminais pela Pontifícia Universidade Católica do Rio Grande do Sul (PUCRS) – Professora do Curso de Direito da Universidade Feevale/RS.

Sumário: 1. Movimentos político-criminais voltados à criminalidade organizada: construção da tipologia; 2. Análise das leis penais aprovadas no Brasil sobre criminalidade organizada entre 1940 e 2014; 2.1. Decreto-Lei nº 2.848/1940 – Código Penal; 2.2. Lei nº 5.726/1971; 2.3. Lei nº 6.368/1976; 2.4. Lei nº 7.209/1984 – Reforma da Parte Geral do Código Penal; 2.5. Lei nº 7.960/1989 – Lei da Prisão Temporária; 2.6. Lei nº 8.072/1990 – Lei dos Crimes Hediondos; 2.7. Lei nº 9.034/1995 – Lei do Crime Organizado; 2.8. Lei nº 9.303/1996; 2.9. Lei nº 9.269/1996; 2.10. Lei nº 10.217/2001; 2.11. Decreto nº 5.015/2004; 2.12. Lei 11.343/2003 – Lei de Drogas; 2.13. Lei nº 11.464/2007; 2.14. Lei nº 12.694/2012; 2.15. Lei nº 12.720/2012; 2.16. Lei nº 12.850/2013; 3. Considerações finais e a reforma do Código Penal (PLS 236/2014); Referências.

1. Movimentos político-criminais voltados à criminalidade organizada: construção da tipologia

Este capítulo procura identificar os movimentos político-criminais que perpassaram pelo tratamento (penal) do fenômeno da "criminalidade organizada". Para tanto, procede à identificação e análise das legislações penais que repercutiram no âmbito da "criminalidade organizada" desde a promulgação do Código Penal brasileiro (Decreto-Lei 2.848/1940) até agosto do ano de 2014.[1] A análise

---

[1] Nota metodológica: a busca por essas legislações deu-se no interior do banco de dados produzido pela pesquisa "Descarcerização e Sistema Penal: a construção de políticas públicas de racionalização do poder punitivo", vinculada ao CNJ Acadêmico e coordenada pelo Grupo de Pesquisa de Políticas Públicas de Segurança e Administração da Justiça Penal (GPESC/PUC/RS), em parceria com o Grupo Candango de Criminologia (UnB) e o Núcleo de Estudos e Pesquisas em Criminalidade, Violência e Políticas Públicas de Segurança (UFPE). Este banco de dados contém todas as leis penais aprovadas no Brasil entre 1940 e agosto de 2014 (totalizando 320 legislações), bem como as justificativas dos projetos que as originaram.

é estendida, ainda, aos projetos que dão origem às respectivas leis, pois neles é possível visualizar as justificativas apresentadas pelo legislador, bem como as discussões que perpassaram pela aprovação da lei. Com essa análise, é possível perceber a intenção do legislador e a estratégia por ele utilizada para o fim pretendido, o que permite, enfim, aferir tendências e modelos político-criminais.

A construção de tipologias político-criminais para a classificação das leis deu-se no decorrer da análise do material (isto é, das leis e dos respectivos projetos). Isto é, optou-se por não partir de classificações predeterminadas dentro das quais teria que encaixar as leis analisadas.[2]

Assim, primeiro, será apresentado um quadro das leis coletadas e de algumas variáveis analisadas, para, em um segundo momento, explicar a construção da tipologia utilizada. Identificou-se, dentro desse período, a aprovação, no Brasil, de 16 (dezesseis) legislações penais cujo conteúdo repercute no tratamento penal da criminalidade organizada, conforme apresentado na tabela abaixo.

Tabela 1 – Legislação nacional produzida entre 1940 e 2014 sobre "criminalidade organizada"

Legislação	Autoria	Justificativa	Tendência político-criminal da norma
1) Dec.-Lei 2.848/40 Código Penal	Executivo: Getúlio Vargas.	"Segregação, vigilância, reeducação e tratamento dos indivíduos perigosos".	Punitiva.
2) Lei 5.726/71	Executivo: Emílio Médici.	"O tráfico de drogas é efetuado por delinquentes de alta periculosidade, que se compõem em organizações internacionais, mercadejando tóxicos em detrimento da saúde do povo". Procedimento célere: audiência de apresentação.	Mista (punitiva + adaptativa).
3) Lei 6.368/76. Lei dos Tóxicos.	Executivo: Ernesto Geisel.	"Basicamente, dirige-se ela no sentido de aperfeiçoar o sistema preventivo, dando mais ênfase ao tratamento dos dependentes, bem como a reaparelhar o arsenal repressivo contra o crime, mediante a cominação de penais mais rigorosas aos infratores".	Mista (punitiva + atenuante).
4) Lei 7.209/84 Reforma da parte geral	Executivo: João Figueiredo	"Urge reforçar o sistema, destinando penas mais longas aos que estariam sujeitos à imposição de medida de segurança detentiva e que serão beneficiados pela abolição da medida".	Mista (atenuante + punitiva), ao adotar o princípio da culpabilidade, aboliu a medida de segurança para o imputável; mas, prevê a necessidade de um reforço punitivo a esses crimes.
5) Lei 7.960/89 Prisão temporária	Executivo: José Sarney (PMDB)	Seu objetivo seria o de evitar prisões preventivas desnecessárias.	Punitiva.

---

[2] Houve, sem dúvida, influência para a tipologia construída e adotada neste trabalho, as construções teóricas de GARLAND (2001), CAMPOS (2010) e DÍEZ RIPOLLÉS (2013).

6) Lei 8.072/90 Lei dos Crimes Hediondos	Legislativo: Odacir Soares (PFL/RO)	"Visa o presente projeto a coibir uma das atividades delituosas mais nefastas e que cresce dia a dia em qualidade e quantidade".	Punitiva.
7) Lei 9.034/95 Lei do Crime Organizado (Revogada)	Legislativo: Michel Temer (PMDB/SP)	Ineficácia da persecução policial no desmantelamento de organizações criminosas.	Mista (adaptativa + punitiva).
8) Lei 9.303/96	Legislativo: Michel Temer (PMDB/SP)	"A permanência da atual redação do art. 8º acarretará, seguramente, a libertação prematura de perigosos delinquentes, antes do trânsito em julgado da sentença".	Adaptativa.
9) Lei 9.269/96	Legislativo: Francisco Rollemberg (PFL/SE)	"Criar mecanismo que induza ao arrependimento, evitando assim o mal maior".	Atenuante.
10) Lei 10.217/01	Executivo: Fernando Henrique Cardoso (PSDB)	Dar maior alcance à Lei 9.034 e inserir duas medidas de combate à criminalidade imprescindíveis ao Estado.	Mista (punitiva + adaptativa).
11) Dec. 5.015/04 Convenção das Nações Unidas contra o Crime Organizado Transnacional	ONU Executivo: Luiz Inácio Lula da Silva (PT)	Promover a cooperação para prevenir e combater mais eficazmente a criminalidade organizada transnacional.	Adaptativa.
12) Lei 11.343/06 Lei de Drogas.	Senado Federal. Comissão Mista de Segurança Pública.	Agrava o tipo penal da associação para o tráfico. E, por outro lado, prevê modernas técnicas de investigação e prevê a defesa prévia.	Mista (punitiva + adaptativa).
13) Lei 11.464/07	Executivo: Luiz Inácio Lula da Silva (PT)	"Estender o direito à liberdade provisória aos condenados por esses delitos, em consonância com o entendimento que já vem se tornando corrente nas instâncias superiores do Poder Judiciário".	Atenuante.
14) Lei 12.694/12	Legislativo: Comissão de Legislação Participativa	Incremento segurança de juízes e seus familiares.	Adaptativa.
15) Lei 12.720/12 Crime de Extermínio de Seres Humanos	Legislativo: Luiz Couto (PT/PB)	Violação direitos humanos. "o extermínio de pessoas não pode ser tolerado".	Realismo de esquerda.
16) Lei 12.850/13 Define Organização Criminosa	Legislativo: Serys Slhessarenko (PT/MT)	Busca adequar a legislação aos ditames da Convenção das Nações Unidas contra o Crime Organizado Transnacional (Convenção de Palermo).	Mista (punitiva + adaptativa + atenuante + realista de esquerda).

Fonte: a autora (2015).

A partir da análise desse material, foi construída a tipologia dos movimentos político-criminais que perpassaram pelo âmbito da criminalidade organizada, tendo sido identificadas as seguintes tendências: punitiva, adaptativa, atenuante e realista de esquerda. Ainda, como uma mesma legislação pode apresentar mais de uma tendência concomitantemente, a legislação poderá ser classificada como mista, com a devida identificação das tendências presentes.

Consideram-se "punitivas" as normas que, de alguma forma, recrudescem o tratamento penal dispensado ao acusado de cometer um crime, seja por retirar-lhe ou flexibilizar uma garantia processual, seja por aumentar a pena de tipo penal existente, seja por criar um novo tipo penal, seja por dificultar a utilização de benefícios da fase executória. Punitiva é, em última análise, toda medida que recrudesce o encarceramento.

"Realista de esquerda" são as legislações que, embora criem novos tipos penais, o fazem sob a justificativa da necessidade de enfrentar violações de direitos humanos que, até então, não estavam dentre as preocupações político-criminais. É dizer, normas que, diante um problema social real, comprovado empiricamente, procuram dar-lhe tratamento penal, o que não significa, necessariamente recrudescimento prisional, pois a lei pode criar um tipo penal e dotá-lo de penas alternativas à prisão, por exemplo.

As legislações catalogadas como "atenuantes" são aquelas que reduzem punições ou ampliam garantias e direitos dos acusados ou apenados, tendo em vista, em última análise, a redução do encarceramento.

"Adaptativas" são as normas que se preocupam com a eficácia da persecução penal, sobretudo em sede investigatória. Com isso, dotam as instituições de mecanismos ou procedimentos que modernizam e melhoram as suas técnicas persecutórias ou processuais.

Como se pode ver no quadro apresentado acima, das dezesseis leis analisadas, três são punitivas (19%), sete são mistas (44%), três são adaptativas (19%), duas são atenuantes (12%) e uma é realista de esquerda (6%). Esta proporção pode ser visualizada nos gráficos a seguir.

Gráfico 1 – Tendências Político-Criminais para a "Criminalidade Organizada"

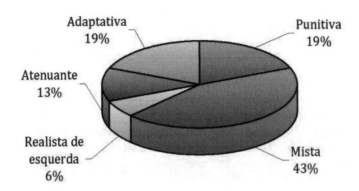

Fonte: a autora (2015).

No gráfico a seguir, foi retirada a categoria "mista", de modo a se poder visualizar quais categorias estão englobadas na mista.

Gráfico 2 – Tendências Politico-Criminais para a "Criminalidade Organizada" II

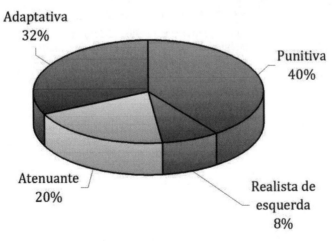

Fonte: a autora (2015).

O gráfico abaixo ilustra o ano em que os respectivos movimentos político-criminais foram aprovados.

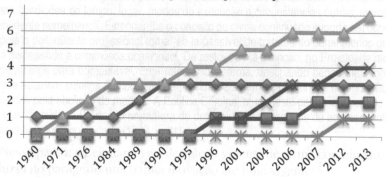

Gráfico 3 – Tendências Político-Criminais sobre Criminalidade Organizada Aprovadas por Ano

Fonte: a autora (2015).

Percebe-se, então, que as legislações estritamente punitivas são uma realidade mais antiga, não tendo sido mais aprovadas desde 1990. Ao passo que as legislações mistas são uma realidade presente em praticamente todo o período e em ascensão ainda hoje. As estritamente adaptativas e atenuantes remontam a 1996, sendo que as adaptativas parecem ascender mais enquanto as estritamente atenuantes mantêm-se estáveis. A novidade é a tendência "realista de esquerda", cuja primeira legislação – com repercussão na criminalidade organizada – remonta a 2012.

A seguir o gráfico das tendências aprovadas por ano, só que sem a categoria "mista", catalogando-se as normas em todas as tendências em que elas se encaixam.

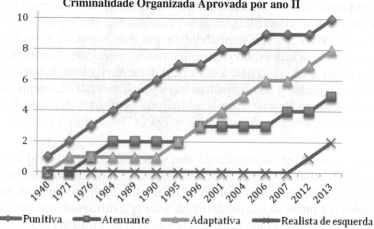

Gráfico 4 – Tendências Político-Criminais sobre Criminalidade Organizada Aprovada por ano II

Fonte: a autora (2015).

Esse gráfico demonstra que a tendência "punitiva" mantém-se em ascensão, só que não mais em legislações estritamente punitivas, mas combinadas com outras tendências (atenuante ou adaptativa). Após a punitiva, a tendência que mais cresce é a "adaptativa", seguida da "atenuante" e da "realista de esquerda".

Visto o panorama geral dos movimentos político-criminais que perpassaram pela questão da "criminalidade organizada", passa-se à análise individualizada das legislações e suas respectivas justificativas (e por vezes, também, dos debates ocorridos durante a tramitação da norma). Intenta-se, com isso, para além de analisar a norma em si, procurar entender o que o legislador pretendia com a mesma, o que permite, ainda, avaliar a eficácia da reforma, isto é, verificar se o pretendido deu-se na prática com a aprovação da norma.

2. Análise das leis penais aprovadas no Brasil sobre criminalidade organizada entre 1940 e 2014

As análises apresentadas neste tópico pretendem, para além de trazer um panorama histórico-descritivo do tratamento dado à criminalidade organizada no ordenamento jurídico-penal brasileiro desde 1940 até hoje, justificar a construção das tipologias político-criminais, bem como a classificação das leis dentro das tipologias criadas.

2.1. Decreto-Lei nº 2.848/1940 – Código Penal

A primeira legislação que interessa analisar é o Decreto-Lei nº 2.848/1940, o Código Penal. A aprovação de um novo Código Penal foi motivada, segundo consta na Exposição de Motivos do projeto que deu origem ao Código, na necessidade de reforma do então vigente (promulgado em 1890), visto que estaria:

> Retardado em relação à ciência penal do seu tempo, sentia-se que era necessário colocá-lo em dia com as idéias dominantes no campo da criminologia e, ao mesmo tempo, ampliar-lhe os quadros de maneira a serem contempladas novas figuras delituosas com que os progressos industriais e técnicos enriqueceram o elenco dos fatos puníveis (BRASIL, 1940).

Após algumas tentativas de reforma do Código de 1890 (as quais datavam desde 1893), o Desembargador Virgílio de Sá Pereira, em 1927, a pedido do Governo (Washington Luís), organizou o seu projeto, que, submetido a uma comissão revisora, foi apresentado, em 1935, à consideração da Câmara dos Deputados. Aprovado por esta, passou ao Senado, no qual se encontrava em exame na Comissão de Justiça, quando sobreveio o advento da nova ordem política, o Estado Novo (1937) de Getúlio Vargas, que determinou o fechamento do Congresso Nacional.

Com isso, Getúlio Vargas confiou a tarefa de formular novo projeto de reforma do Código Penal ao Professor da Faculdade de Direito de São Paulo, Alcântara Machado. Em 1938, o novo projeto foi entregue ao Governo.

O Ministro da Justiça e de Negócios Interiores, Francisco Campos, submeteu o projeto, ainda, a uma comissão revisora, sob a seguinte justificativa:

> A matéria impunha, entretanto, pela sua delicadeza e por suas notórias dificuldades, um exame demorado e minucioso. Sem desmerecer o valor do trabalho que se desincumbira o Professor Alcântara Machado, julguei de bom aviso submeter o projeto a uma demorada revisão, convocando para isso técnicos, que se houvessem distinguido não somente na teoria do direito criminal como também na prática de aplicação da lei penal (BRASIL, 1940).

Os técnicos convocados foram os magistrados Vieira Braga, Nélson Hungria e Narcélio de Queiroz e o representante do Ministério Público, Roberto Lira. O trabalho de revisão do projeto Alcântara Machado durou 2 (dois) anos. Dessa revisão resultou o projeto que deu origem, enfim, ao presente Código Penal, decretado por Getúlio Vargas em 1940.

Feito o apanhado histórico, passa-se à análise das normas do Código que, de alguma forma, repercutem no âmbito da criminalidade organizada. À época, como até muito pouco tempo atrás, não havia uma definição legal de "criminalidade organizada"; com isso, para fins analíticos, serão consideradas as normas que se refiram à "associação", "quadrilha" ou "bando", isto é, à criminalidade cometida por mais de um sujeito, mas que, por características específicas, não era entendida como mero concurso de pessoas, merecendo uma punição diferenciada.

Ainda, a criminalidade da época não tinha as mesmas características da de hoje, em que o problema da "criminalidade organizada" parece despontar como um dos crimes mais nefastos (segundo percepção social). De qualquer sorte, conforme será analisado, já havia uma grande preocupação em relação a delitos que hoje são considerados "organizados", sobretudo porque à época despontavam movimentos políticos (organizados) que eram perseguidos como criminosos por parte das agências estatais e de segurança pública, tão somente por uma suposta tipicidade aos delitos de "associação". Logo, percebe-se uma verdadeira semelhança com os dias de hoje, é dizer, na falta de uma melhor tipificação, enquadra-se o "perseguido" em delitos de "criminalidade organizada".

Nesse sentido, uma das normas mais punitivas da história legislativa brasileira que poderia incidir sobre o que já se considerava uma "criminalidade organizada" estava neste Código Penal, no título "VI – Das medidas de segurança", capítulo "I – Das medidas de segurança em geral". Trata-se da presunção legal de periculosidade para todos aqueles que cometem crimes na condição de filiados a associação, bando ou quadrilha de malfeitores[3]. Com isso, havia a possibilidade

---

[3] "Art. 78. Presumem-se perigosos: I – aqueles que, nos termos do art. 22, são isentos de pena; II – os referidos no parágrafo único do artigo 22; III – os condenados por crime cometido em estado de embriaguez pelo álcool ou substância de efeitos análogos, se habitual a embriaguez; IV – os reincidentes em crime doloso; V – os condenados por crime que hajam cometido como filiados a associação, bando ou quadrilha de malfeitores."

de aplicação de medida de segurança[4] após o cumprimento da pena privativa de liberdade[5] e, inclusive, em caso de absolvição do réu.

As medidas poderiam ser patrimoniais ou pessoais. As patrimoniais abrangem a interdição de estabelecimento ou sede da sociedade ou associação e o confisco; e as pessoais ainda poderiam ser detentivas ou não detentivas.[6] As detentivas abrangem interdição em manicômio judiciário, em casa de custódia e tratamento, colônia agrícola ou em instituto de trabalho, de reeducação ou de ensino profissional. Já as medidas não detentivas poderiam ser: liberdade vigiada, proibição de frequentar determinados locais ou exílio local.

Além dessa dupla punição, a participação em bando ou quadrilha já era uma qualificadora do crime de roubo e extorsão, representando o aumento da pena para 8 (oito) a 20 (vinte) anos, em vez dos 6 (seis) a 15 (quinze), da modalidade simples.

O conceito de bando ou quadrilha era o que estava previsto no próprio tipo penal, artigo 288:

Associarem-se mais de três pessoas, em quadrilha ou bando, para o fim de cometer crimes:
Pena – reclusão, de um a três anos.
Parágrafo único. A pena aplica-se em dobro, se a quadrilha ou bando é armado.

Conclui-se, portanto, que o tratamento dispendido à questão da "criminalidade organizada" no Código Penal de 1940 era bastante punitivo, sobretudo em sua inovação, que foi a instituição de medidas de segurança aplicáveis *post delictum*, ao lado das penas, como supostas medidas preventivas ao crime. É o que consta na exposição de motivos do Código, que essas medidas eram "destinadas à segregação, vigilância, reeducação e tratamento dos indivíduos perigosos" (Exposição de Motivos n. 5).

2.2. Lei nº 5.726/1971

Esta lei, de autoria do Poder Executivo, quando sob a chefia de Emílio G. Médici, dispõe sobre "medidas preventivas e repressivas ao tráfico e uso de substâncias entorpecentes ou que determinem dependência física ou psíquica e dá

---

[4] "Art. 76. A aplicação da medida de segurança presupõe: I – a prática de fato previsto como crime; II – a periculosidade do agente."

[5] "Art. 82. Executam-se as medidas de segurança: I – depois de cumprida a pena privativa de liberdade; II – no caso de absolvição, ou de condenação a pena de multa, depois de passada em julgado a sentença. § 1º A execução da medida de segurança é suspensa, quando o indivíduo tem de cumprir pena privativa de liberdade."

[6] Art. 88. As medidas de segurança dividem-se em patrimoniais e pessoais. A interdição de estabelecimento ou de sede de sociedade ou associação e o confisco são as medidas da primeira espécie; as da segunda espécie subdividem-se em detentivas ou não detentivas. § 1º São medidas detentivas: I – internação em manicômio judiciário; II – internação em casa de custódia e tratamento; III – a internação em colônia agrícola ou em instituto de trabalho, de reeducação ou ensino profissional. § 2º São medidas não detentivas: I – liberdade vigiada; II – a proibição de frequentar determinados lugares; III – o exílio local.

outras providências" (BRASIL, 1971). O projeto encaminhado pela Presidência ao Congresso Nacional (Mensagem nº 210/1971) foi confeccionado pelos Ministros da Justiça, da Saúde e da Educação, os quais foram encarregados de estudar a matéria e propor medidas para a solução do problema.

Esta lei, à primeira vista, não apresenta repercussão à figura da "criminalidade organizada"; entretanto, repercute na medida em que cria um tipo penal até então inexistente no ordenamento brasileiro: a quadrilha ou bando para o tráfico. Tipo penal que, com algumas modificações, existe até hoje.

A redação inicial do projeto, tal como encaminhada pelo Poder Executivo, não previa esse tipo penal específico para quadrilhas ou bandos que se dedicassem à traficância. De qualquer forma, é possível perceber que já havia uma preocupação com a suposta forma organizada com que se praticavam os crimes de tráficos, é o que se lê na justificativa apresentada pelo então presidente: "o tráfico de drogas é efetuado por delinquentes de alta periculosidade, que se compõem em organizações internacionais, mercadejando tóxicos em detrimento da saúde do povo" (BRASIL, 1971).

O projeto tramitou na Câmara dos Deputados por um mês e dez dias, onde passou pelas Comissões de Constituição e Justiça, da Saúde, de educação e cultura e da Legislação Social, tendo sido aprovada por todas, com emendas. Nenhuma das emendas com repercussão na figura da "criminalidade organizada", apesar de haver esta preocupação, conforme se vê, mais uma vez, só que em trecho retirado da tramitação do projeto na Câmara:

> Ora todos sabem que o traficante se organiza em quadrilhas altamente aperfeiçoadas em seus métodos de ação e raramente se deixa apanhar com as facilidades com que se prende um viciado ou o pequeno intermediário portador de drogas ou substâncias nocivas (BRASIL, 1971).

O Senado revisou o projeto e apresentou Substitutivo, o qual foi aprovado em ambas as Casas e convertido, enfim, na Lei nº 5.726/1971, após tão somente três meses de tramitação no Congresso Nacional. O Substitutivo guardou a mesma estrutura do projeto do Governo e manteve-se fiel às suas concepções doutrinárias sobre a matéria, tendo-lhe, entretanto, acrescentado emendas.

Uma dessas emendas é a que cria o tipo "quadrilha ou bando para o tráfico". Trata-se de emenda apresentada pelo então Senador Accioly Filho (ARENA/PR):

> § 5º Associarem-se duas ou mais pessoas, em quadrilha ou bando, para o fim de cometer quaisquer dos crimes previstos neste artigo e seus parágrafos.
>
> Pena – reclusão, de 2 (dois) a 6 (seis) anos e multa de 20 (vinte) a 50 (cinqüenta) vêzes o maior salário-mínimo vigente no País.

Essa é a redação final com que ficou a lei. Aí que está o caráter punitivo da lei no que diz respeito à "organização criminosa", posto que criou novo crime sob esta rubrica. Até então, existia o crime genérico de "quadrilha ou bando", previsto no Código Penal, punido com a pena privativa de liberdade de 1 (um) a 3 (três) anos. A partir daí, criou-se o crime específico de "quadrilha ou bando" para o fim de cometer quaisquer dos crimes previstos no art. 281 do Código Penal,[7] punido com pena maior, isto é, de 2 (dois) a 6 (seis) anos.

A justificativa para tal agravamento está na preocupação com o suposto avanço de quadrilhas de traficantes, o que não é fundamentado propriamente com a utilização de dados empíricos sobre o problema, mas com notícias episódicas de jornais, como se vê do trecho a seguir:

> Verifica-se, pelas informações acima, incluídas no noticiário intitulado "Quadrilha usa crianças no tráfico de cocaína", que a toxicomania alcançou estágio tão alarmante, que se chegou a invocar a ação dos homicidas do "Esquadrão da Morte" para impedir maior avanço do uso de entorpecentes (BRASIL, 1971).

Trata-se de procedimento bastante comum do que se denomina neste trabalho de movimento punitivo, pois ele não busca propriamente resolver um um problema empiricamente comprovado, sua intenção é recrudescer o tratamento penal, independentemente da reflexão de sua real necessidade.

Por outro lado, a lei em exame não se ateve tão somente ao recrudescimento da repressão penal, ela prevê medidas de prevenção[8] (voltadas especificamente para o consumo de drogas) e de adaptação. Entende-se como medida de adaptação, as normas voltadas ao procedimento judicial dos crimes previstos na lei (dentre eles, a quadrilha ou bando para o tráfico).

---

[7] COMÉRCIO, POSSE OU USO DE ENTORPECENTE OU SUBSTÂNCIA QUE DETERMINE DEPENDÊNCIA FÍSICA OU PSÍQUICA. Art. 281. Importar ou exportar, preparar, produzir, vender, expor à venda ou oferecer, fornecer, ainda que gratuitamente, ter em depósito, transportar, trazer consigo, guardar, ministrar ou entregar de qualquer forma, a consumo substância entorpecente, ou que determine dependência física ou psíquica, sem autorização ou em desacôrdo com determinação legal ou regulamentar: Pena – reclusão, de 1 (um) a 6 anos e multa de 50 (cinqüenta) a 100 (cem) vêzes o maior salário-mínimo vigente no País. § 1º Nas mesmas penas incorre quem, indevidamente: I – importa ou exporta, vende ou expõe à venda ou oferece, fornece, ainda que a título gratuito, transporta, traz consigo ou tem em depósito, ou sob sua guarda, matérias-primas destinadas à preparação de entorpecentes ou de substâncias que determinem dependência física ou psíquica; II – faz ou mantém o cultivo de plantas destinadas à preparação de entorpecentes ou de substâncias que determinem dependência física ou psíquica; III – traz consigo, para uso próprio, substância entorpecente ou que determine dependência física ou psíquica; IV – adquire substância entorpecente ou que determine dependência física ou psíquica. § 2º Prescrever o médico ou dentista substância entorpecente ou que determine dependência física ou psíquica, ou em dose evidentemente maior que a necessária ou com infração do preceito legal ou regulamentar: Pena – detenção, de 1 (um) a 5 (cinco) anos, e multa de 10 (dez) a 30 (trinta) vêzes o maior salário-mínimo vigente no País. § 3º Incorre nas penas de 1 (um) a 6 (seis) anos de reclusão e multa de 30 (trinta) a 60 (sessenta) vêzes o valor do maior salário-mínimo vigente no País, quem: I – instiga ou induz alguém a usar entorpecente ou substância que determine dependência física ou psíquica; II – utiliza o local, de que tem a propriedade, posse, administração ou vigilância, ou consente que outrem dêle se utilize, ainda que a título gratuito para uso ilegal de entorpecente ou de substância que determine dependência física ou psíquica; III – contribui de qualquer forma para incentivar ou difundir o uso de entorpecente ou de substância que determine dependência física ou psíquica. (…) BANDO OU QUADRILHA. § 5º Associarem-se duas ou mais pessoas, em quadrilha ou bando, para o fim de cometer qualquer dos crimes previstos neste artigo e seus parágrafos. Pena – reclusão, de 2 (dois) a 6 (seis) anos, e multa de 20 (vinte) a 50 (cinqüenta) vêzes o maior salário-mínimo vigente no País.

[8] Da Prevenção, com oito artigos, destacando-se – além de normas definidoras de uma política preventiva global – a autorização à celebração de cooperações internacionais e nacionais, envolvendo a União, os Estados e os Municípios; a organização de cursos para educadores com objetivo de prepará-los para o combate, no âmbito escolar do tráfico e uso indevido de substâncias entorpecentes e a que firma a responsabilidade universal de toda a comunidade nessa luta.

Isso porque, segundo consta na justificativa, a mudança procedimental intenta tornar o procedimento mais célere, sem perder de vista os direitos dos acusados.

A lei que vai ser oferecida ao Govêrno, representa a instrumentalidade de medidas jurídicas reclamada e que por muitos é tida como desnecessária em face da legislação vigente. Cumpre que se efetive, preventiva e repressivamente a luta contra o uso dos tóxicos (BRASIL, 1971).

Vejamos, então, se as mudanças procedimentais representaram, de fato, adaptações ao procedimento comum previsto no Código de Processo Penal da época, sem reduzir as garantias de defesa dos acusados.

Em primeiro lugar, a lei diferenciou o procedimento para caso de flagrante de crime previsto na lei ou não. Assim, em caso de flagrante, segue-se o procedimento especial previsto na lei. Caso contrário, segue-se o procedimento sumário previsto no Código de Processo Penal.

O Procedimento especial previsto na lei cria a audiência de apresentação. Medida que, de fato, não representa maior rigor punitivo, pelo contrário, oportuniza o contato mais célere do flagrado com o juízo (dentro de 48 horas após o flagrante), quem irá interrogá-lo diretamente, bem como inquirir as testemunhas do flagrante. Esta audiência torna o procedimento bastante célere, na medida em que determina que o Ministério Público já formule, oralmente, sua denúncia. Sendo que, em não havendo base para a acusação, poderá requerer o arquivamento do auto de prisão em flagrante ou sua devolução à autoridade policial para novas diligências, com o que o caso passará a seguir o procedimento sumário. Segundo os procedimentos comum e sumário previstos no Código de Processo Penal (CPP), o flagrado não é encaminhado imediatamente ao juiz, ele é ouvido pela autoridade policial, o qual lavrará auto de flagrante e mandará recolhê-lo à prisão, em caso de fundada suspeita de cometimento de crime, exceto no caso de livrar-se solto ou de prestar fiança.

Encerrada a audiência de apresentação do rito especial, corre o prazo comum de 3 (três) dias para arrolamento de testemunhas (até cinco) e requerimento de produção de provas, bem como para a defesa escrita do réu. No procedimento comum, só haverá interrogatório judicial após encerramento do Inquérito policial, encaminhamento ao MP e denúncia do MP. Após receber a denúncia, o juiz, enfim, marcará o interrogatório do acusado. Após o interrogatório, a defesa possui também de 3 (três) dias para apresentar defesa escrita e arrolar testemunhas (sem limite), bem como requerer diligências. Já no procedimento sumário, há limite de 3 (três) testemunhas.

Aí, segundo o procedimento especial e sumário, as testemunhas serão ouvidas dentro do prazo de 8 (oito) dias. Segundo o comum, o prazo será de 20 (vinte) dias, se o réu estiver preso; e de 40 (quarenta) dias, se solto. Encerrada a oitiva das testemunhas, no rito especial e no sumário já é encaminhado o julgamento: o MP e a defesa têm 20 (vinte) minutos, prorrogáveis por mais 10 (dez), para suas alegações finais, e o juízo em seguida proferirá a sentença, a menos que não se sinta habilitado, caso em que poderá decidir dentro de 5 (cinco) dias. Já no rito comum, é aberto novo prazo para diligências e após mais 3 (três) dias para alegações finais e, após, conclusos ao juízo para julgamento, sem prazo para proferir a sentença.

As diferenças descritas acima, podem ser melhor visualizadas na tabela abaixo, a qual facilita a compreensão dessa abordagem comparativa aqui proposta, necessária para a classificação desta lei dentro da tipologia construída, mais especificamente decidir entre uma tendência adaptativa ou punitiva.

Tabela 2 – Comparação entre os procedimentos judiciais

CPP: Procedimento Comum	CPP: Procedimento Sumário	5.726/1971: Procedimento especial
Art. 304. Apresentado o preso à autoridade competente, ouvirá esta o condutor e as testemunhas que o acompanharam e interrogará o acusado sobre a imputação que lhe é feita, lavrando-se auto, que será por todos assinado. § 1º Resultando das respostas fundada a suspeita contra o conduzido, a autoridade mandará recolhê-lo à prisão, exceto no caso de livrar-se solto ou de prestar fiança, e prosseguirá nos atos do inquérito ou processo, se para isso for competente; se não o for, enviará os autos à autoridade que o seja.	= comum.	Art. 15. Ocorrendo prisão em flagrante e lavrado o respectivo auto, a autoridade policial comunicará o fato imediatamente ao Juiz competente, que designará audiência de apresentação para as 48 (quarenta e oito) horas seguintes. Art 21. No processo e julgamento dos crimes previstos no artigo 281 e seus parágrafos do Código Penal em que não houver flagrante, observar-se-á o procedimento sumário previsto no artigo 539 do Código de Processo Penal.
Art. 310. Quando o juiz verificar pelo auto de prisão em flagrante que o agente praticou o fato, nas condições do art. 19, ns. I, II e III, do Código Penal, poderá, depois de ouvir o Ministério Público, conceder ao réu liberdade provisória, mediante termo de comparecimento a todos os atos do processo, sob pena de revogação.	Art. 533. Na portaria que der início ao processo, a autoridade policial ou o juiz ordenará a citação do réu para se ver processar até julgamento final, e designará dia e hora para a inquirição das testemunhas, cujo número não excederá de três. § 1º Se for desconhecido o paradeiro do réu ou este se ocultar para evitar a citação, esta será feita mediante edital, com o prazo de cinco dias. § 2º Se o processo correr perante o juiz, o órgão do Ministério Público será cientificado do dia e da hora designados para a instrução. § 3º A inquirição de testemunhas será precedida de qualificação do réu, se este comparecer, e do respectivo termo deverá constar a declaração do domicílio, de acordo com o disposto no artigo seguinte. Se o réu não comparecer, serão ouvidas as testemunhas, presente o defensor que lhe for nomeado. § 4º Depois de qualificado o réu, proceder-se-á à intimação a que se refere o artigo seguinte.	Art 16. Presentes o indiciado e seu defensor, o Juiz iniciará a audiência, dando a palavra ao órgão do Ministério Público para, em 15 (quinze) minutos, formular, oralmente, a acusação, que será reduzida a têrmo. Recebida a acusação, o Juiz, na mesma audiência, interrogará o réu e inquirirá as testemunhas do flagrante. Parágrafo único. Se não houver base para a acusação, o órgão do Ministério Público poderá requerer o arquivamento do auto de prisão em flagrante ou sua devolução a autoridade policial para novas diligências, caso em que a ação penal, que vier a ser ulteriormente promovida, adotará o procedimento sumário, previsto no art. 539 do Código de Processo Penal.

Art. 394. O juiz, ao receber a queixa ou denúncia, designará dia e hora para o interrogatório, ordenando a citação do réu e a notificação do Ministério Público e, se for caso, do querelante ou do assistente. Art. 395. O réu ou seu defensor poderá, logo após o interrogatório ou no prazo de três dias, oferecer alegações escritas e arrolar testemunhas. Art. 399. O Ministério Público ou o querelante, ao ser oferecida a denúncia ou a queixa, e a defesa, no prazo do art. 395, poderão requerer as diligências que julgarem convenientes.	Art. 535. Lavrado o auto de prisão em flagrante ou, no caso de processo iniciado em virtude de portaria expedida pela autoridade policial, inquirida a última testemunha, serão os autos remetidos ao juiz competente, no prazo de dois dias. § 1º Se, porém, a contravenção deixar vestígios ou for necessária produção de outras provas, a autoridade procederá desde logo às buscas, apreensões, exames, acareações ou outras diligências necessárias. § 2º Todas as diligências deverão ficar concluídas até cinco dias após a inquirição da última testemunha.	Art. 17. Encerrada a audiência de apresentação, correrá o prazo comum de 3 (três) dias para: I – O Ministério Público arrolar testemunhas em número que, incluídas as já inquiridas naquela audiência, não exceda a 5 (cinco) e requerer a produção de quaisquer outras provas; II – O defensor do réu formular defesa escrita, arrolar até 5 (cinco) testemunhas e requerer a produção de quaisquer outras provas. Parágrafo único. O Juiz indeferirá, de plano, em despacho fundamentado, as provas que tenham intuito meramente protelatório.
Art. 401. As testemunhas de acusação serão ouvidas dentro do prazo de vinte dias, quando o réu estiver preso, e de quarenta dias, quando solto. Parágrafo único. Esses prazos começarão a correr depois de findo o tríduo da defesa prévia, ou, se tiver havido desistência, da data do interrogatório ou do dia em que deverá ter sido realizado.	Art. 536. Recebidos os autos da autoridade policial, ou prosseguindo no processo, se tiver sido por ele iniciado, o juiz, depois de ouvido, dentro do prazo improrrogável de vinte e quatro horas, o órgão do Ministério Público, procederá ao interrogatório do réu. Art. 537. Interrogado o réu, ser-lhe-á concedido, se o requerer, o prazo de três dias para apresentar defesa, arrolar testemunhas até o máximo de três e requerer diligências. Parágrafo único. Não comparecendo o réu, o prazo será concedido ao defensor nomeado, se o requerer.	Art. 18. Findo o prazo do artigo anterior, o Juiz proferirá em 48 (quarenta e oito) horas despacho saneador, no qual ordenará as diligências indispensáveis ao esclarecimento da verdade e designará, para um dos 8 (oito) dias seguintes, audiência de instrução e julgamento, intimando-se o réu, seu defensor, o Ministério Público e as testemunhas que nela devam prestar depoimento. § 1º Na audiência, após a inquirição das testemunhas, será dada a palavra, sucessivamente, ao órgão do Ministério Público e ao defensor do réu, pelo tempo de 20 (vinte) minutos para cada um, prorrogável por mais 10 (dez), a critério do Juiz, que em seguida proferirá sentença. § 2º Se o Juiz não se sentir habilitado a julgar de imediato a causa, ordenará que os autos lhe sejam conclusos e, no prazo de 5 (cinco) dias, dará sentença.
Art. 499. Terminada a inquirição das testemunhas, as partes – primeiramente o Ministério Público ou o querelante, dentro de vinte e quatro horas, e depois, sem interrupção, dentro de igual prazo, o réu ou réus – poderão requerer as diligências, cuja necessidade ou conveniência se origine de circunstâncias ou de fatos apurados na instrução, subindo logo os autos conclusos, para o juiz tomar conhecimento do que tiver sido requerido pelas partes.	Art. 538. Após o tríduo para a defesa, os autos serão conclusos ao juiz, que, depois de sanadas as nulidades, mandará proceder às diligências indispensáveis ao esclarecimento da verdade, quer tenham sido requeridas, quer não, e marcará para um dos oito dias seguintes a audiência de julgamento, cientificados o Ministério Público, o réu e seu defensor. (...)	

Art. 500. Esgotados aqueles prazos, sem requerimento de qualquer das partes, ou concluídas as diligências requeridas e ordenadas, será aberta vista dos autos, para alegações, sucessivamente, por três dias: I – ao Ministério Público ou ao querelante; II – ao assistente, se tiver sido constituído; III – ao defensor do réu.	§ 2º Na audiência, após a inquirição das testemunhas de defesa, será dada a palavra, sucessivamente, ao órgão do Ministério Público e ao defensor do réu ou a este, quando tiver sido admitido a defender-se, pelo tempo de vinte minutos para cada um, prorrogável por mais dez, a critério do juiz, que em seguida proferirá a sentença. § 3º Se o juiz não se julgar habilitado a proferir decisão, ordenará que os autos lhe sejam imediatamente conclusos e, no prazo de cinco dias, dará sentença. § 4º Se, inquiridas as testemunhas de defesa, o juiz reconhecer a necessidade de acareação, reconhecimento ou outra diligência, marcará para um dos cinco dias seguintes a continuação do julgamento, determinando as providências que o caso exigir.	
Art. 502. Findos aqueles prazos, serão os autos imediatamente conclusos, para sentença, ao juiz, que, dentro em cinco dias, poderá ordenar diligências para sanar qualquer nulidade ou suprir falta que prejudique o esclarecimento da verdade. Parágrafo único. O juiz poderá determinar que se proceda, novamente, a interrogatório do réu ou a inquirição de testemunhas e do ofendido, se não houver presidido a esses atos na instrução criminal.	**Art. 540.** No processo sumário, observar-se-á, no que lhe for aplicável, o disposto no Capítulo I do Título I deste Livro.	

Fonte: a autora (2015).

Pela análise realizada, conclui-se que, no que tange ao procedimento judicial previsto na lei, pode-se enquadrá-la como "adaptativa", na medida em que torna o procedimento mais célere, o que é interessante tanto para a administração da justiça, quanto para o réu, sem retirar-lhe direitos de defesa, seguindo, inclusive, o mesmo prazo (de três dias) para defesa escrita e possibilitando a indicação de até 5 (cinco) testemunhas, enquanto no procedimento sumário, já existente no Código de Processo Penal, limita-se a 3 (três) testemunhas.

2.3. Lei nº 6.368/1976

Esta lei revoga a anteriormente analisada e também "dispõe sobre medidas de prevenção e repressão ao tráfico ilícito e uso indevido de substâncias entorpecentes ou que determinem dependência física ou psíquica, e dá outras providências" (BRASIL, 1976). Essa alteração deu-se, segundo a exposição de motivos do então Ministro da Justiça, porque identificou-se o recrudescimento do uso indevido e do tráfico de drogas, surgindo a necessidade de novas medidas, mais eficientes, para a "solução de tão angustiante problema social" (BRASIL, 1976).

Esta lei propõe-se a alterar tanto o sistema preventivo, dando mais ênfase ao tratamento dos dependentes, quanto o sistema repressivo, de modo a torná-lo mais punitivo, mediante, principalmente, a cominação de penas mais rigorosas aos seus infratores. A lei altera, também, o procedimento criminal, preconizando a desconcentração de atos processuais, suprimindo, por exemplo, a audiência inicial de apresentação do preso em flagrante instituída pela lei anterior (audiência, esta, que fora analisada por esta pesquisa como não punitiva – mas, adaptativa –, na medida em que disponibilizava este contato célere entre o preso e o juízo).

Vê-se, portanto, que, à primeira vista, apesar de medidas preventivas voltadas para quem for classificado como usuário/dependente, esta lei representa uma tendência unicamente punitiva no que tange à criminalidade organizada. Pois aumenta penas e retira instrumentos de garantia de direitos aos acusados do procedimento criminal. Vejamos se a análise da lei confirmará esta suposição.

No que tange ao tipo penal da "associação para o tráfico", ele se manteve com algumas alterações. As alterações, entretanto, representam dois movimentos político-criminais contrapostos: aumento do rigor punitivo e atenuação. Quanto ao aumento do rigor punitivo, deve-se à ampliação das hipóteses de incidência e, também, à majoração das penas cominadas (tanto a privativa de liberdade, quanto a de multa). Houve, porém, uma importante atenuação, consistente na separação entre os tipos de tráfico de drogas e de posse de drogas para uso pessoal. Isto é, a posse de drogas para uso pessoal deixou de ser equiparado ao tráfico, estando presente em tipo penal autônomo, com pena bem mais baixa do que a do tráfico. Esta modificação repercute na penalização da associação para o tráfico na medida em que com a lei anterior era possível a associação para uso pessoal, o que não é mais possível após esta reforma. Para melhor visualizar as modificações operadas, veja-se a tabela comparativa entre as duas leis:

Tabela 3 – Tipificação "associação para o tráfico"

5.726/1971	6.368/1976
Associarem-se duas ou mais pessoas, em quadrilha ou bando, para o fim de cometer quaisquer dos crimes previstos neste artigo e seus parágrafos.	Associarem-se 2 (duas) ou mais pessoas para o fim de praticar, reiteradamente ou não, qualquer dos crimes previstos nos arts. 12 ou 13 desta Lei:
Pena – reclusão, de 2 (dois) a 6 (seis) anos e multa de 20 (vinte) a 50 (cinqüenta) vêzes o maior salário-mínimo vigente no País.	Pena – Reclusão, de 3 (três) a 10 (dez) anos, e pagamento de 50 (cinqüenta) a 360 (trezentos e sessenta) dias-multa.

Fonte: a autora (2015).

Passa-se à analise pormenorizada das alterações. A primeira alteração operada se dá na redação do tipo penal: não consta mais a forma de ação de "quadrilha ou bando" e, ainda, foi inserida expressão no sentido de deixar clara a desnecessidade de reiteração criminosa para a tipificação. Esta alteração por si só já aumenta as hipóteses de incidência deste tipo penal, na medida em que o torna de mais fácil consecução. Há, ainda, outra ampliação da incidência pela modificação dos tipos penais do tráfico, o que pode ser melhor visualizado na tabela abaixo, em que são comparados os tipos do tráfico das Leis 5.726/1971 e 6.368/1976.

Tabela 4 – Comparação entre os tipos penais de tráfico

Lei 5.726/1971	Lei 6.368/1976
Art. 281. Importar ou exportar, preparar, produzir, vender, expor à venda ou oferecer, fornecer, ainda que gratuitamente, ter em depósito, transportar, trazer consigo, guardar, ministrar ou entregar de qualquer forma, a consumo substância entorpecente, ou que determine dependência física ou psíquica, sem autorização ou em desacôrdo com determinação legal ou regulamentar: Pena – reclusão, de 1 (um) a 6 anos e multa de 50 (cinqüenta) a 100 (cem) vêzes o maior salário-mínimo vigente no País. § 1º Nas mesmas penas incorre quem, indevidamente: I – importa ou exporta, vende ou expõe à venda ou oferece, fornece, ainda que a título gratuito, transporta, traz consigo ou tem em depósito, ou sob sua guarda, matérias--primas destinadas à preparação de entorpecentes ou de substâncias que determinem dependência física ou psíquica; II – faz ou mantém o cultivo de plantas destinadas à preparação de entorpecentes ou de substâncias que determinem dependência física ou psíquica; III – traz consigo, para uso próprio, substância entorpecente ou que determine dependência física ou psíquica; IV – adquire substância entorpecente ou que determine dependência física ou psíquica. § 2º Prescrever o médico ou dentista substância entorpecente ou que determine dependência física ou psíquica, ou em dose evidentemente maior que a necessária ou com infração do preceito legal ou regulamentar: Pena – detenção, de 1 (um) a 5 (cinco) anos, e multa de 10 (dez) a 30 (trinta) vêzes o maior salário-mínimo vigente no País. § 3º Incorre nas penas de 1 (um) a 6 (seis) anos de reclusão e multa de 30 (trinta) a 60 (sessenta) vêzes o valor do maior salário-mínimo vigente no País, quem: I – instiga ou induz alguém a usar entorpecente ou substância que determine dependência física ou psíquica; II – utiliza o local, de que tem a propriedade, posse, administração ou vigilância, ou consente que outrem dêle se utilize, ainda que a título gratuito para uso ilegal de entorpecente ou de substância que determine dependência física ou psíquica; III – contribui de qualquer forma para incentivar ou difundir o uso de entorpecente ou de substância que determine dependência física. ou psíquica.	Art. 12. Importar ou exportar, remeter, preparar, produzir, fabricar, adquirir, vender, expor à venda ou oferecer, fornecer ainda que gratuitamente, ter em depósito, transportar, trazer consigo, guardar, prescrever, ministrar ou entregar, de qualquer forma, a consumo substância entorpecente ou que determine dependência física ou psíquica, sem autorização ou em desacordo com determinação legal ou regulamentar; Pena – Reclusão, de 3 (três) a 15 (quinze) anos, e pagamento de 50 (cinqüenta) a 360 (trezentos e sessenta) dias-multa. § 1º Nas mesmas penas incorre quem, indevidamente: I – importa ou exporta, remete, produz, fabrica, adquire, vende, expõe à venda ou oferece, fornece ainda que gratuitamente, tem em depósito, transporta, traz consigo ou guarda matéria-prima destinada a preparação de substância entorpecente ou que determine dependência física ou psíquica; II – semeia, cultiva ou faz a colheita de plantas destinadas à preparação de entorpecente ou de substância que determine dependência física ou psíquica. § 2º Nas mesmas penas incorre, ainda, quem: I – induz, instiga ou auxilia alguém a usar entorpecente ou substância que determine dependência física ou psíquica; II – utiliza local de que tem a propriedade, posse, administração, guarda ou vigilância, ou consente que outrem dele se utilize, ainda que gratuitamente, para uso indevido ou tráfico ilícito de entorpecente ou de substância que determine dependência fisica ou psíquica. III – contribui de qualquer forma para incentivar ou difundir o uso indevido ou tráfico ilícito de substância entorpecente ou que determine dependência física ou psíquica. Art. 13. Fabricar, adquirir, vender, fornecer ainda que gratuitamente, possuir ou guardar maquinismo, aparelho, instrumento ou qualquer objeto destinado à fabricação, preparação, produção ou transformação de substância entorpecente ou que determine dependência fícisa ou psíquica, sem autorização ou em desacordo com determinação legal ou regulamentar: Pena – Reclusão, de 3 (três) a 10 (dez) anos, e pagamento de 50 (cinqüenta) a 360 (trezentos e sessenta) dias-multa.

Fonte: a autora (2015).

Vê-se, então, que, para além do aumento bastante rigoroso da pena da associação para o tráfico, houve aumento das hipóteses de incidência, tendo em vista a inclusão de novos verbos nos tipos penais já existentes, bem como a inserção de novo tipo penal (art. 13), que também enseja, em caso de associação, a tipificação também pela associação (art. 14). Houve, por outro lado, uma importante retirada de hipótese de incidência: o "consumo pessoal" deixou de ser equiparado ao tráfico de drogas, logo não enseja mais a incidência do tipo penal da associação para o tráfico.

Quanto ao procedimento, pelo que se lê da justificativa apresentada, representou em retirada de garantias anteriormente previstas aos acusados. E, de fato, pelo que lê da própria lei, a retirada da audiência de apresentação do flagrado com o juízo, mitiga os direitos de defesa do acusado. Representando uma alteração no sentido de aumentar o rigor punitivo no procedimento criminal, como se vê na tabela comparativa abaixo.

Tabela 5 – Procedimento criminal

Lei 5.726/1971	Lei 6.368/1976
Art. 15. Ocorrendo prisão em flagrante e lavrado o respectivo auto, a autoridade policial comunicará o fato imediatamente ao Juiz competente, que designará audiência de apresentação para as 48 (quarenta e oito) horas seguintes.	Art. 21. Ocorrendo prisão em flagrante, a autoridade policial dela fará comunicação imediata ao juiz competente, remetendo-lhe juntamente uma cópia de auto lavrado e o respectivo auto nos 5 (cinco) dias seguintes.
Art. 16. Presentes o indiciado e seu defensor, o Juiz iniciará a audiência, dando a palavra ao órgão do Ministério Público para, em 15 (quinze) minutos, formular, oralmente, a acusação, que será reduzida a têrmo. Recebida a acusação, o Juiz, na mesma audiência, interrogará o réu e inquirirá as testemunhas do flagrante.	§ 1º Nos casos em que não ocorrer prisão em flagrante, o prazo para remessa dos autos do inquérito a juízo será de 30 (trinta) dias. (...)
Parágrafo único. Se não houver base para a acusação, o órgão do Ministério Público poderá requerer o arquivamento do auto de prisão em flagrante ou sua devolução a autoridade policial para novas diligências, caso em que a ação penal, que vier a ser ulteriormente promovida, adotará o procedimento sumário, previsto no art. 539 do Código de Processo Penal.	Art. 22. Recebidos os autos em Juízo será dada vista ao Ministério Público para, no prazo de 3 (três) dias, oferecer denúncia, arrolar testemunhas até o máximo de 5 (cinco) e requerer as diligências que entender necessárias.
Art. 17. Encerrada a audiência de apresentação, correrá o prazo comum de 3 (três) dias para: I – O Ministério Público arrolar testemunhas em número que, incluídas as já inquiridas naquela audiência, não exceda a 5 (cinco) e requerer a produção de quaisquer outras provas; II – O defensor do réu formular defesa escrita, arrolar até 5 (cinco) testemunhas e requerer a produção de quaisquer outras provas.	§ 1º Para efeito da lavratura do auto de prisão em flagrante e do oferecimento da denúncia, no que tange à materialidade do delito, bastará laudo de constatação da natureza da substância firmado por perito oficial ou, na falta deste, por pessoa idônea escolhida de preferência entre as que tiverem habilitação técnica.
Parágrafo único. O Juiz indeferirá, de plano, em despacho fundamentado, as provas que tenham intuito meramente protelatório.	§ 2º Quando o laudo a que se refere o parágrafo anterior for subscrito por perito oficial, não ficará este impedido de participar da elaboração do laudo definitivo.
Art. 18. Findo o prazo do artigo anterior, o Juiz proferirá em 48 (quarenta e oito) horas despacho saneador, no qual ordenará as diligências indispensáveis ao esclarecimento da verdade e designará, para um dos 8 (oito) dias seguintes, audiência de instrução e julgamento, intimando-se o réu, seu defensor, o Ministério Público e as testemunhas que nela devam prestar depoimento.	§ 3º Recebida a denúncia, o juiz, em 24 (vinte e quatro) horas, ordenará a citação ou requisição do réu e designará dia e hora para o interrogatório, que se realizará dentro dos 5 (cinco) dias seguintes. (...) § 5º No interrogatório, o juiz indagará do réu sobre eventual dependência, advertindo-o das conseqüências de suas declarações.
§ 1º Na audiência, após a inquirição das testemunhas, será dada a palavra, sucessivamente, ao órgão do Ministério horas, no qual ordenará as diligências indispensáveis ao julgamento do feito e designará, para um dos 8 (oitos)	§ 6º Interrogado o réu, será aberta vista à defesa para, no prazo de 3 (três) dias, oferecer alegações preliminares, arrolar testemunhas até o máximo de 5 (cinco) e requer as diligências que entender necessárias. Havendo mais de um réu, o prazo será comum e correrá em cartório. Art. 23. Findo o prazo do § 6º do artigo anterior, o juiz proferirá despacho saneador, em 48 (quarenta e oito) dias seguintes, audiência de instrução e julgamento, notificando-se o réu e as testemunhas que nela devam prestar depoimento, intimando-se o defensor e o Ministério Público, bem como cientificando-se a

Público e ao defensor do réu, pelo tempo de 20 (vinte) minutos para cada um, prorrogável por mais 10 (dez), a critério do Juiz, que em seguida proferirá sentença. § 2º Se o Juiz não se sentir habilitado a julgar de imediato a causa, ordenará que os autos lhe sejam conclusos e, no prazo de 5 (cinco) dias, dará sentença. **Art. 21.** No processo e julgamento dos crimes previstos no artigo 281 e seus parágrafos do Código Penal em que não houver flagrante, observar-se-á o procedimento sumário previsto no artigo 539 do Código de Processo Penal.	autoridade policial e os órgãos dos quais dependa a remessa de peças ainda não constantes dos autos. § 1º Na hipótese de ter sido determinado exame de dependência, o prazo para a realização da audiência será de 30 (trinta) dias. § 2º Na audiência, após a inquirição das testemunhas, será dada a palavra, sucessivamente, ao órgão do Ministério Público e ao defensor do réu, pelo tempo de 20 (vinte) minutos para cada um, prorrogável por mais 10 (dez) a critério do juiz que, em seguida, proferirá sentença. § 3º Se o Juiz não se sentir habilitado a julgar de imediato a causa, ordenará que os autos lhe sejam conclusos para, no prazo de 5 (cinco) dias, proferir sentença. **Art. 24.** Nos casos em que couber fiança, sendo o agente menor de 21 (vinte e um) anos, a autoridade policial, verificando não ter o mesmo condições de prestá-la, poderá determinar o seu recolhimento domiciliar na residência dos pais, parentes ou de pessoa idônea, que assinarão termo de responsabilidade. § 1º O recolhimento domiciliar será determinado sempre ad referendum do juiz competente que poderá mantê-lo, revogá-lo ou ainda conceder liberdade provisória. § 2º Na hipótese de revogação de qualquer dos benefícios previstos neste artigo o juiz mandará expedir mandado de prisão contra o indiciado ou réu, aplicando-se, no que couber, o disposto no § 4º do artigo 22. **Art. 25.** A remessa dos autos de flagrante ou de inquérito a juízo far-se-á sem prejuízo das diligências destinadas ao esclarecimento do fato, inclusive a elaboração do laudo de exame toxicológico e, se necessário, de dependência, que serão juntados ao processo até a audiência de instrução e julgamento.

Fonte: a autora (2015).

Da análise desta lei, conclui-se que, apesar de predominar uma tendência político-criminal punitiva – perceptível tanto na justificativa apresentada, quanto na redação da lei propriamente dita –, não se pode ignorar uma única alteração atenuante: separação entre tráfico de drogas e posse para uso pessoal. Trata-se de uma importante mudança de perspectiva, no sentido de diminuir a criminalização do usuário de drogas.

2.4. Lei nº 7.209/1984 – Reforma da Parte Geral do Código Penal

Esta lei surge como necessidade de atualizar e aperfeiçoar a parte geral do Código Penal de 1940.[9] Pelo que consta na Exposição de Motivos (1983, p. 51) do projeto que deu origem à lei (PL 1656/83), datavam, à época, de mais de vinte anos as tentativas de elaboração de novo Código Penal, até que esta lei fora,

---

[9] "A pressão dos índices de criminalidade e suas novas espécies, a constância da medida repressiva como resposta básica ao delito, a rejeição social dos apenados e seus reflexos no incremento da reincidência, a sofisticação tecnológica, que altera a fisionomia da criminalidade contemporânea, são fatores que exigem o aprimoramento dos instrumentos jurídicos de contenção do crime, ainda os mesmos concebidos pelos juristas na primeira metade do século" (Exposição de Motivos do Min. da Justiça Ibrahim Abi-Ackel, 1983).

enfim, aprovada, quarenta e quatro anos após a aprovação do Código Penal vigente.

A Lei procurou adotar uma "nova política criminal" e, ainda segundo consta em sua exposição de motivos, visava a possibilitar a "implementação das reformas do sistema sem suscitar questões práticas" (1983, p. 55). Esta afirmação parece incompreensível, mas acaba sendo bastante esclarecedora. É que é possível concluir, a partir de uma visão orgânica do projeto e de seu real efeito no sistema penal, que esta lei é ambivalente: por um lado, possui uma forte intenção de modernização da política criminal; por outro, não possui coragem para a efetiva implementação dessa nova política criminal. A ambivalência é bastante presente, inclusive, no tratamento dispensado à "criminalidade organizada", objeto deste trabalho.

O primeiro ponto digno de análise e de destaque desta lei é a sua intenção expressa de uma "nova política criminal". Isso é muito importante por dois motivos: (*i*) não é da tradição legislativo-penal brasileira a referência a um modelo de "política criminal", isto é as modificações legislativas são muito mais baseadas em pressões sociais e fáticas do que em modelos político-criminais; (*ii*) porque esta nova política criminal preconizada no projeto diz respeito com a crise da pena de prisão e a necessidade de criação de alternativas penais. É o que está expresso na sua exposição de motivos:

> Uma política criminal orientada no sentido de proteger a sociedade terá de restringir a pena privativa de liberdade aos casos de reconhecida necessidade, como meio eficaz de impedir a ação criminógena cada vez maior do cárcere. Esta filosofia importa obviamente na busca de sanções outras para delinquentes sem periculosidade ou crimes menos graves. Não se trata de combater ou condenar a pena privativa de liberdade como resposta penal básica ao delito. Tal como no Brasil, a pena privativa de liberdade se encontra no âmago dos sistemas penais de todo o mundo. O que por ora se discute é a sua limitação aos casos de reconhecida necessidade (1983, p. 61).

E vai além:

> As críticas que em todos os países se têm feito à pena privativa de liberdade fundamentam-se em fatos de crescente importância social, tais como o tipo de tratamento penal frequentemente inadequado e quase sempre pernicioso, a inutilidade dos métodos até agora empregados no tratamento de delinquentes habituais e multi-reincidentes, os elevados custos da construção e manutenção dos estabelecimentos penais, as consequências maléficas para os infratores primários, ocasionais ou responsáveis por delitos de pequena significação, sujeitos, na intimidade do cárcere, a sevícias, corrupção e perda paulatina da aptidão para o trabalho (p. 61).

A partir dessa justificativa, acertada, o projeto e a lei que o seguiu trouxeram novo elenco de penas (alternativas à pena de prisão), são elas: prestação de serviços à comunidade, interdição temporária de direitos e limitação de fins de semana, além da multa que já existia. Entretanto, como já se adiantou quando da afirmação da ambivalência do projeto, a própria exposição de motivos do projeto afirma que essa inovação seria feita "de maneira cautelosa, como convém a toda experiência pioneira nesta área" (1983, p. 62). Com efeito, a modificação revelou-se bastante tímida, na medida em que as novas penas ficaram situadas na faixa que já era reservada ao instituto da suspensão condicional da pena (delitos dolosos cuja pena, concretamente aplicada, seja inferior a um ano e aos delitos culposos de modo geral). Ou seja, não se percebe uma efetiva ampliação de medida descarcerizante, mas tão somente sua substituição.[10]

O projeto prevê, ainda, a possibilidade de progressão de regime. Veja-se o que diz sua exposição de motivos quanto a isso: "a fim de humanizar a pena privativa de liberdade, adota o Projeto o sistema progressivo de cumprimento de pena, de nova índole, mediante o qual poderá dar-se a substituição do regime a que estiver sujeito o condenado, segundo seu próprio mérito" (1983, p. 63).

No que tange, especificamente, ao tratamento da criminalidade organizada, a lei procedeu, mais uma vez, de forma ambivalente ou mista. Por um lado, ao adotar o princípio da culpabilidade, aboliu a medida de segurança para o imputável. Com isso, a medida de segurança mantém-se com caráter meramente preventivo e assistencial, ficando reservada aos inimputáveis. Logo, não há mais a presunção legal de periculosidade da quadrilha e do bando, assim como não é mais possível destinar-lhes a dupla-punição (pena e medida de segurança) até então prevista[11].

Por outro lado, a lei preocupa-se com uma suposta ausência de repressão aos crimes que estariam sujeitos à imposição de medida de segurança detentiva e que acabaram sendo beneficiados pela abolição da medida. Diante disso, prevê a necessidade de um reforço punitivo a esses crimes. O reforço foi conferido por

---

[10] Em novembro de 1998, com a "Lei das Penas Alternativas" (Lei n. 9.714/98), foi ampliada a possibilidade de substituição da pena. Veja-se a essência da justificativa apresentada pelo então Ministro da Justiça Nelson Jobim (durante Governo de Fernando Henrique Cardoso), cujo projeto fora aprovado no Congresso: "Resultado de amplos estudos e discussões lavradas no seio do Conselho Nacional de Política Criminal e Penitenciária (...) é necessário repensar as formas de punição do cidadão infrator. A prisão não vem cumprindo o principal objetivo da pena, que é reintegrar o condenado ao convívio social, de modo que não volte a delinqüir. Mas, se infelizmente não temos ainda, condições de suprimir por inteiro a pena privativa de liberdade, caminhamos a passos cada vez mais largos para o entendimento de que a prisão deve ser reservada para os agentes de crimes graves e cuja periculosidade recomende seu isolamento do seio social. Para os crimes de menor gravidade a melhor solução consiste em impor restrições aos direitos do condenado, mas sem retirá-lo do convívio social. Sua conduta criminosa não ficará impune, cumprindo, assim, os desígnios da prevenção especial e da prevenção geral (...) Nessa linha de pensamento é que se propõe, no projeto, a ampliação das alternativas à pena de prisão. A par das alternativas já existentes, acrescentam-se a prestação pecuniária, o recolhimento domiciliar e a perda de bens e valores (...) A substituição, que hoje só é possível nos crimes dolosos, para as condenações inferiores a um ano, passa a ser viável no caso de penas de até quatro anos, salvo se o crime foi cometido com violência contra a pessoa" (1996, p. 14-16). Após sua aprovação, a Presidência, entendendo que, embora o projeto se apresentasse em perfeito rigor e apuro técnico, "as inovações por ele propostas, consideradas a sua magnitude e a repercussão social que propiciam, reclamam implementação paulatina e gradativa, conforme o exige a dinâmica de alteração de regime normativo" (Mensagem 1.447/1998). Com isso, resolveu vetar parcialmente o projeto, "por contrariar o interesse público". O veto dirigiu-se, primeiro, à possibilidade de "recolhimento domiciliar", pois entendeu não conter "na essência, o mínimo necessário de força punitiva, afigurando-se totalmente desprovida da capacidade de prevenir nova prática delituosa"; segundo, à possibilidade de "advertência", porque "a admoestação verbal, por sua singeleza, igualmente carece do indispensável substrato coercitivo".

[11] "Ao réu perigoso e culpável não há razão para aplicar o que tem sido, na prática, uma fração de pena eufemisticamente denominada medida de segurança" (1983, p. 81).

meio da reformulação dos institutos do crime continuado e do livramento condicional.

> O Projeto optou pelo critério que mais adequadamente se opõe ao crescimento da criminalidade profissional, organizada e violenta, cujas ações se repetem contra vítimas diferentes, em condições de tempo, lugar, modos de execução e circunstâncias outras, marcadas por evidente semelhança. Estender-lhe o conceito de crime continuado importa em beneficiá-la, pois o delinqüente profissional tornar-se-ia passível de tratamento penal menos grave que o dispensado a criminosos ocasionais. De resto, com a extinção, no Projeto, da medida de segurança para o imputável, urge reforçar o sistema, destinando penas mais longas aos que estariam sujeitos à imposição de medida de segurança detentiva e que serão beneficiados pela abolição da medida. A Política Criminal atua, neste passo, em sentido inverso, a fim de evitar a libertação prematura de determinadas categorias de agentes, dotados de acentuada periculosidade (1983, p. 71).

Nesse passo, a Lei manteve a definição vigente de crime continuado, porém introduziu no parágrafo único uma inovação até hoje vigente:

> Parágrafo único – Nos crimes dolosos, contra vítimas diferentes, cometidos com violência ou grave ameaça à pessoa, poderá o juiz, considerando a culpabilidade, os antecedentes, a conduta social e a personalidade do agente, bem como os motivos e as circunstâncias, aumentar a pena de um só dos crimes, se idênticas, ou a mais grave, se diversas, até o triplo, observadas as regras do parágrafo único do art. 70 e do art. 75 deste Código.

Quanto ao livramento condicional, o juiz poderá conceder ao condenado a pena privativa de liberdade igual ou superior a dois anos, desde que cumprido mais de um terço da pena, se o condenado não for reincidente em crime doloso e tiver bons antecedentes; pode ainda concedê-la se o condenado for reincidente em crime doloso, cumprida mais da metade da pena. Ao reduzir, porém, os prazos mínimos de concessão do benefício, a lei exige do condenado, além dos requisitos já estabelecidos (quantidade da pena aplicada, reincidência, antecedentes e tempo de pena cumprida), a comprovação de comportamento satisfatório durante a execução da pena, bom desempenho no trabalho que lhe foi atribuído e aptidão para prover a própria subsistência mediante trabalho honesto, bem como a reparação do dano, salvo efetiva impossibilidade de fazê-lo. Tratando-se, no entanto, de condenado por crime doloso, cometido com violência ou grave ameaça à pessoa, a concessão do livramento ficará subordinada, ainda, à verificação, em perícia, da superação das condições e circunstâncias que levaram o condenado a delinquir. Trata-se de mais uma "consequência necessária da extinção da medida de segurança para o imputável" (1983, p. 76). Esses postulados permanecem em vigor.

Enfim, percebe-se que, apesar de uma forte intenção de atenuação ou abrandamento do sistema penal, a lei acaba por compensar as medidas desencarceradoras com aumento de rigor em outros institutos, sobretudo para garantir uma dura repressão aos ditos crimes graves, dentro dos quais se inclui a criminalidade organizada. Com isso, esta lei pode ser classificada como "mista", pois combina tendência "atenuante" com "punitiva".

2.5. Lei nº 7.960/1989 – Lei da Prisão Temporária

Esta lei cria e dispõe sobre uma nova possibilidade de prisão cautelar, trata-se da chamada "prisão temporária". Sua tendência é claramente punitiva, pois não satisfeita com a possibilidade de "prisão preventiva" prevista no Código de Processo Penal à época,[12] cria mais uma hipótese, com ampliada incidência, de prisão cautelar.

Dentre os inúmeros tipos, está elencado no rol o crime de quadrilha ou bando (artigo 1º, III, *l*):

Art. 1º Caberá prisão temporária:

(...)

III – quando houver fundadas razões, de acordo com qualquer prova admitida na legislação penal, de autoria ou participação do indiciado nos seguintes crimes:

a) homicídio doloso (art. 121, *caput*, e seu § 2º);

b) seqüestro ou cárcere privado (art. 148, *caput*, e seus §§ 1º e 2º);

c) roubo (art. 157, *caput*, e seus §§ 1º, 2º e 3º);

d) extorsão (art. 158, *caput*, e seus §§ 1º e 2º);

e) extorsão mediante seqüestro (art. 159, *caput*, e seus §§ 1º, 2º e 3º);

f) estupro (art. 213, *caput*, e sua combinação com o art. 223, *caput*, e parágrafo único);

g) atentado violento ao pudor (art. 214, *caput*, e sua combinação com o art. 223, *caput*, e parágrafo único);

h) rapto violento (art. 219, e sua combinação com o art. 223 *caput*, e parágrafo único);

i) epidemia com resultado de morte (art. 267, § 1º);

j) envenenamento de água potável ou substância alimentícia ou medicinal qualificado pela morte (art. 270, *caput*, combinado com art. 285);

l) quadrilha ou bando (art. 288), todos do Código Penal;

m) genocídio (arts. 1º, 2º e 3º da Lei nº 2.889, de 1º de outubro de 1956), em qualquer de sua formas típicas;

n) tráfico de drogas (art. 12 da Lei nº 6.368, de 21 de outubro de 1976);

o) crimes contra o sistema financeiro (Lei nº 7.492, de 16 de junho de 1986).

Não foi possível acessar, até o momento da redação deste trabalho, a justificativa apresentada para a aprovação de referido diploma legal. De qualquer

---

[12] Art. 311. Em qualquer fase do inquérito policial ou da instrução criminal, caberá a prisão preventiva, decretada pelo juiz, de ofício, a requerimento do Ministério Público, ou do querelante, ou mediante representação da autoridade policial, quando houver prova da existência do crime e indícios suficientes da autoria. Art. 312. A prisão preventiva será decretada nos crimes a que cominada pena de reclusão por tempo, no máximo, igual ou superior a dez anos. Art. 313. A prisão preventiva poderá ser decretada como garantia da ordem pública, por conveniência da instrução criminal ou para assegurar a aplicação da lei penal: I – nos crimes inafiançáveis, não compreendidos no artigo anterior; II – nos crimes afiançáveis, quando se apurar no processo que o indiciado é vadio ou quando, havendo dúvida sobre a sua identidade, não fornecer ou indicar elementos suficientes para esclarecê-la; III – nos crimes dolosos, embora afiançáveis, quando o réu tiver sido condenado por crime da mesma natureza, em sentença transitada em julgado.

sorte, foi requerido o avulso do projeto ao Arquivo do Senado Federal, estando pendente a resposta.

O que se sabe é que a esta Lei originou-se da conversão em lei de uma Medida Provisória com força de lei (MP 111/1989) adotada pelo então Presidente José Sarney.

2.6. Lei nº 8.072/1990 – Lei dos Crimes Hediondos

A Lei dos Crimes Hediondos tem sua origem mais remota na Constituição de 1988, que primeiro utilizou o termo "crimes hediondos", como crimes que seriam inafiançáveis e insuscetíveis de graça ou anistia, nestes termos:

> Art. 5º Todos são iguais perante a lei, sem distinção de qualquer natureza, garantindo-se aos brasileiros e aos estrangeiros residentes no País a inviolabilidade do direito à vida, à liberdade, à igualdade, à segurança e à propriedade, nos termos seguintes:
>
> (...)
>
> XLIII – a lei considerará crimes inafiançáveis e insuscetíveis de graça ou anistia a prática da tortura, o tráfico ilícito de entorpecentes e drogas afins, o terrorismo e os definidos como crimes hediondos, por eles respondendo os mandantes, os executores e os que, podendo evitá-los, se omitirem;
>
> (...)

O constituinte sabia, no entanto, que não havia definição legal de quais crimes seriam hediondos, havendo necessidade de uma lei sobre o assunto, conforme se depreende da discussão publicada no Diário da Assembleia Nacional Constituinte (Suplemento "B") (BRASIL, 1988, p. 20):

> O SR. CONSTITUINTE VIVALDO BARBOSA: – Eu me permitiria observar, Sr. Presidente, que essa categoria de crimes hediondos uma expressão inteiramente nova no Direito brasileiro. Porém, quando o Relator propõe que eles sejam definidos como tais, realmente a uma expressão tecnicamente adequada, porque carece a legislação penal de definição do que sejam crimes hediondos. E ao Constituinte não passou despercebido. Ele está alertando que carece dessa definição e impõe, ao legislador ordinário, em matéria penal, que defina os contornos e a natureza dos crimes hediondos. Parece-me muito adequada a sugestão do Relator.
>
> O SR. PRESIDENTE (Ulysses Guimarães): – É um texto importante, relativo ao art. 5º, inciso XLIII.
>
> "A lei considerara crimes inafiançáveis e insuscetíveis de grata ou anistia a pratica da tortura, o tráfico ilícito de entorpecentes e drogas afins, o terrorismo a os crimes hediondos..."
>
> Então, seriam duas. Primeiro, dentro da sua interpretação, precisaria a lei definir crime hediondo, porque ele terá que ser considerado inafiançável. Esse é outro problema.
>
> O SR. CONSTITUINTE VIVALDO BARBOSA: – Tão logo definido ele será inafiançável e insuscetível de grata. Mas carece de uma definição preliminar.
>
> O SR. CONSTITUINTE NELSON JOBIM: – Sr. Presidente, parece evidente que tem razão o Relator, porque crime hediondo a juízo de valor sobre conduta. Então, haverá necessida-

de de a lei estabelecer quais os crimes já definidos na tipificação penal que forem considerados hediondos para efeito de serem inafiançáveis a insuscetíveis de graça ou anistia.
O SR. PRESIDENTE (Ulysses Guimarães): – Todos estão de acordo? Então vamos para a frente.

A partir dessa norma constitucional, o Senador Odacir Soares (PFL/RO) apresentou o PLS 050/90, com o objetivo de estabelecer novas disposições penais e processuais penais para os crimes de sequestro e extorsão mediante sequestro. Segundo o senador, o projeto visava a "coibir uma das atividades delituosas mais nefastas e que cresce dia a dia em qualidade e quantidade" (1990, p. 9).

A justificativa do projeto vai além e diz que as rigorosas disposições contidas no projeto alcançam, também, os crimes praticados com motivação política, bem como os crimes que já constam na Constituição como merecedores de tratamento mais gravoso (tortura, tráfico ilícito de drogas e terrorismo), além do estupro, da lesão corporal grave e da morte.

Além de serem inafiançáveis, insuscetíveis de graça ou anistia e imprescritíveis, "em face da gravidade do crime" (trata-se, aqui, especificamente do sequestro), o projeto impunha-lhes limites drásticos – quando não coibia mesmo – a qualquer abrandamento da pena, que deveria ser cumprida em regime fechado, sem possibilidade de livramento condicional e sem remição (1990, p. 9). A liberdade provisória, durante o processo, também não poderá ser decretada em nenhuma hipótese, com vistas a impedir "que o réu fuja para o eventual desfrute da vantagem obtida pelo sequestro" (1990, p. 9). O aumento da pena está justificado na crença de que isso vem a "desestimular os eventuais criminosos" (1990, p. 9).

Este projeto fora aprovado no Senado e seguiu sua tramitação para a Câmara dos Deputados, onde recebeu o nº 5.405/90 e relatoria do Dep. Roberto Jefferson (PTB/RJ). O Deputado, por sua vez, apresentou um substitutivo ao projeto, entendendo que

> o Poder Legislativo não poderia perder esta importante oportunidade para oferecer sua concreta contribuição à legislação penal, tendo em vista, ainda, pela natureza dos crimes que vêm abalando e causando indignação e repulsa da sociedade, o resgate do débito de regulamentação do dispositivo constitucional que pede a definição dos crimes hediondos, entre os quais, necessariamente, se incluem o sequestro e a extorsão (1990, p. 38).

O projeto passa a dispor, então, sobre "os crimes hediondos" e é o que será aprovado, transformando-se, enfim, na Lei ora analisada.

Passam a ser considerados hediondos outros crimes, dentre os quais manteve-se a extorsão mediante sequestro na forma qualificada pelo bando ou quadrilha. Com isso, torna-se insuscetível de anistia, graça, indulto, fiança e liberdade provisória; a pena deverá ser cumprida em regime integralmente fechado; a prisão temporária poderá ter 30 dias prorrogável por mais 30 (ao invés de 5, renováveis por mais 5). Além disso, a lei aumenta a pena mínima da extorsão mediante sequestro qualificada pelo bando ou quadrilha de 8 para 12 anos. Traz, por outro lado, uma medida de diminuição da punição para o coautor da quadrilha ou bando que denunciar à autoridade facilitando a libertação do sequestrado (redução de 1/3 a 2/3).

Ainda, aumenta o intervalo da pena do art. 288 do Código Penal (quadrilha ou bando), que passa a ser de 3 a 6 anos em caso de crime hediondo, prática da tortura, tráfico ilícito de entorpecentes e drogas afins ou terrorismo. Traz, por outro lado, uma causa de diminuição de pena para o delator que denunciar o bando à autoridade, possibilitando seu desmantelamento (de 1/3 a 2/3). Por fim, traz uma causa de aumento de pena de metade em caso de vítima menor de 14 anos, alienada ou débil mental.

Tabela 6 – Comparação Código Penal e Lei de Crimes Hediondos

	CP/1940	8.072/1990
Tipo penal	Quadrilha ou bando	=
Descrição	Associarem-se mais de três pessoas, em quadrilha ou bando, para o fim de cometer crimes:	=
Pena	Reclusão, de um a três anos.	=
Causa de aumento	Parágrafo único. A pena aplica-se em dobro, se a quadrilha ou bando é armado	=
		Será de três a seis anos de reclusão a pena prevista no art. 288 do Código Penal, quando se tratar de crimes hediondos, prática da tortura, tráfico ilícito de entorpecentes e drogas afins ou terrorismo.
Causa de diminuição da pena	X	Parágrafo único. O participante e o associado que denunciar à autoridade o bando ou quadrilha, possibilitando seu desmantelamento, terá a pena reduzida de um a dois terços.

Fonte: A autora (2014).

Conclui-se, então, que a tendência político-criminal verificada neste diploma legal é preponderantemente punitivista, ainda que conste uma causa de diminuição de pena, pois seus efeitos punitivos e, sobretudo, encarceradores são excessivamente predominantes.

2.7. Lei nº 9.034/1995 – Lei do Crime Organizado

A Lei 9.034/95 originou-se do PL 3516/89, de autoria do então Deputado Michel Temer (PMDB/SP), e trata-se do primeiro diploma lega a tratar explicitamente do "crime organizado" (termo utilizado no apelido da Lei) e da "organização criminosa", termo utilizado na ementa da Lei: "Dispõe sobre a utilização de meios operacionais para a prevenção e repressão de ações praticadas por organizações criminosas" (BRASIL, 1995)

Referida Lei foi justificada pela ineficácia da persecução policial no desmantelamento de organizações criminosas, nestes termos:

Pelas projeções assumidas e os imensuráveis danos causados à sociedade internacional, à ordem econômico-financeira e instituições públicas e privadas, necessária se faz a utilização diferenciada dos meios de prevenção e repressão das atividades desses grupos que se assemelham, sem exageros, a "empresas multi-milionárias" a serviço do crime e da corrupção generalizada. É obvio que o remédio combativo há que ser diverso daquele empregado na prevenção e repressão às ações individuais, isoladas, tal qual se verifica quando de um atropelamento ou o furto de um botijão de gás, ainda que doloso (1989).

Nesse sentido, o projeto previa novos meios operacionais, supostamente mais eficientes, às "instituições envolvidas no combate ao crime organizado – (Polícia, Ministério Público e Justiça) – dotando-as de permissivos legais controlados" (1989). Ainda, segundo a justificativa apresentada no projeto, "cuidou-se, portanto, de regulamentar, com vistas ao controle judicial e do Ministério Público, ações que, de alguma forma, já vem sendo praticadas pelos órgãos de prevenção e repressão, a fim de se evitar abusos e desvios de finalidade" (1989). Vê-se, portanto, que a tendência político-criminal dessa ideia inicial era claramente "adaptativa", afinal a intenção não era punir mais, mas tornar a persecução criminal mais eficaz, o que não significa, necessariamente redução ou flexibilização de garantias processuais, por exemplo.

Na justificativa apresentada no projeto, o deputado refere-se a "grupos delinquentes que atuam no tráfico ilícito de drogas, exploração do lenocínio, tráfico de crianças, furto de veículos, contrabando e descaminho, terrorismo e os chamados crimes do colarinho branco, exemplos de organizações criminosas" (1989). De qualquer forma, o projeto da lei definia o que entendia por organização criminosa, da seguinte maneira:

Art. 2º Para os efeitos desta Lei, considera-se organização criminosa aquela que, por sua características, demonstre a existência de estrutura criminal, operando de forma sistematizada, com atuação regional, nacional e/ou internacional (BRASIL, 1989).

Os "meios operacionais de prevenção e repressão do crime organizado" previstos no projeto eram: a infiltração policial, as ação controlada, o acesso a documentos e informações fiscais, bancárias, financeira e eleitorais e o impedimento, a interrupção, a interceptação, a escuta e a gravação das comunicações telefônicas, conforme regulado em lei especial.

O art. 3º estabelecia, ainda, que a realização de referidas operações dependiam de prévia autorização judicial. Estabelecendo, inclusive, em seu art. 5º, que "a realização das operações previstas nesta lei, fora dos casos, modalidades e formas nela estabelecidos, constitui crime, sujeitando-se seus autores às penas de detenção de um mês a um ano e multa" (BRASIL, 1989). Isto é, o projeto demonstrou preocupação com eventuais excessos policiais que referida lei poderia ensejar.

Além disso, o projeto cuidou de regulamentar cada uma das operações previstas e capítulos próprios, reforçando, sempre, a necessidade de autorização judicial motivada. E, por fim, nas disposições gerais, estabelecia: a necessidade de estruturação de setores e equipes policiais no combate ao crime organizado, a realização de identificação criminal, uma causa de diminuição de pena pela colaboração espontânea e pela confissão, a proibição de liberdade provisória aos "agentes que tenham tido intensa e efetiva participação na organização criminosa", o prazo máximo de 180 dias de prisão processual, a proibição de apelar em liberdade, o início de cumprimento em regime fechado e a intimação do defensor pela imprensa.

O projeto fora apresentado em 24/08/89 e aprovado em 03/05/95, com significativas alterações e com veto parcial do então Presidente Fernando Henrique Cardoso.

Em primeiro lugar, optou-se por não conceituar "organização criminosa", suprimindo-se o art. 2º do projeto. Assim, apesar de a ementa referir expressamente que a lei é destinada às "ações praticadas por organizações criminosas", a própria lei abstém-se de sua conceituação. Em verdade, passa a dispor, em seu art. 1º, que a lei "define e regula meios de prova e procedimentos investigatórios que versarem sobre crime resultante de ações de quadrilha ou bando" (BRASIL, 1995). Trata-se de uma redução em relação ao Substitutivo do Senado, que definia "crime organizado" como o "conjunto dos atos delituosos que decorrem ou resultem das atividades de quadrilha ou bando, definidos no § 1° do art. 288 do Decreto-Lei nº 2.848, de 7 de dezembro de 1940 – Código Penal" e, ainda, alterava o art. 288, do Código Penal, da seguinte forma:

> Art. 3º O art. 288 do Decreto-Lei nº 2.848, de 7 de dezembro de 1940 – Código Penal – passa a ter a seguinte redação:
> "Art. 288. Participar de quadrilha, bando ou organização que se serve das estruturas ou é estruturada ao modo de sociedades, associações, fundações, empresas, grupos de empresas, unidades ou forças militares, órgãos, entidades ou serviços públicos, concebidas, qualquer que seja o princípio, pretexto, motivação ou causa, para cometer crimes ou alcançar objetivos cuja realização implica a prática de ilícitos penais.
> Pena: reclusão, de um a três anos.
> §1º Se a quadrilha ou bando serve-se de estruturas ou é estruturada ao modo de sociedades, associações, fundações, empresas ou grupo de empresas ou que prestam serviço público.
> Pena: reclusão, de dois a cinco anos."

Segundo se pode perceber da análise da tramitação do projeto, essa alteração do Código Penal proposta no Substitutivo do Senado foi retirada para não trazer "problemas para milhares e milhares de pessoas que têm os seus códigos que perderiam a atualidade devido à alteração de um dispositivo" (Miro Teixeira, relator do substitutivo do Senado).

Em segundo lugar, foi retirada a obrigatoriedade de prévia autorização judicial para a realização dos procedimentos previstos na lei, sob o argumento de que o sistema acusatório não permitiria a participação do juiz durante a investigação e coleta de provas. Este, inclusive, foi o motivo pelo qual o Partido dos Trabalhadores (PT) votou contrariamente à aprovação do projeto.[13] Com motivação semelhante, o então Presidente da República, Fernando Henrique Cardoso, acabou por vetar a "infiltração de agentes", porque "contraria o interesse público, uma vez que permite que o agente policial, independentemente de autorização do Poder Judiciário, se infiltre em quadrilhas ou bandos para a investigação de crime organizado" (Mensagem de Veto 483, de 3 de maio de 1995). Entretanto, os demais meios remanesceram e também sem a necessidade de autorização judicial.

É dizer, remanesceram a "ação controlada" e o "acesso a dados, documentos e informações fiscais, bancárias, financeiras e eleitorais". Há a previsão, no entanto, de que na hipótese de "acesso a dados, documentos e informações fiscais, bancárias, financeiras e eleitorais", "ocorrendo possibilidade de violação de sigilo (...) a diligência será realizada pessoalmente pelo juiz, adotado o mais rigor segredo de justiça". Ocorre que parte deste dispositivo acabou sendo considerado inconstitucional pelo STF (Adin nº 1.570-2) em 2004, devido à impossibilidade de o juiz exercer as funções de investigador, "atribuição conferida ao Ministério Público e às Polícias Federal e Civil" (STF, 2004).

Em terceiro lugar, foi retirada a previsão de punibilidade aos policiais que não seguissem o devido processo previsto na lei na utilização dos procedimentos investigatórios. Bem como os capítulos a respeito de cada operação prevista. Por outro lado, foram mantidas as disposições gerais a respeito da necessidade de estruturar equipes especializadas, da identificação criminal, da causa de diminuição da pena pela colaboração espontânea, da impossibilidade de liberdade provisória e do cumprimento da pena em regime inicial fechado.

Percebe-se, então, que a lei, apesar de uma intenção interessante de dotar de melhores e mais eficazes procedimentos de investigação e formação de provas, acaba por combinar medidas que ferem garantias processuais, sobretudo pela desnecessidade de autorização judicial para a realização dos procedimentos. Com isso, entende-se que a lei é mista em termos político-criminais, combinando as tendências "adaptativa" e "punitiva".

Esta lei foi revogada pela Lei nº 12.850/2013, a qual também é objeto de análise deste trabalho.

2.8. Lei nº 9.303/1996

A Lei nº 9.303/96 advém para alterar a "redação do art. 8º da Lei nº 9.034, de 3 de maio de 1995, que 'dispõe sobre a utilização de meios operacionais para a

---

[13] Veja-se a alegação do representante do Partido a respeito desta questão: "Essa redação final autoriza o agente policial a proceder à infiltração sem autorização judicial. Se é nesses termos, gostaríamos de discutir, porque, sem querer jogar lama sobre as autoridades policiais, a verdade é que não temos a tradição de cidadania controlar as suas autoridades policiais; os agentes policiais sequer se sentem obrigados a prestar contas de suas atividades, quando são normalmente obrigados a isso por lei (...) Nesse sentido, embora a intenção seja nobre, correta, meritória, o Partido dos Trabalhadores alerta para esse *gap* que existe entre a intenção, a realidade e a práxis de nossas autoridades policiais" (Gilney Viana, em 05 de abril de 1995).

prevenção e repressão de ações praticadas por organizações criminosas'". O projeto que deu origem a esta lei (PL 605/95), também de autoria do então Deputado Michel Temer (PMDB/SP), foi apresentado em 13 de junho de 1995 e aprovado em 05 de setembro de 1996, sendo a lei sancionada pelo então Presidente Fernando Henrique Cardoso.

A intenção da norma, tal como se pode perceber em sua justificativa, é punitiva; porém, ela acaba concedendo uma garantia processual ao acusado de organização criminosa. Com isso, pode-se dizer que a tendência político-criminal da norma é "adaptativa", isto é, pretende adaptar o procedimento processual para dar conta da efetiva persecução penal.

É que o art. 8º da Lei 9.034/95 determinava até então que "o prazo máximo da prisão processual, nos crimes previstos nesta lei, será de cento e oitenta dias". O Legislativo, na pessoa de Michel Temer, entendeu que a permanência desta redação acarretaria "seguramente, a libertação prematura de perigosos delinquentes, antes do trânsito em julgado da sentença" (BRASIL, 1995). Isso porque não seria possível encerrar a instrução dentro desse prazo, com o que os juízes seriam (o que não se acredita) obrigados a colocar os acusados em liberdade.

Assim manifestou-se o autor do projeto que deu origem à lei em sua justificativa:

> Não sendo materialmente possível, no prazo máximo de seis meses, encerrar-se um processo criminal complexo, com vários acusados (hipótese de quadrilha ou bando), principalmente se a defesa utiliza-se de todas as faculdades que a lei lhe assegura (prazos, provas, perícias, recursos, etc.), a permanência da atual redação do art. 8º acarretará, seguramente, a libertação prematura de perigosos delinqüentes, antes do trânsito em julgado da sentença. Daí a urgente necessidade de aprovar-se a alteração objeto desta proposta, a fim de restabelecer-se o entendimento consagrado na súmula 52 do STJ, segundo o qual "encerrada a instrução criminal, fica superada a alegação de constrangimento por excesso de prazo" (BRASIL, 1995).

Sob essa justificativa, o art. 8º fora, então, reescrito, ficando com a seguinte redação: "Art. 8° O prazo para encerramento da instrução criminal, nos processos por crime de que trata esta Lei, será de 81 (oitenta e um) dias, quando o réu estiver preso, e de 120 (cento e vinte) dias, quando solto" (BRASIL, 1996). É dizer, estabeleceu-se prazo para o encerramento da instrução criminal.

2.9. Lei nº 9.269/1996

A Lei nº 9.269/1996 tem origem no PLS 69/91 de autoria do então Deputado Francisco Rollemberg (PFL/SE) e possui a seguinte ementa: "Dá nova redação ao § 4º do art. 159 do Código Penal". O projeto foi apresentado em 11 de abril de 1991, aprovado em 2 de abril de 1996 e sancionado pelo então Presidente Fernando Henrique Cardoso.

Com isso, o § 4º do artigo 159, que havia sido inserido pela Lei nº 8.072/90, teve sua redação alterada de modo a adeaquar os termos utilizados. Onde antes constava "quadrilha ou bando", passou a constar "concurso", conforme se demonstra na tabela abaixo.

Tabela 7 – Alteração operada pela Lei nº 9.269/96

Lei 8.072/1990	Lei 9.269/1996
"§ 4º Se o crime é cometido por quadrilha ou bando, o co-autor que denunciá-lo à autoridade, facilitando a libertação do seqüestrado, terá sua pena reduzida de um a dois terços".	"§ 4º Se o crime é cometido em concurso, o concorrente que o denunciar à autoridade, facilitando a libertação do seqüestrado, terá sua pena reduzida de um a dois terços".

Fonte: A autora (2014).

Procedeu-se, assim, a uma ampliação do benefício da colaboração. Afinal, representa uma ampliação da possibilidade de utilização da minorante, na medida em que não mais diz respeito tão somente à quadrilha ou bando, mas a todo concurso de agentes, logo sua tendência político-criminal é de atenuar o tratamento penal, ao ampliar mecanismo que induz o arrependimento, evitando, assim, o mal maior.

A justificativa apresentada no projeto foi, em primeiro lugar, de utilizar os termos "concorrência" ou "concurso de pessoas" porque eram os termos consagrados pela Reforma do Código Penal, operada pela Lei 7.120/84. E, em segundo lugar, para beneficiar todas as formas de concurso, e não só a organizada em quadrilha ou bando, afinal "estatuindo que o benefício só alcança o agente organizado em quadrilha ou bando, implicitamente está o legislador a excluir da previsão mais favorável aqueles que praticam a extorsão mediante seqüestro com a conivência de menos de quatro pessoas". Logo, a própria intenção tinha em vista a necessidade de ampliação do benefício, tratando-se, portanto, de uma lei de tendência político-criminal "atenuante".

2.10. Lei nº 10.217/2001

Trata-se de mais uma lei (a segunda) que vem alterar a Lei nº 9.034/1995, só que agora no que tange aos seus artigos 1º e 2º e sob autoria do Executivo, então chefiado por Fernando Henrique Cardoso (MSG 837/2000 » PL 3275/2000). O projeto foi apresentado em 6 de outubro de 2000 e aprovado em 16 de abril de 2001.

Houve alteração no que tange à definição dos crimes que ensejam a utilização dos procedimentos previstos na lei e, também, a inserção de mais dois procedimentos, conforme os trechos destacados na tabela a seguir.

Tabela 8 – Alteração operada pela Lei nº 10.217/01

Lei 9.034/1995	Lei 10.217/2001
Art. 1º Esta Lei define e regula meios de prova e procedimentos investigatórios que versarem sobre crime resultante de ações de quadrilha ou bando".	**Art. 1º** Esta Lei define e regula meios de prova e procedimentos investigatórios que versem sobre ilícitos decorrentes de ações praticadas por quadrilha ou bando ou organizações ou associações criminosas de qualquer tipo.
Art. 2º Em qualquer fase de persecução criminal que verse sobre ação praticada por organizações criminosas são permitidos, além dos já previstos na lei, os seguintes procedimentos de investigação e formação de provas: I – (Vetado) II – a ação controlada, que consiste em retardar a interdição policial do que se supõe ação praticada por organizações criminosas ou a ela vinculado, desde que mantida sob observação e acompanhamento para que a medida legal se concretize no momento mais eficaz do ponto de vista da formação de provas e fornecimento de informações; III – o acesso a dados, documentos e informações fiscais, bancárias, financeiras e eleitorais	**Art. 2º** Em qualquer fase de persecução criminal são permitidos, sem prejuízo dos já previstos em lei, os seguintes procedimentos de investigação e formação de provas: I – (Vetado) II – a ação controlada, que consiste em retardar a interdição policial do que se supõe ação praticada por organizações criminosas ou a ela vinculado, desde que mantida sob observação e acompanhamento para que a medida legal se concretize no momento mais eficaz do ponto de vista da formação de provas e fornecimento de informações; III – o acesso a dados, documentos e informações fiscais, bancárias, financeiras e eleitorais IV – a captação e a interceptação ambiental de sinais eletromagnéticos, óticos ou acústicos, e o seu registro e análise, mediante circunstanciada autorização judicial; V – infiltração por agentes de polícia ou de inteligência, em tarefas de investigação, constituída pelos órgãos especializados pertinentes, mediante circunstanciada autorização judicial. Parágrafo único. A autorização judicial será estritamente sigilosa e permanecerá nesta condição enquanto perdurar a infiltração.

Fonte: A autora (2015).

As justificativas dadas na apresentação do projeto são: (i) dar maior alcance à lei e (ii) incluir duas medidas de combate à criminalidade, "imprescindíveis ao Estado: a infiltração controlada de agentes policiais e de inteligência e a escuta ambiental" (BRASIL, 2000, Diário do Senado Federal, 10 de outubro de 2000, p. 20098). Ainda, segundo consta da exposição de motivos:

> Com a infiltração, pretende-se dotar o Estado de mecanismo eficaz, que permita, enquanto perfurar a investigação criminal, a inserção de agentes de polícia em quadrilha ou bando ou organizações ou associações criminosas, com vistas à obtenção de elementos hábeis para a apuração de delitos e de sua autoria (BRASIL, 2000, p. 20098).

Veja-se que a infiltração estivera presente na proposta da Lei nº 9.034/95, mas fora vetada pelo mesmo Presidente que a reencaminha à apreciação. É que, no decorrer da tramitação do projeto da Lei nº 9.034/95, foi suprimida a necessidade de autorização judicial para a adoção deste procedimento. Esta proposta, então, condiciona a infiltração à autorização judicial sigilosa.

No que tange à escuta ambiental, foi justificada sua adoção por ser um

> importante meio da tecnologia moderna, capaz de identificar, entre outros delitos, o contrabando, o descaminho, o roubo de caminhões e cargas, o tráfico ilícito de entorpecentes, a

retirada ilegal de madeira e de outros recursos naturais, e outras atividades do crime organizado. Tem, igualmente, importância fundamental para a identificação de ações que, de alguma forma, possam acarretar insegurança institucional (BRASIL, 2000, p. 20098).

A tendência político-criminal verificada na lei é mista, pois há incremento punitivo, na medida em que amplia a incidência da Lei nº 9.034/95; mas, também, há um movimento de adaptação, por meio da inserção de novos procedimentos – condicionados à autorização judicial – para incrementar investigações complexas.

2.11. Decreto nº 5.015/2004

Considerando que o Congresso Nacional aprovou, por meio do Decreto Legislativo nº 231, de 29 de maio de 2003, o texto da Convenção das Nações Unidas contra o Crime Organizado Transnacional, adotada em Nova Iorque, em 15 de novembro de 2000, cujo instrumento de ratificação fora depositado pelo Governo brasileiro junto à Secretaria-Geral da ONU, em 29 de janeiro de 2004, e que a Convenção entrou em vigor internacional, em 29 de setembro de 2003, e para o Brasil, em 28 de fevereiro de 2004; o então Presidente Luiz Inácio Lula da Silva promulgou a Convenção, também conhecida como Convenção de Palermo, por intermédio deste decreto.

Com isso, fica decretado que s Convenção "será executada e cumprida tão inteiramente como nela se contém" (BRASIL, 2004). Ficando, inclusive, sujeitos à aprovação do Congresso Nacional quaisquer atos que possam resultar em revisão da referida Convenção ou que acarretem encargos ou compromissos gravosos ao patrimônio nacional, nos termos do art. 49, inciso I, da Constituição.

O objetivo da Convenção é o de "promover a cooperação para prevenir e combater mais eficazmente a criminalidade organizada transnacional" (BRASIL, 2000). A Convenção entende por "grupo criminoso organizado":

> Grupo estruturado de três ou mais pessoas, existente há algum tempo e atuando concertadamente com o propósito de cometer uma ou mais infrações graves ou enunciadas na presente Convenção, com a intenção de obter, direta ou indiretamente, um benefício econômico ou outro benefício material (BRASIL, 2000).

Por "grupo estruturado", a Convenção entende todo:

> Grupo formado de maneira não fortuita para a prática imediata de uma infração, ainda que os seus membros não tenham funções formalmente definidas, que não haja continuidade na sua composição e que não disponha de uma estrutura elaborada (BRASIL, 2000).

"Infrações graves", segundo a Convenção, são aquelas que constituam "infração punível com uma pena de privação de liberdade, cujo máximo não seja inferior a quatro anos ou com pena superior" (BRASIL, 2000). Além das infrações graves, a Convenção elenca outras infrações para as quais a Convenção é aplicada, são elas: participação em grupo criminoso organizado, lavagem de dinheiro e corrupção.

A Convenção estabelece aos Estados-Partes que adotem medidas legislativas para caracterizar como infração penal, quando praticado intencionalmente os seguintes atos:

Artigo 5

Criminalização da participação em um grupo criminoso organizado

i) O entendimento com uma ou mais pessoas para a prática de uma infração grave, com uma intenção direta ou indiretamente relacionada com a obtenção de um benefício econômico ou outro benefício material e, quando assim prescrever o direito interno, envolvendo um ato praticado por um dos participantes para concretizar o que foi acordado ou envolvendo a participação de um grupo criminoso organizado;

ii) A conduta de qualquer pessoa que, conhecendo a finalidade e a atividade criminosa geral de um grupo criminoso organizado, ou a sua intenção de cometer as infrações em questão, participe ativamente em:

a. Atividades ilícitas do grupo criminoso organizado;

b. Outras atividades do grupo criminoso organizado, sabendo que a sua participação contribuirá para a finalidade criminosa acima referida;

c. O ato de organizar, dirigir, ajudar, incitar, facilitar ou aconselhar a prática de uma infração grave que envolva a participação de um grupo criminoso organizado.

A Convenção trata, ainda, da criminalização da lavagem do produto do crime (artigo 6), de medidas para combater a lavagem de dinheiro (artigo 7), da criminalização da corrupção (artigo 8) e de medidas contra a corrupção (artigo 9). No artigo 10, a Convenção trata da responsabilidade das pessoas jurídicas, determinando que os Estados-Partes adotem medidas para responsabilizar pessoas jurídicas, seja na esfera penal, civil ou administrativa, que "participem em infrações graves envolvendo um grupo criminoso organizado e que cometam as infrações enunciadas nos artigos 5, 6, 8 e 23 da presente Convenção" (BRASIL, 2000). De modo a que sejam objeto de "sanções eficazes, proporcionais e acautelatórias, de natureza penal e não penal, incluindo sanções pecuniárias" (BRASIL, 2000).

O artigo 11 trata dos processos judiciais, julgamentos e sanções, seus dispositivos não são tão propositivos, respeitando os procedimentos internos dos países, mas requerendo cautela, entretanto, por parte do judiciário, para que tenha presente a gravidade das infrações "quando considerarem a possibilidade de uma libertação antecipada ou condicional de pessoas reconhecidas como culpadas dessas infrações" (BRASIL, 2000). Além disso, acena para a possível necessidade de prolongamento do prazo prescricional.

A Convenção dispõe, na sequência, sobre o confisco e a apreensão (artigo 12), sobre a cooperação nacional para efeitos de confisco (artigo 13), sobre a disposição do produto do crime ou dos bens confiscados (artigo 14), sobre jurisdição (artigo 15, regras de norma penal no espaço), sobre extradição (artigo 16), sobre transferência de pessoas condenadas (artigo 17), sobre assistência judiciária recíproca (artigo 18), sobre investigações conjuntas (artigo 19), sobre técnicas especiais de investigação (artigo 20), sobre transferência de processos penais (artigo 21), sobre estabelecimento de antecedentes penais (artigo 22), sobre a criminalização da obstrução da justiça (artigo 23), sobre proteção das testemunhas (artigo 24), assistência e proteção às vítimas (artigo 25), sobre Medidas para intensificar a cooperação com as autoridades competentes para a aplicação da lei (artigo 26), sobre cooperação entre as autoridades competentes para a aplicação da lei (artigo 27).

Por fim, o artigo 28 trata da necessidade de "coleta, intercâmbio e análise de informações sobre a natureza do crime organizado", isto é, estabelece a necessidade de os Estados-Parte consultar os meios científicos e universitários sobre as tendências da criminalidade organizada no seu território, as circunstâncias com que elas operam e os grupos e tecnologias envolvidos. E, ainda, determina que os Estados estabeleçam meios de acompanhamento de suas políticas e das medidas tomadas para combater o crime organizado, avaliando a sua aplicação e eficácia. Destaca-se este artigo justamente porque não há uma tradição legislativa no Brasil de avaliar as suas produções, tampouco de procurar aconselhamento universitário. O que, por sua vez, é recomendado pela Convenção da qual o Brasil é signatário.

Entende-se que a Convenção de Palermo adota uma tendência político-criminal "adaptativa", tendo em vista sua intenção de "promover a cooperação para prevenir e combater mais eficazmente a criminalidade organizada transnacional", o que não significa o incremento punitivo no que tange a esta espécie delitiva, mas tão somente incremento no sentido de dotar o ordenamento de maior eficácia na sua persecução. Nesse sentido, é de grande valia o conceito de criminalidade organizada exposto na Convenção, na medida em que deixa claro que se está tratando tão somente de organizações criminosas estruturadas para o cometimento de crimes graves. Além disso, há a necessidade de vínculo temporal e o elemento subjetivo de obter vantagem patrimonial ou material. Ou seja, este conceito excluiria uma grande quantidade de "associações" que poderiam ser consideradas organizações criminosas no Brasil, tais como movimentos sociais.

A aplicabilidade da Convenção no Brasil, entretanto, é insignificante. É que não há uma tradição jurisdicional no Brasil de adoção de instrumentos internacionais, ainda que promulgados via decreto e aprovados perante o Congresso Nacional. Assim, enquanto não houver lei específica que adote as medidas previstas na Convenção, ela não terá vigência efetiva no país. Por isso é que, conforme se verá adiante, o Congresso Nacional acabou por aprovar a Lei nº 12.850/2013, de modo a adequar o ordenamento ao conteúdo da Convenção.

2.12. Lei 11.343/2003 – Lei de Drogas

Trata-se da atual lei de drogas brasileira, cujo projeto fora apresentado no Senado Federal pelo "Grupo de Trabalho – Crime organizado, narcotráfico e lavagem de dinheiro", em maio de 2002. O projeto teve tramitação rápida no Senado, sua redação final foi aprovada em agosto de 2002, tendo sido remetido à Câmara dos Deputados para revisão. A Câmara ofereceu Substitutivo a duas proposições do Projeto, as quais foram aprovadas no Senado, sendo a lei enfim aprovada em 2006.

A lei ficou com a seguinte ementa:

> Institui o Sistema Nacional de Políticas Públicas sobre Drogas – Sisnad; prescreve medidas para prevenção do uso indevido, atenção e reinserção social de usuários e dependentes de drogas; estabelece normas para repressão à produção não autorizada e ao tráfico ilícito de drogas; define crimes e dá outras providências.

No que tange às alterações significativas em relação ao tratamento legal das drogas até então vigente no país, desponta a medida de desencarcerar o usuário de drogas. Isto é, não é mais prevista pena de prisão a quem possui droga para consumo pessoal, mas penas de advertência, medida educativa ou prestação de serviço à comunidade. Assim, o consumo pessoal de droga permanece sendo crime, mas não mais punido com pena restritiva de liberdade.

Por outro lado, conforme admite o próprio projeto: "no que se refere ao tráfico de drogas, ao contrário do que ocorre com o usuário, o espírito do projeto é o de agravar a situação jurídica da pessoa que comete esse crime" (BRASIL, 2002, p. 7). Trata-se de um grande erro cometido por este diploma legal, pois ele não cuidou de estabelecer uma diferença objetiva entre usuário e traficante e, muitas vezes, esta diferença é muito tênue e quem acaba por decidir se se trata de usuário ou traficante é o policial que se depara com a situação. Caso ele entenda que se trata de tráfico de drogas, poderá prender o suspeito em flagrante (o qual irá permanecer preso durante todo o processo); caso entenda que se trata de consumidor, estará proibido de prender em flagrante e deverá encaminhá-lo ao Juizado Especial Criminal.

O efeito deste diploma legal para o sistema prisional foi avassalador. É dizer, representou um grande aumento de prisões por tráfico de drogas.

Além disso, a lei torna o crime de associação para o tráfico inafiançável e insuscetível de *sursis*, graça, indulto, anistia e liberdade provisória, vedada a conversão de suas penas em restritivas de direitos, o que até então somente ocorria com o crime de tráfico de drogas. Não é só, no que tange ao crime de associação para o tráfico, houve aumento na pena de multa prevista e, também, na hipótese de incidência do tipo penal, o qual agora também se presta a tipificar a associação de pessoas que colaboram, como informantes, com grupos ou organizações criminosas. Veja-se a evolução deste tipo penal no decorrer das reformas legais:

Tabela 9 – Tipificação "associação para o tráfico"

5.726/1971	6.368/1976	11.343/2006
Associarem-se duas ou mais pessoas, em quadrilha ou bando, para o fim de cometer quaisquer dos crimes previstos neste artigo e seus parágrafos.	Associarem-se 2 (duas) ou mais pessoas para o fim de praticar, reiteradamente ou não, qualquer dos crimes previstos nos arts. 12 ou 13 desta Lei:	Art. 35. Associarem-se duas ou mais pessoas para o fim de praticar, reiteradamente ou não, qualquer dos crimes previstos nos arts. 33, *caput* e § 1º,[14] e 34[15] desta Lei:

| Pena – reclusão, de 2 (dois) a 6 (seis) anos e multa de 20 (vinte) a 50 (cinqüenta) vêzes o maior salário-mínimo vigente no País. | Pena – Reclusão, de 3 (três) a 10 (dez) anos, e pagamento de 50 (cinqüenta) a 360 (trezentos e sessenta) dias-multa. | Pena – reclusão, de 3 (três) a 10 (dez) anos, e pagamento de 700 (setecentos) a 1.200 (mil e duzentos) dias-multa. Parágrafo único. Nas mesmas penas do *caput* deste artigo incorre quem se associa para a prática reiterada do crime definido no art. 36[16] desta Lei. |

Fonte: a autora (2015).

No que se refere a medidas não necessariamente mais punitivas, pode-se destacar (*i*) a possibilidade de redução de pena àquele que colaborar voluntariamente com a investigação criminal e o processo criminal na identificação dos demais coautores ou partícipes do crime e na recuperação do produto do crime; e (*ii*) a previsão de procedimentos investigatórios mais eficazes, utilizáveis, mediante autorização judicial e ouvido o Ministério Público, tais como a infiltração policial e a não atuação policial sobre os portadores de drogas, seus precursores químicos ou outros produtos utilizados em sua produção, que se encontrem no território brasileiro, com a finalidade de identificar e responsabilizar maior número de integrantes de operações de tráfico e distribuição, sem prejuízo da ação penal cabível.

Há, ainda, a reforma do procedimento relativo aos processos por crimes previstos na lei (tais como tráfico de drogas e associação para o tráfico), já que esta lei revogou o procedimento até então previsto (tanto na Lei 6.368/1976, quanto na Lei 10.409/2002). Veja-se as alterações:

Tabela 10 – Procedimento penal

Lei 6.368/1976	Lei 11.343/2006
Art. 21. Ocorrendo prisão em flagrante, a autoridade policial dela fará comunicação imediata ao juiz competente, remetendo-lhe juntamente uma cópia de auto lavrado e o respectivo auto nos 5 (cinco) dias seguintes.	**Art. 50**. Ocorrendo prisão em flagrante, a autoridade de polícia judiciária fará, imediatamente, comunicação ao juiz competente, remetendo-lhe cópia do auto lavrado, do qual será dada vista ao órgão do Ministério Público, em 24 (vinte e quatro) horas.

---

[14] Art. 33. Importar, exportar, remeter, preparar, produzir, fabricar, adquirir, vender, expor à venda, oferecer, ter em depósito, transportar, trazer consigo, guardar, prescrever, ministrar, entregar a consumo ou fornecer drogas, ainda que gratuitamente, sem autorização ou em desacordo com determinação legal ou regulamentar: Pena – reclusão de 5 (cinco) a 15 (quinze) anos e pagamento de 500 (quinhentos) a 1.500 (mil e quinhentos) dias-multa. § 1º Nas mesmas penas incorre quem: I – importa, exporta, remete, produz, fabrica, adquire, vende, expõe à venda, oferece, fornece, tem em depósito, transporta, traz consigo ou guarda, ainda que gratuitamente, sem autorização ou em desacordo com determinação legal ou regulamentar, matéria-prima, insumo ou produto químico destinado à preparação de drogas; II – semeia, cultiva ou faz a colheita, sem autorização ou em desacordo com determinação legal ou regulamentar, de plantas que se constituam em matéria-prima para a preparação de drogas; III – utiliza local ou bem de qualquer natureza de que tem a propriedade, posse, administração, guarda ou vigilância, ou consente que outrem dele se utilize, ainda que gratuitamente, sem autorização ou em desacordo com determinação legal ou regulamentar, para o tráfico ilícito de drogas.

[15] Art. 34. Fabricar, adquirir, utilizar, transportar, oferecer, vender, distribuir, entregar a qualquer título, possuir, guardar ou fornecer, ainda que gratuitamente, maquinário, aparelho, instrumento ou qualquer objeto destinado à fabricação, preparação, produção ou transformação de drogas, sem autorização ou em desacordo com determinação legal ou regulamentar.

[16] Art. 37. Colaborar, como informante, com grupo, organização ou associação destinados à prática de qualquer dos crimes previstos nos arts. 33, *caput* e § 1º, e 34 desta Lei.

§ 1º Nos casos em que não ocorrer prisão em flagrante, o prazo para remessa dos autos do inquérito a juízo será de 30 (trinta) dias.
(...)
Art. 22. Recebidos os autos em Juízo será dada vista ao Ministério Público para, no prazo de 3 (três) dias, oferecer denúncia, arrolar testemunhas até o máximo de 5 (cinco) e requerer as diligências que entender necessárias.
(...)
§ 3º Recebida a denúncia, o juiz, em 24 (vinte e quatro) horas, ordenará a citação ou requisição do réu e designará dia e hora para o interrogatório, que se realizará dentro dos 5 (cinco) dias seguintes.
(...)
§ 5º No interrogatório, o juiz indagará do réu sobre eventual dependência, advertindo-o das conseqüências de suas declarações.
§ 6º Interrogado o réu, será aberta vista à defesa para, no prazo de 3 (três) dias, oferecer alegações preliminares, arrolar testemunhas até o máximo de 5 (cinco) e requer as diligências que entender necessárias. Havendo mais de um réu, o prazo será comum e correrá em cartório.
Art. 23. Findo o prazo do § 6º do artigo anterior, o juiz proferirá despacho saneador, em 48 (quarenta e oito) horas, no qual ordenará as diligências indispensáveis ao julgamento do feito e designará, para um dos 8 (oitos) dias seguintes, audiência de instrução e julgamento, notificando-se o réu e as testemunhas que nela devam prestar depoimento, intimando-se o defensor e o Ministério Público, bem como cientificando-se a autoridade policial e os órgãos dos quais dependa a remessa de peças ainda não constantes dos autos.
§ 1º Na hipótese de ter sido determinado exame de dependência, o prazo para a realização da audiência será de 30 (trinta) dias.
§ 2º Na audiência, após a inquirição das testemunhas, será dada a palavra, sucessivamente, ao órgão do Ministério Público e ao defensor do réu, pelo tempo de 20 (vinte) minutos para cada um, prorrogável por mais 10 (dez) a critério do juiz que, em seguida, proferirá sentença.
§ 3º Se o Juiz não se sentir habilitado a julgar de imediato a causa, ordenará que os autos lhe sejam conclusos para, no prazo de 5 (cinco) dias, proferir sentença.
Art. 24. Nos casos em que couber fiança, sendo o agente menor de 21 (vinte e um) anos, a autoridade policial, verificando não ter o mesmo condições de prestá-la, poderá determinar o seu recolhimento domiciliar na residência dos pais, parentes ou de pessoa idônea, que assinarão termo de responsabilidade.
§ 1º O recolhimento domiciliar será determinado sempre ad referendum do juiz competente que poderá mantê-lo, revogá-lo ou ainda conceder liberdade provisória.
§ 2º Na hipótese de revogação de qualquer dos benefícios previstos neste artigo o juiz mandará expedir mandado de prisão contra o indiciado ou réu, aplicando-se, no que couber, o disposto no § 4º do artigo 22.

(...)
Art. 51. O inquérito policial será concluído no prazo de 30 (trinta) dias, se o indiciado estiver preso, e de 90 (noventa) dias, quando solto.
(...)
Art. 53. Em qualquer fase da persecução criminal relativa aos crimes previstos nesta Lei, são permitidos, além dos previstos em lei, mediante autorização judicial e ouvido o Ministério Público, os seguintes procedimentos investigatórios:
I – a infiltração por agentes de polícia, em tarefas de investigação, constituída pelos órgãos especializados pertinentes;
II – a não atuação policial sobre os portadores de drogas, seus precursores químicos ou outros produtos utilizados em sua produção, que se encontrem no território brasileiro, com a finalidade de identificar e responsabilizar maior número de integrantes de operações de tráfico e distribuição, sem prejuízo da ação penal cabível.
Art. 54. Recebidos em juízo os autos do inquérito policial, de Comissão Parlamentar de Inquérito ou peças de informação, dar-se-á vista ao Ministério Público para, no prazo de 10 (dez) dias, adotar uma das seguintes providências:
I – requerer o arquivamento;
II – requisitar as diligências que entender necessárias;
III – oferecer denúncia, arrolar até 5 (cinco) testemunhas e requerer as demais provas que entender pertinentes.
Art. 55. Oferecida a denúncia, o juiz ordenará a notificação do acusado para oferecer defesa prévia, por escrito, no prazo de 10 (dez) dias.
(...)
Art. 56. Recebida a denúncia, o juiz designará dia e hora para a audiência de instrução e julgamento, ordenará a citação pessoal do acusado, a intimação do Ministério Público, do assistente, se for o caso, e requisitará os laudos periciais.
(...)
Art. 57. Na audiência de instrução e julgamento, após o interrogatório do acusado e a inquirição das testemunhas, será dada a palavra, sucessivamente, ao representante do Ministério Público e ao defensor do acusado, para sustentação oral, pelo prazo de 20 (vinte) minutos para cada um, prorrogável por mais 10 (dez), a critério do juiz.
(...)
Art. 58. Encerrados os debates, proferirá o juiz sentença de imediato, ou o fará em 10 (dez) dias, ordenando que os autos para isso lhe sejam conclusos.
Art. 59. Nos crimes previstos nos arts. 33, *caput* e § 1º, e 34 a 37 desta Lei, o réu não poderá apelar sem recolher-se à prisão, salvo se for primário e de bons antecedentes, assim reconhecido na sentença condenatória.

Fonte: a autora (2015).

Da análise desta tabela, percebe-se que, mais uma vez, o legislador utilizou-se da combinação de medidas adaptativas e punitivas. O procedimento tornou-se mais garantidor dos direitos dos acusados no momento em que condicionou o recebimento da denúncia à apresentação, por parte do acusado, de uma defesa prévia. Isto é, possibilitou o contraditório à denúncia antes mesmo de seu recebimento.

Além disso, como já referido, a previsão de novos instrumentos de investigação, não tornam necessariamente a lei mais punitiva, mas, sim, adaptativa, na medida em que procura dinamizar seus institutos para fazer frente à modernização criminosa, sobretudo se percebemos que as medidas dependem de autorização judicial.

Por outro lado, a proibição de apelar em liberdade revela-se em medida extremamente punitiva e desnecessária. Violadora, inclusive, dos princípios da presunção de inocência e do duplo grau de jurisdição.

Com isso, conclui-se tratar de legislação com tendência político-criminal mista, na medida em que combina medidas punitivas com medidas adaptativas.

2.13. Lei nº 11.464/2007

Esta lei teve origem no Executivo (AV 270/06 » PL 6793/06), sob a chefia do então Presidente Luiz Inácio Lula da Silva, foi apresentada no Congresso Nacional em 23 de março de 2006 e aprovada em 28 de março de 2007. A ementa da lei é a seguinte: "Dá nova redação ao art. 2º da Lei nº 8.072, de 25 de julho de 1990, que dispõe sobre os crimes hediondos, nos termos do inciso XLIII do art. 5º da Constituição Federal" (BRASIL, 2006). Veja-se na tabela abaixo a modificação operada por esta Lei.

Tabela 11 – Alteração operada pela Lei nº 11.464/2007

Lei 8.072/1990	Lei 11.464/2007
Art. 2º Os crimes hediondos, a prática da tortura, o tráfico ilícito de entorpecentes e drogas afins e o terrorismo são insuscetíveis de: I – anistia, graça e indulto; II – fiança e liberdade provisória. § 1º A pena por crime previsto neste artigo será cumprida integralmente em regime fechado. § 2º Em caso de sentença condenatória, o juiz decidirá fundamentadamente se o réu poderá apelar em liberdade. § 3º A prisão temporária, sobre a qual dispõe a Lei nº 7.960, de 21 de dezembro de 1989, nos crimes previstos neste artigo, terá o prazo de trinta dias, prorrogável por igual período em caso de extrema e comprovada necessidade.	Art. 2º Os crimes hediondos, a prática da tortura, o tráfico ilícito de entorpecentes e drogas afins e o terrorismo são insuscetíveis de: I – anistia, graça e indulto; II – fiança e liberdade provisória. § 1º A pena por crime previsto neste artigo será cumprida inicialmente em regime fechado. § 2º A progressão de regime, no caso dos condenados aos crimes previstos neste artigo, dar-se-á após o cumprimento de 2/5 (dois quintos) da pena, se o apenado for primário, e de 3/5 (três quintos), se reincidente. § 3º Em caso de sentença condenatória, o juiz decidirá fundamentadamente se o réu poderá apelar em liberdade. § 4º A prisão temporária, sobre a qual dispõe a Lei nº 7.960, de 21 de dezembro de 1989, nos crimes previstos neste artigo, terá o prazo de 30 (trinta) dias, prorrogável por igual período em caso de extrema e comprovada necessidade.

Fonte: A autora (2014).

A alteração, portanto, se dá no sentido de estabelecer que os condenados por crime hediondo cumprirão a pena inicialmente em regime fechado, concedendo o benefício da progressão de regime prisional, mediante o cumprimento de 2/5 (dois quintos), se primário e 3/5 (três quintos), se reincidente. Com isso, tem-se que esta lei veio a "atenuar" a Lei dos crimes hediondos

A justificativa apresentada no projeto que deu origem à lei diz que seu objetivo é de adequar a Lei dos Crimes Hediondos à "evolução jurisprudencial ocorrida desde sua entrada em vigor, bem como de torná-la coerente com o sistema adotado pela Parte Especial do Código Penal e com os princípios gerais do Direito Penal". Nesse sentido, diz Márcio Thomaz Bastos, então Ministro da Justiça, que "a proposta de alteração do inciso II do artigo 2º busca estender o direito àliberdade provisória aos condenados por esses delitos, em consonância com o entendimento que já vem se tornando corrente nas instâncias superiores do Poder Judiciário".

Durante tramitação no Congresso Nacional, seu relator, o então Deputado Luiz Antonio Fleury (PTB/SP), apresentou substitutivo no sentido de aumentar o período de cumprimento da pena para a progressão (para 2/3), pois entendia que o período proposto no projeto (de 1/3) "significaria pouco avanço em relação à situação atual e continuaria significando impunidade". Além disso, ao menos nos crimes hediondos e nos a eles equiparados, o substitutitvo propunha retornar a exigência do exame criminológico para a progressão, pois, segundo o Deputado, esta exigência teria sido

> indevidamente abolida pela Lei 10.792, de 1º de dezembro de 2003, que deu nova redação ao art. 112 da Lei de Execução Penal. Afinal de contas, o maior desestímulo ao crime é a certeza da punição – mas uma punição rigorosa, não complacente nem tolerante com delitos de altíssima gravidade.

De qualquer sorte, o projeto fora aprovado em sua versão originária e não substitutiva, com o que se pode classificá-lo como unicamente "atenuante". Apesar de tratar-se de uma lei que tão somente estabelece medida desencarceradora, na medida em que permite a progressão de regime a delitos que até então eram cumpridos integralmente no fechado, não foi possível perceber diminuição da população carcerária no período, conforme se pode visualizar no gráfico a seguir.

Gráfico 5 – Evolução da População Carcerária Brasileira

Evolução da População Carcerária Brasileira (1990 - 2012*)

[Gráfico de linha mostrando a evolução da população carcerária brasileira de 1990 a 2012, com valores variando de 90.000 em 1990 a 549.577 em 2012. Valores intermediários: 114.337, 126.152, 129.169, 148.760, 170.602, 194.074, 232.755, 233.859, 239.345, 308.304, 336.358, 361.402, 401.236, 422.590, 451.219, 473.626, 496.251, 514.582.]

*2012: Dados atualizados até Jun/2012 pelo DEPEN (Departamento Penitenciário Nacional)

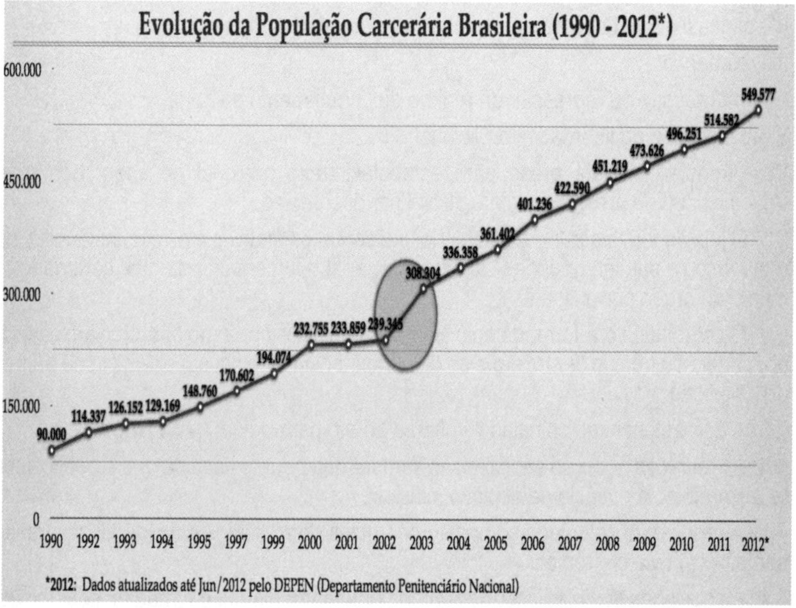

Fonte: DEPEN (2012).

2.14. Lei nº 12.694/2012

A Lei nº 12.694/2012 tem sua origem em um documento apresentado pela Associação dos Juízes Federais do Brasil (SUG 258/06) ao Congresso Nacional, cujo seguimento foi dado pela Comissão de Legislação Participativa (PL 2.057/07). O projeto fora apresentado pela Comissão em 19 de setembro de 2007, aprovado em 30 de julho de 2012 e sancionado com veto parcial pela então Presidenta Dilma Roussef.

A ementa da lei é a seguinte:

> Dispõe sobre o processo e o julgamento colegiado em primeiro grau de jurisdição de crimes praticados por organizações criminosas; altera o Decreto-Lei nº 2.848, de 7 de dezembro de 1940 – Código Penal, o Decreto- Lei nº 3.689, de 3 de outubro de 1941 – Código de Processo Penal, e as Leis nºs 9.503, de 23 de setembro de 1997 – Código de Trânsito Brasileiro, e 10.826, de 22 de dezembro de 2003; e dá outras providências (BRASIL, 2012).

A justificativa para a aprovação desta lei residiu na necessidade de incrementar a segurança de juízes e seus familiares. Para tanto, a lei traz a possibilidade de julgamento colegiado em processos que tenham por objeto crimes praticados por organizações criminosas, nestes termos:

> Art. 1º Em processos ou procedimentos que tenham por objeto crimes praticados por organizações criminosas, o juiz poderá decidir pela formação de colegiado para a prática de qualquer ato processual, especialmente:

I – decretação de prisão ou de medidas assecuratórias;
II – concessão de liberdade provisória ou revogação de prisão;
III – sentença;
IV – progressão ou regressão de regime de cumprimento de pena;
V – concessão de liberdade condicional;
VI – transferência de preso para estabelecimento prisional de segurança máxima; e
VII – inclusão do preso no regime disciplinar diferenciado.

§ 1º O juiz poderá instaurar o colegiado, indicando os motivos e as circunstâncias que acarretam risco à sua integridade física em decisão fundamentada, da qual será dado conhecimento ao órgão correicional.

§ 2º O colegiado será formado pelo juiz do processo e por 2 (dois) outros juízes escolhidos por sorteio eletrônico dentre aqueles de competência criminal em exercício no primeiro grau de jurisdição.

§ 3º A competência do colegiado limita-se ao ato para o qual foi convocado.

§ 4º As reuniões poderão ser sigilosas sempre que houver risco de que a publicidade resulte em prejuízo à eficácia da decisão judicial.

§ 5º A reunião do colegiado composto por juízes domiciliados em cidades diversas poderá ser feita pela via eletrônica.

§ 6º As decisões do colegiado, devidamente fundamentadas e firmadas, sem exceção, por todos os seus integrantes, serão publicadas sem qualquer referência a voto divergente de qualquer membro.

§ 7º Os tribunais, no âmbito de suas competências, expedirão normas regulamentando a composição do colegiado e os procedimentos a serem adotados para o seu funcionamento" (BRASIL, 2012).

Esta medida, ainda que seja para a preservação da segurança do juiz, acaba por trazer benefícios aos acusados, na medida em que possivelmente gera o efeito de diminuir a incidência de erro judicial, melhorando a prestação jurisdicional. E também, ao diminuir a pessoalização do julgador, diminuirá a possibilidade de pressões ou retaliações.

Tendo em vista que a lei se refere à "organização criminosa", ela trata de conceituar expressamente essa expressão. Trata-se, portanto, do primeiro diploma legal brasileiro a definir "organização criminosa", isso sem levar em conta, entretanto, a Convenção de Palermo, que, como visto acima, traz um conceito, mas que não é utilizado, por falta de tradição legislativa (e também judiciária) brasileira em levar os tratados internacionais a sério.

Tabela 12 – Comparação do Conceito de "Organização Criminosa"

Convenção de Palermo (Dec. 5.015/2004)	Lei nº 12.694/2012
Grupo estruturado[17] de três ou mais pessoas, existente há algum tempo e atuando concertadamente com o propósito de cometer uma ou mais infrações graves[18] ou enunciadas na presente Convenção, com a intenção de obter, direta ou indiretamente, um benefício econômico ou outro benefício material.	Para os efeitos desta Lei, considera-se organização criminosa a associação, de 3 (três) ou mais pessoas, estruturalmente ordenada e caracterizada pela divisão de tarefas, ainda que informalmente, com objetivo de obter, direta ou indiretamente, vantagem de qualquer natureza, mediante a prática de crimes cuja pena máxima seja igual ou superior a 4 (quatro) anos ou que sejam de caráter transnacional.

Fonte: A autora (2015).

Veja-se que os conceitos são bastante semelhantes, não se podendo dizer que um seja mais punitivo ou mais atenuante que outro, concebendo ambos como conceitos adequados ao tratamento da matéria.

Esta lei traz, ainda, alterações no Código Penal e no Código de Processo Penal, as quais poderiam ser classificadas como mais "punitivas", o que não se faz devido ao fato de serem medidas voltadas a valores e não medidas pessoais, na medida em que insere possibilidade de perda de bens ou valores equivalentes ao do produto do crime e a alienação antecipada para preservação do valor dos bens fruto do crime. Na perspectiva seguida neste trabalho, voltada, em última análise, à descarcerização, entende-se que essas medidas, por não repercutirem em aumento punitivo (e carcerário), classificam-se como "adaptativas".

Por outro lado, havia, ainda, medidas punitivas previstas no projeto, tais como aumento da pena do art. 288 ("quadrilha ou bando") do Código Penal, regime prisional mais severo e uma medida "realista de esquerda", consistente na criminalização da violação da salvaguarda ao direito de defesa do acusado, as quais não foram aprovadas.

Com isso, esta Lei manteve-se em uma tendência político-criminal estritamente "adapatativa".

2.15. Lei nº 12.720/2012

A Lei nº 12.720/2012 tem origem no Legislativo, em um Projeto (PL 370/07) de autoria do então Deputado Luiz Couto (PT/PB). O Projeto fora apresentado em 04 de setembro de 2008 e aprovado em 28 de setembro de 2012, tendo sido então sancionado pela Presidenta Dilma Roussef. Esta lei "dispõe sobre o crime de extermínio de seres humanos; altera o Decreto-Lei nº 2.848, de 7 de dezembro de 1940 – Código Penal; e dá outras providências" (BRASIL, 2012).

---

[17] "Grupo formado de maneira não fortuita para a prática imediata de uma infração, ainda que os seus membros não tenham funções formalmente definidas, que não haja continuidade na sua composição e que não disponha de uma estrutura elaborada".

[18] "Infração punível com uma pena de privação de liberdade, cujo máximo não seja inferior a quatro anos ou com pena superior".

A lei introduziu uma causa de aumento de pena no tipo penal do homicídio (art. 121, Código Penal): "Art. 121, § 6º. A pena é aumentada de 1/3 (um terço) até a metade se o crime for praticado por milícia privada, sob o pretexto de prestação de serviço de segurança, ou por grupo de extermínio" (BRASIL, 2012). A mesma causa de aumento foi introduzida no tipo penal da lesão corporal: "Art. 129, § 7º. Aumenta-se a pena de 1/3 (um terço) se ocorrer qualquer das hipóteses dos §§ 4º e 6º do art. 121 deste Código" (BRASIL, 2012).

Por fim, a lei criou o tipo penal da "Constituição de milícia privada", nestes termos: "Art. 288-A. Constituir, organizar, integrar, manter ou custear organização paramilitar, milícia particular, grupo ou esquadrão com a finalidade de praticar qualquer dos crimes previstos neste Código: Pena – reclusão, de 4 (quatro) a 8 (oito) anos" (BRASIL, 2012).

A justificativa apresentada no projeto que deu origem a esta Lei diz o seguinte:

> Seja ele praticado em situações de conflitos éticos, religiosos, políticos ou sociais (matança de trabalhadores rurais sem terra, por exemplo); seja por intolerância a diversidade de comportamento e as outras minorias; seja aquele consumado por grupos que se arrogam direitos de fazer justiça ou que se escondem sob outras falsas roupagens de prestação de serviços para angariar certa simpatia junto a sociedade ou a complacência de autoridades públicas, o extermínio de pessoas não pode ser tolerado (BRASIL, 2007).

Nesse sentido, o projeto previa a inclusão do tipo penal de extermínio[19], o qual, apesar de constar com uma redação interessante, sobretudo porque não praticava aumento de penas, não foi aprovado pelo Congresso Nacional. Com isso, a Lei parece ter ficado descaracterizada, porque apesar de ter por intenção tratar do "crime de extermínio de seres humanos", o que, inclusive, consta expressamente em sua ementa, acabou por não dispor a respeito desse crime.

Ainda que descaracterizada, entende-se que a tendência político-criminal desta norma é "realista de esquerda". Isso sobretudo porque a justificativa apresentada no projeto preocupa-se com a violação de direitos humanos, perpetrada por setores sociais que não são historicamente selecionados pelo sistema punitivo. É o que expõe o projeto:

> Outra característica recorrente nos grupos de extermínio é que, em geral, estão a coberto de punições ou são invisíveis às investigações devido à inação, convivência ou mesmo o envolvimento direto de autoridades dos poderes públicos. O resultado são mortes não

---

[19] "Art. 2º Quem, com a intenção de fazer justiça, ou a pretexto de oferecer serviço de segurança pública ou privada, ou evocando a condição de justiceiro, protetor ou pacificador, voluntariamente, ou mediante pagamento ou promessa de recompensa: a) matar eventuais suspeitos ou não, de crime; b) causar lesão grave à integridade física ou mental de outrem; c) praticar o crime de tortura previsto na Lei nº 9.455 de 07/04/97; d) praticar o crime de ocultação de cadáver previsto no art. 211, do Código Penal; e) praticar o crime de ameaça previsto no art. 147, do Código Penal. Será punido: Com as penas do art. 121, § 2º, do Código Penal, no caso da letra *a*; com as penas do art. 129, § 2º, do Código Penal, no caso da letra *b*; com as penas do art. 1º, da Lei nº 9.455 de 07 de abril de 1977, no caso da letra *c*; com as penas do art. 211, do Código Penal, no caso da letra *d*; com as penas do art. 147, do Código Penal, no caso da letra *e*" (BRASIL, 2007).

identificadas, vítimas desaparecidas, ausência de inquéritos, testemunhas amedrontadas e insuficiência de provas (BRASIL, 2007).

Por outro lado, corrobora para essa situação de impunidade o fato de suas vítimas serem, em geral, vulneráveis socialmente. Nesse sentido, consta na justificação do projeto os exemplos dos crimes que se visa a enfrentar: "Entre ocorrências mais comuns e visíveis podemos citar a matança de meninos de rua, mendigos, pequenos delliquentes, negros, homossexuais, líderes comunitários, testemunhas, opositores políticos e defensores dos direitos humanos entre outros" (BRASIL, 2007).

É, então, por inverter a lógica do sistema punitivo e, assim, procurar proteger grupos vulneráveis e punir grupos imunes ao sistema penal, que se vincula esta norma ao movimento político-criminal "realismo de esquerda".

2.16. Lei nº 12.850/2013

A Lei nº 12.850/2013 tem origem no Poder Legislativo, a partir do PLS 150/06, de autoria da então Senadora Serys Slhessarenko (PT/MT), o qual durante sua tramitação fora convertido no PL 6578/09. O projeto foi apresentado em 23 de maio de 2006 e aprovado em 05 de agosto de 2013, tendo sido sancionado pela Presidenta Dilma Roussef.

Trata-se de uma lei integral voltada ao âmbito da organização criminosa, cuja ementa diz o seguinte:

> Define organização criminosa e dispõe sobre a investigação criminal, os meios de obtenção da prova, infrações penais correlatas e o procedimento criminal; altera o Decreto-Lei nº 2.848, de 7 de dezembro de 1940 (Código Penal); revoga a Lei nº 9.034, de 3 de maio de 1995; e dá outras providências (BRASIL, 2013).

A proposta que deu origem a esta lei veio com o objetivo de substituir a atual lei de regência da criminalidade organizada (Lei nº 9.034/95), de modo a atualizá-la e criar novos institutos, diante dos reclamos dos doutrinadores, em face da alegada má redação da norma em vigência. Além disso, busca adequar a legislação aos ditames da Convenção das Nações Unidas contra o Crime Organizado Transnacional (Convenção de Palermo), aprovada pelo Decreto Legislativo nº 231, de 29 de maio de 2003, ratificada em 28 de janeiro de 2004 e promulgada pelo Decreto nº 5.015/04.

Esta lei é bastante complexa, pois além de ser extensa (contando com 27 artigos), ela combina uma série de tendências político-criminais em suas normas. Para uma análise adequada dessa complexidade, far-se-á a divisão da lei em cinco blocos: (i) conceito de organização criminosa; (ii) punição da organização criminosa; (iii) investigação e meios de obtenção de prova; (iv) novos tipos penais; e (v) alterações operadas no Código Penal (arts. 288 e 342).

Este diploma legal deixa clara a distinção entre "organização criminosa" e o tipo penal do art. 288, do Código Penal, até então chamado de "quadrilha ou bando" e que é renominado para "associação criminosa". O conceito de organização criminosa segue a linha esboçada na Convenção de Palermo e, depois, seguida pela Lei nº 12.694/2012, porém ainda mais benéfica para o acusado, é dizer, torna um pouco mais difícil a caracterização da organização criminosa do que o diploma anterior. Há dois motivos para tanto: primeiro, aumentou o número de pessoas necessárias para que a associação se configure em organização criminosa (de três ou mais pessoas para quatro ou mais pessoas); segundo, aumentou a pena das infrações penais sujeitas à caracterização de organização criminosa (antes poderia ser igual ou superior a quatro anos e agora tão somente as infrações cuja pena máxima seja superior a quatro anos são sujeitas a serem praticadas por organização criminosa).

Veja-se na tabela abaixo a evolução legislativo-brasileira no que tange ao conceito de "organização criminosa":

Tabela 13 – Evolução do Conceito de Organização Criminosa

Lei nº 9.034/1995	Convenção de Palermo (Dec. nº 5.015/2004)	Lei nº 12.694/2012	Lei nº 12.850/2013
= Quadrilha ou bando = Associarem-se mais de três pessoas, em quadrilha ou bando, para o fim de cometer crimes.	Grupo estruturado[20] de três ou mais pessoas, existente há algum tempo e atuando concertadamente com o propósito de cometer uma ou mais infrações graves[21] ou enunciadas na presente Convenção, com a intenção de obter, direta ou indiretamente, um benefício econômico ou outro benefício material.	Para os efeitos desta Lei, considera-se organização criminosa a associação, de 3 (três) ou mais pessoas, estruturalmente ordenada e caracterizada pela divisão de tarefas, ainda que informalmente, com objetivo de obter, direta ou indiretamente, vantagem de qualquer natureza, mediante a prática de crimes cuja pena máxima seja igual ou superior a 4 (quatro) anos ou que sejam de caráter transnacional.	Considera-se organização criminosa a associação de 4 (quatro) ou mais pessoas estruturalmente ordenada e caracterizada pela divisão de tarefas, ainda que informalmente, com objetivo de obter, direta ou indiretamente, vantagem de qualquer natureza, mediante a prática de infrações penais cujas penas máximas sejam superiores a 4 (quatro) anos, ou que sejam de caráter transnacional.

Fonte: A autora (2015).

Nesse sentido, quanto ao primeiro bloco de análise, pode-se dizer que a lei adotou uma tendência político-criminal "atenuante" em relação ao tratamento anterior.

O segundo bloco diz respeito com a punição prevista para o caso de "promover, constituir, financiar ou integrar, pessoalmente ou por interposta pessoa, organização criminosa" ou ainda para quem "impede ou, de qualquer forma,

---

[20] "Grupo formado de maneira não fortuita para a prática imediata de uma infração, ainda que os seus membros não tenham funções formalmente definidas, que não haja continuidade na sua composição e que não disponha de uma estrutura elaborada" (BRASIL, 2004).

[21] "Infração punível com uma pena de privação de liberdade, cujo máximo não seja inferior a quatro anos ou com pena superior" (BRASIL, 2004).

embaraça a investigação de infração penal que envolva organização criminosa" (BRASIL, 2013). A pena é de "reclusão, de 3 (três) a 8 (oito) anos, e multa, sem prejuízo das penas correspondentes às demais infrações praticadas" (BRASIL, 2013). Veja-se, portanto, que a pena foi bastante agravada em relação ao que se tinha anteriormente, que era a pena do tipo penal da "quadrilha ou bando", que era de reclusão, de 1 (um) a 3 (três) anos.

Além disso, há a previsão de uma série de causas de aumento e agravantes que não existiam anteriormente. Assim, foi mantida a causa de aumento do emprego de arma de fogo (antes era imposta a aplicação da pena em dobro, agora consta que as penas aumentam-se até a metade); foi inserida a agravante para quem exerce o comando, individual ou coletivo, da organização criminosa, ainda que não pratique pessoalmente atos de execução; e, inseridas mais cinco causas de aumento da pena de 1/6 (um sexto) a 2/3 (dois terços):

I – se há participação de criança ou adolescente;

II – se há concurso de funcionário público, valendo-se a organização criminosa dessa condição para a prática de infração penal;

III – se o produto ou proveito da infração penal destinar-se, no todo ou em parte, ao exterior;

IV – se a organização criminosa mantém conexão com outras organizações criminosas independentes;

V – se as circunstâncias do fato evidenciarem a transnacionalidade da organização (BRASIL, 2013).

Veja-se, portanto, que no que tange à punição, a tendência político-criminal verificada nesta lei é de incremento punitivo.

O terceiro bloco de análise trata dos meios de investigação e obtenção de prova previstos na lei. A lei introduziu três novos procedimentos: a colaboração premiada (em oposição à colaboração espontânea até então prevista no ordenamento brasileiro), a interceptação de comunicações telefônicas e telemáticas (procedimento este que já estava regulamentado no ordenamento brasileiro, só que não previsto especificamente para o tratamento da criminalidade organizada) e a cooperação entre instituições na busca de provas e informações de interesse da investigação ou da instrução criminal. Segue, na tabela abaixo, a comparação das leis que trataram desta matéria.

Tabela 14 – Evolução no que tange à investigação e meios de obtenção de prova

9.034/1995	10.217/2001	12.850/2013
Art. 2º Em qualquer fase de persecução criminal que verse sobre ação praticada por organizações criminosas são permitidos, além dos dos já previstos na lei, os seguintes procedimentos de investigação e formação de provas: I – (Vetado). II – a ação controlada, que consiste em retardar a interdição policial do que se supõe ação praticada por organizações criminosas ou a ela vinculado, desde que mantida sob observação e acompanhamento para que a medida legal se concretize no momento mais eficaz do ponto de vista da formação de provas e fornecimento de informações; III – o acesso a dados, documentos e informações fiscais, bancárias, financeiras e eleitorais.	Art. 2º Em qualquer fase de persecução criminal são permitidos, sem prejuízo dos já previstos em lei, os seguintes procedimentos de investigação e formação de provas: I – (Vetado). II – a ação controlada, que consiste em retardar a interdição policial do que se supõe ação praticada por organizações criminosas ou a ela vinculado, desde que mantida sob observação e acompanhamento para que a medida legal se concretize no momento mais eficaz do ponto de vista da formação de provas e fornecimento de informações; III – o acesso a dados, documentos e informações fiscais, bancárias, financeiras e eleitorais. IV – a captação e a interceptação ambiental de sinais eletromagnéticos, óticos ou acústicos, e o seu registro e análise, mediante circunstanciada autorização judicial; V – infiltração por agentes de polícia ou de inteligência, em tarefas de investigação, constituída pelos órgãos especializados pertinentes, mediante circunstanciada autorização judicial.	Art. 3º Em qualquer fase da persecução penal, serão permitidos, sem prejuízo de outros já previstos em lei, os seguintes meios de obtenção da prova: I – colaboração premiada;[22] II – captação ambiental de sinais eletromagnéticos, ópticos ou acústicos; III – ação controlada;[23] IV – acesso a registros de ligações telefônicas e telemáticas, a dados cadastrais constantes de bancos de dados públicos ou privados e a informações eleitorais ou comerciais;[24] V – interceptação de comunicações telefônicas e telemáticas, nos termos da legislação específica; VI – afastamento dos sigilos financeiro, bancário e fiscal, nos termos da legislação específica; VII – infiltração,[25] por policiais, em atividade de investigação, na forma do art. 11; VIII – cooperação entre instituições e órgãos federais, distritais, estaduais e municipais na busca de provas e informações de interesse da investigação ou da instrução criminal.

Fonte: A autora (2015).

---

[22] "Art. 4º O juiz poderá, a requerimento das partes, conceder o perdão judicial, reduzir em até 2/3 (dois terços) a pena privativa de liberdade ou substituí-la por restritiva de direitos daquele que tenha colaborado efetiva e voluntariamente com a investigação e com o processo criminal, desde que dessa colaboração advenha um ou mais dos seguintes resultados: I – identificação dos demais coautores e partícipes da organização criminosa e das infrações penais por eles praticadas; II – a revelação da estrutura hierárquica e da divisão de tarefas da organização criminosa; III – a prevenção de infrações penais decorrentes das atividades da organização criminosa; IV – a recuperação total ou parcial do produto ou do proveito das infrações penais praticadas pela organização criminosa; V – a localização de eventual vítima com a sua integridade física preservada. § 1º Em qualquer caso, a concessão do benefício levará em conta a personalidade do colaborador, a natureza, as circunstâncias, a gravidade e a repercussão social do fato criminoso e a eficácia da colaboração. § 2º Considerando a relevância da colaboração prestada, o Ministério Público, a qualquer tempo, e o delegado de polícia, nos autos do inquérito policial, com a manifestação do Ministério Público, poderão requerer ou representar ao juiz pela concessão de perdão judicial ao colaborador, ainda que esse benefício não tenha sido previsto na proposta inicial, aplicando-se, no que couber, o art. 28 do Decreto-Lei nº 3.689, de 3 de outubro de 1941 (Código de Processo Penal). § 3º O prazo para oferecimento de denúncia ou o processo, relativos ao colaborador, poderá ser suspenso por até 6 (seis) meses, prorrogáveis por igual período, até que sejam cumpridas as medidas de colaboração, suspendendo-se o respectivo prazo prescricional. § 4º Nas mesmas hipóteses do caput, o Ministério Público poderá deixar de oferecer denúncia se o colaborador: I – não for o líder da organização criminosa; II – for o primeiro a prestar efetiva colaboração nos termos deste artigo. § 5º Se a colaboração for posterior à sentença, a pena poderá ser reduzida até a metade ou será admitida a progressão de regime ainda que ausentes os requisitos objetivos" (BRASIL, 2013).

[23] "Art. 8º Consiste a ação controlada em retardar a intervenção policial ou administrativa relativa à ação praticada por organização criminosa ou a ela vinculada, desde que mantida sob observação e acompanhamento para

A grande alteração que se deu nesta matéria foi, entretanto, a regulamentação dispensada pela lei aos procedimentos que já existiam, como a ação controlada, a infiltração de agentes e o acesso a registros, dados cadastrais, documentos e informações, os quais, assim como a colaboração premiada, receberam tratamento em seções individualizadas. Trata-se de tendência político-criminal adaptativa, na medida em que pretende melhorar as condições para a persecução dos crimes que envolvem criminalidade organizada.

O quarto bloco de análise diz repeito aos novos tipos penais criados pela lei. A seção "V" traz os "crimes ocorridos na investigação e na obtenção da prova". São quatro tipos penais: "revelar a identidade, fotografar ou filmar o colaborador, sem sua prévia autorização por escrito" (art. 18); "imputar falsamente, sob pretexto de colaboração com a Justiça, a prática de infração penal a pessoa que sabe ser inocente, ou revelar informações sobre a estrutura de organização criminosa que sabe inverídicas" (art. 19); "descumprir determinação de sigilo das investigações que envolvam a ação controlada e a infiltração de agentes" (art. 20); "recusar ou omitir dados cadastrais, registros, documentos e informações requisitadas pelo juiz, Ministério Público ou delegado de polícia, no curso de investigação ou do processo" (art. 21; e, apossar, propalar, divulgar ou fazer uso dos dados cadastrais de que trata esta lei, de forma indevida (parágrafo único). As penas variam entre 6 (seis) meses e 4 (quatro) anos. Em regra, a criação de novos tipos penais é uma medida "punitiva", na medida em que alarga as condutas sujeitas à aplicação da lei penal e, consequentemente, ao encarceramento. Só não se pode desconsiderar, na análise dos tipos penais trazidos por esta lei, que há tipos ali previstos que se voltam à proteção do investigado contra os possíveis excessos ou arbitrariedades dos agentes estatais envolvidos na investigação e coleta de provas. Nesse sentido, entende-se que não há tão somente a tendência "punitiva", mas também a "realista de esquerda", na medida em que dirige o sistema penal a condutas até então imunes de punição.

Por fim, resta analisar as alterações operadas no Código Penal. São modificações nos artigos 288 ("quadrilha ou bando") e 342 ("falso testemunho ou falsa perícia"). Quanto ao art. 288, houve a mudança do tipo penal, que passou a chamar-se "associação criminosa", e da sua descrição, no sentido de permitir a associação de 3 (três) ou mais pessoas para sua configuração. Além disso, incorpora

---

que a medida legal se concretize no momento mais eficaz à formação de provas e obtenção de informações. § 1º O retardamento da intervenção policial ou administrativa será previamente comunicado ao juiz competente que, se for o caso, estabelecerá os seus limites e comunicará ao Ministério Público" (BRASIL, 2013).

[24] "Art. 15. O delegado de polícia e o Ministério Público terão acesso, independentemente de autorização judicial, apenas aos dados cadastrais do investigado que informem exclusivamente a qualificação pessoal, a filiação e o endereço mantidos pela Justiça Eleitoral, empresas telefônicas, instituições financeiras, provedores de internet e administradoras de cartão de crédito" (BRASIL, 2013).

[25] "Art. 10. A infiltração de agentes de polícia em tarefas de investigação, representada pelo delegado de polícia ou requerida pelo Ministério Público, após manifestação técnica do delegado de polícia quando solicitada no curso de inquérito policial, será precedida de circunstanciada, motivada e sigilosa autorização judicial, que estabelecerá seus limites" (BRASIL, 2013).

mais uma conduta na majorante do parágrafo único: a participação de criança ou adolescente. No art. 342, a lei tão somente alterou a pena, aumentando-a de 1 (um) a 3 (três) anos para 2 (dois) a 4 (quatro) anos.

Tabela 15 – Evolução do art. 288 do Código Penal

CP/1940	8.072/1990	12.850/2013
Art. 288. Quadrilha ou bando	x	Art. 288. Associação Criminosa.
Associarem-se mais de três pessoas, em quadrilha ou bando, para o fim de cometer crimes:	x	Associarem-se 3 (três) ou mais pessoas, para o fim específico de cometer crimes:
Reclusão, de um a três anos.	x	Reclusão, de 1 (um) a 3 (três) anos.
Parágrafo único. A pena aplica-se em dobro, se a quadrilha ou bando é armado.	x	Parágrafo único. A pena aumenta-se até a metade se a associação é armada ou se houver a participação de criança ou adolescente.
x	Será de três a seis anos de reclusão a pena prevista no art. 288 do Código Penal, quando se tratar de crimes hediondos, prática da tortura, tráfico ilícito de entorpecentes e drogas afins ou terrorismo.	x
x	Parágrafo único. O participante e o associado que denunciar à autoridade o bando ou quadrilha, possibilitando seu desmantelamento, terá a pena reduzida de um a dois terços.	x

Fonte: A autora (2014).

São tendências estritamente "punitivas" que constam desse último bloco de análise, na medida em que aumenta a punição de crimes já previstos no Código e alargam a possibilidade de incidência do artigo 288 do Código Penal.

Pode-se dizer, enfim, que esta lei é complexa e combina todas as tendências político-criminais, sendo catalogada como "mista".

3. Considerações finais e a reforma do Código Penal (PLS 236/2014)

Parecia que o fenômeno da criminalidade organizada era algo novo, fruto da transnacionalização do mundo, e que só recentemente teria sido alvo de propostas político-criminais punitivas. A análise legislativa realizada neste trabalho, entretanto, vem a desmitificar este a priori.

Claro que o que se entende por criminalidade organizada sofreu significativas mudanças no decorrer do tempo analisado, porém o que se percebeu é que ela sempre foi uma grande preocupação político-criminal, de modo a merecer o tratamento mais severo da lei penal. Basta verificar que o tratamento mais gravoso que já foi dado a uma criminalidade entendida como organizada consta da primeira legislação analisada neste trabalho, o Código Penal de 1940.

Com efeito, esse diploma legal previa que os condenados por crimes que hajam como filiados a associação, bando ou quadrilha de malfeitores presumem-se perigosos. Isto é, sequer era necessária a organização, bastando a associação de três ou mais pessoas com o fim de cometer crime para a configuração da periculosidade, qualidade esta que ensejava uma dupla-punição a ser cumprida após a pena de prisão.

A desnecessidade de organização para a configuração de uma criminalidade entendida como "organizada" e, portanto, a merecer maior severidade político-criminal, remanesceu até o ano de 2012. A própria lei que veio a ser chamada de "Lei do Crime Organizado", manteve o entendimento de que crime organizado é aquele descrito no art. 288 do Código Penal (existente desde 1940), é dizer quadrilha ou bando.

Foi a Lei nº 12.694/2012 que mudou, de fato, essa situação. Em tese, o primeiro diploma legal que definiu "organização criminosa" foi o Decreto nº 5.015/2004, que promulgou a Convenção de Palermo e, consequentemente, sua definição de "organização criminosa". Ocorre que a tradição legislativa e judicial brasileira é de desconhecimento de tratados internacionais e, portanto, de baixíssima eficácia. Com isso, a Lei nº 12.694/2012, seguindo os traços da definição constante da Convenção de Palermo, trouxe nova definição legal para "organização criminosa", que passa a ser entendida como a associação de três ou mais pessoas, estruturalmente ordenada, caracterizada pela divisão de tarefas, com objetivo de obter vantagem de qualquer natureza, mediante a prática de crimes cuja pena seja igual ou superior a quatro anos ou que sejam de caráter transnacional.

A partir de então tem-se uma diferenciação entre a "organização criminosa", conduta mais restritiva, e "quadrilha ou bando", na qual basta a associação para cometer crimes. Apesar dessa importante diferenciação, os meios investigatórios e de obtenção de prova previstos na Lei 9.034/1995 (Lei do Crime Organizado) permaneciam passíveis de aplicação em contexto de "quadrilha ou bando".

Essa situação veio a ser alterada, finalmente, com a Lei nº 12.850/2012, a qual veio a limitar a adoção dos meios investigatórios e de obtenção de prova à "organização criminosa", que passa, então, a ser entendida como a associação de 4 (quatro) ou mais pessoas estruturalmente ordenada e caracterizada pela divisão de tarefas, com objetivo de obter vantagem de qualquer natureza, mediante a prática de infrações penais cujas penais máximas sejam superiores a 4 (quatro) anos, ou que sejam de caráter transnacional. Trata-se de medida muito importante, pois delimita a grave caracterização "criminalidade organizada" a delitos graves e que, de fato, importem em uma organização e não mero concurso de pessoas. Delitos esses que justifiquem o tratamento mais gravoso que, por vezes, é dispensado à criminalidade organizada.

A partir desse momento, há, então, a distinção entre "criminalidade organizada", a merecer tratamento mais severo, e "associação criminosa" (é que a Lei nº 12.850/2012 alterou o nome do art. 288 de "quadrilha ou bando" para "associação criminosa"), cuja reduzida gravidade não justifica tratamento diferenciadamente mais gravoso por parte do sistema penal, cuja pena, inclusive, varia de 1 (um) a 3 (três) anos.

Com isso, a Lei dos Crimes Hediondos (Lei nº 8.072/1990), por exemplo, acaba por ficar obsoleta, porque considera o delito de "quadrilha ou bando" como crime hediondo e não a "organização criminosa", delito que, sabe-se, seria de maior preocupação punitiva.

Feita a análise político-criminal brasileira no tratamento da "criminalidade organizada", resta avaliar os caminhos que estão sendo tomados na Reforma do Código Penal (PLS nº 236/12) no que tange a esta matéria. Um dos principais objetivos da reforma é o de "fazer uma limpeza na legislação extravagante" (BRASIL, 2012, p. 30), o que, de fato, se mostra necessário, sobretudo na matéria em análise.

Nesse sentido, todo o tratamento da "organização criminosa", por exemplo, irá constar do Código Penal. O PLS nº 236/12 mantém a diferenciação entre "organização criminosa" e "associação criminosa", a qual mantém-se caracterizada pela associação constituída de três pessoas, com estabilidade e permanência, com a finalidade de praticar crimes. A organização, por sua vez, exige, além do mínimo de três agentes ou membros, uma estrutura organizada, divisão de tarefas, hierarquia definida e com a específica finalidade do cometimento de crimes cuja pena máxima seja igual ou superior a quatro anos. Essa definição só se diferencia da então vigente (prevista na Lei nº 12.850/2012) pelo número de pessoas exigidas, já que a atual fala em quatro ou mais agentes. No que tange à pena, aumenta-se a máxima prevista de oito para dez anos. Além disso, pretende-se incluir uma figura qualificada para o crime de organização criminosa: quando esta se destina à prática de atos terroristas.

Da mesma forma, o PLS nº 236/12 mantém a criminalização da prática da milícia como forma específica de organização criminosa, tal como havia sido inserido no atual Código Penal pela Lei nº 12.720/2012. Entretanto, a redação fora modificada pelo projeto originário, tendo sido proposto no substitutivo apresentado pela Comissão Temporária de Estudo da Reforma do Código, de relatoria do Senador Pedro Taques (PDT/MT), o resgate da redação atual.

Esse substitutivo propõe, ainda, no que se refere à prescrição, hipótese de aumento do prazo prescricional no caso de crimes hediondos, lavagem de dinheiro, crime praticado em detrimento da Administração Pública ou por associação criminosa, organização criminosa ou milícia. Segundo o relator, "essa previsão auxilia a punição de delitos de difícil investigação ou de maior gravidade social" (BRASIL, 2013, p. 142-3). Veja-se que, apesar da distinção entre a "associação criminosa" e "organização criminosa", operada justamente para reservar à "organização" tratamento diferenciado, já que, de fato, sua definição é restritiva ao cometimento de infrações graves, mantém-se tratamento diferenciadamente mais gravoso também à associação criminosa, delito de pena "baixa" e que, por si só, não denota qualquer gravidade social.

O projeto mantém os tipos penais previstos na Lei nº 12.850/2012 que se referem a delitos que podem ocorrer por ocasião da investigação criminal ou instrução processual. Além disso, prevê a hipótese de aumento de pena, de um terço até dois terços, ao tipo do constrangimento ilegal, quando, para a execução do crime, "se reúnem mais de três pessoas, em associação ou organização criminosa". Mais uma vez, percebe-se o tratamento mais gravoso combinado tanto para a associação quanto para a organização criminosa, descuidando da evidente diferença de gravidade entre ambas as espécies delitivas.

Por outro lado, no tipo penal da lavagem de dinheiro, há proposta de hipótese de causa de aumento de pena, de um a dois terços, se os crimes forem cometidos por intermédio de organização criminosa. Não há alusão, portanto, à associação criminosa.

Conclui-se, enfim, que, no tratamento da matéria em análise, as inovações propriamente ditas propostas na Reforma do Código Penal (PLS nº 236/12) tendem a ser de incremento punitivo, na medida em que há reiterada argumentação de que as penas atualmente previstas "estão baixas" e, com isso, propõe-se o aumento das penas previstas, novas qualificadoras e novas causas de aumento. Outra inovação punitiva está no alargamento do prazo prescricional para os delitos cometidos em contexto tanto de "organização criminosa", quanto de "associação criminosa", sendo que, após a diferenciação de ambos os delitos, não há mais justificativa para tratamento mais gravoso à associação criminosa.

Referências

BRASIL. Decreto-Lei nº 2.848, de 07 de dezembro de 1940. Código Penal. *Diário Oficial da União*: Seção I, Rio de Janeiro, RJ, 31 dez. 1940. Disponível em: <http://www.planalto.gov.br/ccivil_03/decreto-lei/del2848.htm>.

——. Lei nº 5.726, de 29 de outubro de 1971. Dispõe sôbre medidas preventivas e repressivas ao tráfico e uso de substâncias entorpecentes ou que determinem dependência física ou psíquica e dá outras providências. *Diário Oficial da União*. Brasília, DF, 1º nov. 1971. Disponível em: <http://www.planalto.gov.br/ccivil_03/leis/1970-1979/L5726.htm>.

——. Lei nº 6.368, de 21 de outubro de 1976. Dispõe sobre medidas de prevenção e repressão ao tráfico ilícito e uso indevido de substâncias entorpecentes ou que determinem dependência física ou psíquica, e dá outras providências. *Diário Oficial da União*. Brasília, DF, 22 out. 1976. Disponível em: < http://www.planalto.gov.br/ccivil_03/leis/L6368.htm>.

——. Lei nº 7.209, de 11 de julho de 1984. Altera dispositivos do Decreto-Lei nº 2.848, de 7 de dezembro de 1940 – Código Penal, e dá outras providências. *Diário Oficial da União*: Seção I, Brasília, DF, 13 jul. 1984. Disponível em: <http://www.planalto.gov.br/ccivil_03/leis/1980-1988/l7209.htm>.

——. Lei nº 7.960, de 21 de dezembro de 1989. Dispõe sobre prisão temporária. *Diário Oficial da União*: Seção I, Brasília, DF, 22 dez. 1989. Disponível em: <http://www.planalto.gov.br/ccivil_03/leis/l7960.htm>.

──. Lei nº 8.072, de 25 de julho de 1990. Dispõe sobre os crimes hediondos, nos termos do art. 5º, inciso XLIII, da Constituição Federal, e determina outras providências. *Diário Oficial da União*: Seção I, Brasília, DF, 26 jul. 1990. Disponível em: <http://www.planalto.gov.br/ccivil_03/leis/l8072.htm>.

──. Lei nº 9.034, de 03 de maio de 1995. Dispõe sobre a utilização de meios operacionais para a prevenção e repressão de ações praticadas por organizações criminosas. *Diário Oficial da União*: Seção I, Brasília, DF, 04 maio 1995. Disponível em: <http://www.planalto.gov.br/ccivil_03/leis/l9034.htm>.

──. Lei nº 9.303, de 05 de setembro de 1996. Altera a redação do art. 8º da Lei nº 9.034, de 3 de maio de 1995, que "dispõe sobre a utilização de meios operacionais para a prevenção e repressão de ações praticadas por organizações criminosas". *Diário Oficial da União*: Seção I, Brasília, DF, 06 set. 1996. Disponível em: <http://www.planalto.gov.br/ccivil_03/leis/L9303.htm>.

──. Lei nº 9.269, de 02 de abril de 1996. Dá nova redação ao § 4º do art. 159 do Código Penal. *Diário Oficial da União*: Seção I, Brasília, DF, 03 abril 1996. Disponível em: <http://www.planalto.gov.br/ccivil_03/Leis/L9269.htm>.

──. Lei nº 10.217, de 11 de abril de 2001. Altera os arts. 1º e 2º da Lei nº 9.034, de 3 de maio de 1995, que dispõe sobre a utilização de meios operacionais para a prevenção e repressão de ações praticadas por organizações criminosas. *Diário Oficial da União*: Seção I, Brasília, DF, 12 abril 2001. Disponível em: <http://www.planalto.gov.br/ccivil_03/leis/leis_2001/l10217.htm>.

──. Lei nº 11.343, de 23 de agosto de 2006. Institui o Sistema Nacional de Políticas Públicas sobre Drogas – Sisnad; prescreve medidas para prevenção do uso indevido, atenção e reinserção social de usuários e dependentes de drogas; estabelece normas para repressão à produção não autorizada e ao tráfico ilícito de drogas; define crimes e dá outras providências. *Diário Oficial da União*: Seção I, Brasília, DF, 24 ago. 2006. Disponível em: <http://www.planalto.gov.br/ccivil_03/_ato2004-2006/2006/lei/l11343.htm>.

──. Decreto nº 5.015, de 12 de março de 2004. Promulga a Convenção das Nações Unidas contra o Crime Organizado Transnacional. *Diário Oficial da União*: Seção I, Brasília, DF, 15 mar. 2004. Disponível em: <http://www.planalto.gov.br/ccivil_03/_ato2004-2006/2004/decreto/d5015.htm>.

──. Lei nº 11.464, de 28 de março de 2007. Dá nova redação ao art. 2º da Lei nº 8.072, de 25 de julho de 1990, que dispõe sobre os crimes hediondos, nos termos do inciso XLIII do art. 5º da Constituição Federal. *Diário Oficial da União*: Seção I, Brasília, DF, 29 mar. 2007. Disponível em: <http://www.planalto.gov.br/ccivil_03/_ato2007-2010/2007/Lei/L11464.htm>.

──. Lei nº 12.694, de 24 de julho de 2012. Dispõe sobre o processo e o julgamento colegiado em primeiro grau de jurisdição de crimes praticados por organizações criminosas; altera o Decreto-Lei nº 2.848, de 7 de dezembro de 1940 – Código Penal, o Decreto-Lei nº 3.689, de 3 de outubro de 1941 – Código de Processo Penal, e as Leis nos 9.503, de 23 de setembro de 1997 – Código de Trânsito Brasileiro, e 10.826, de 22 de dezembro de 2003; e dá outras providências. *Diário Oficial da União*: Seção I, Brasília, DF, 25 jul. 2012. Disponível em: < http://www.planalto.gov.br/ccivil_03/_ato2011-2014/2012/lei/l12694.htm>.

──. Lei nº 12.720, de 27 de setembro de 2012. Dispõe sobre o crime de extermínio de seres humanos; altera o Decreto-Lei nº 2.848, de 7 de dezembro de 1940 – Código Penal; e dá outras providências. *Diário Oficial da União*: Seção I, Brasília, DF, 28 set. 2012. Disponível em: <http://www.planalto.gov.br/ccivil_03/_Ato2011-2014/2012/Lei/L12720.htm>.

──. Lei nº 12.850, de 02 de agosto de 2013. Define organização criminosa e dispõe sobre a investigação criminal, os meios de obtenção da prova, infrações penais correlatas e o procedimento criminal; altera o Decreto-Lei nº 2.848, de 7 de dezembro de 1940 (Código Penal); revoga a Lei nº 9.034, de 3 de maio de 1995; e dá outras providências. *Diário Oficial da União*: Seção I, Brasília, DF, 05 out. 2013. Disponível em: <http://www.planalto.gov.br/ccivil_03/_ato2011-2014/2013/lei/l12850.htm>.

CAMPOS, Marcelo da Silveira. *Crime e Congresso Nacional*: uma análise da política criminal aprovada de 1989 a 2006. São Paulo: IBCCRIM, 2010.

DÍEZ RIPOLLÉS, José Luis. *Política Criminal y Derecho penal*. 2ª ed. Valencia: Tirant lo Blanch, 2013.

GARLAND, David. *A cultura do controle*: Crime e ordem social na sociedade contemporânea. Tradução de André Nascimento. Rio de Janeiro: Revan, 2008.

── III ──

El injusto de los delitos de organización: peligro y significado

MANUEL CANCIO MELIÁ
Universidad Autónoma de Madrid

Sumario: 1. El factor colectivo en la legislación penal; 2. Marco político-criminal; 2.1. Elementos nuevos; 2.2. Orígenes; 2.3. Aproximaciones al contenido de injusto; 2.4. Objeto de análisis; 3. Inventario: el injusto de los delitos de organización entre la puesta en peligro y las repercusiones sociales; 3.1. Abuso del derecho de asociación; 3.2. Anticipación; 3.3. Bien jurídico colectivo; 3.4. Injusto de amenaza; 4. Arrogación de organización y significado político; 4.1. Crítica; 4.1.1. Peligrosidad; 4.1.2. Bien jurídico colectivo y repercusiones sociales; 4.2. Arrogación de organización política; 4.2.1. Puntos de partida; 4.2.2. Colectivo y miembro; 4.2.3. Arrogación del monopolio estatal de la violencia; 5. Consecuencias: puntos de partida; Bibliografía.

1. El factor colectivo en la legislación penal

Es evidente que los delitos de pertenencia a una asociación ilícita ocupan una posición muy peculiar en la Parte Especial: basta compararlos someramente con infracciones criminales "normales", en las que se produce una lesión concreta de un bien jurídico individual. Si se relaciona el mero hecho de formar parte de una asociación penalmente ilícita con la estructura de aquellos delitos de lesión, se comprueba que los actos concretamente realizados para la integración en una organización criminal son previos conceptualmente a toda preparación o participación respecto de una infracción concreta: desde la perspectiva de los bienes jurídicos individuales, constituyen supuestos de pre-preparación o proto-participación. A pesar de ello, se observa que las penas amenazadas respecto de conductas tan lejanas a un daño concreto son, comparativamente, muy elevadas.

Ya por esta razón, la tarea que se le plantea con urgencia a la definición del injusto de los delitos de asociación ilícita es extremadamente exigente: la noción de injusto debe estar en condiciones de explicar la criminalización en sí misma y – en la medida de lo político-criminalmente posible – la severidad de la pena prevista. Sólo se puede proponer una definición de organización operativa en el plano de la tipicidad de los delitos de "criminalidad organizada" si previamente se identifica el injusto al que da lugar la existencia de la asociación ilícita en cuanto *delito de organización*.[1]

2. Marco político-criminal

2.1. Elementos nuevos

Los delitos relacionados con las *asociaciones ilícitas* – y, dentro de éstas, de modo específico las infracciones de pertenencia a una organización terrorista – están hoy en un momento de franca expansión (al menos) en toda Europa. Esta evolución tiene lugar en un marco general en el que una legislación puramente simbólica e impulsos punitivistas de diversa proveniencia se potencian mutuamente cada vez con mayor intensidad, desembocando en una expansión cuantitativa y cualitativa del Derecho penal.[2] En el plano del Derecho penal material, la consideración de estas organizaciones delictivas tiene lugar en dos formas principales: por un lado, mediante la utilización de causas de agravación de la pena previstas para la comisión de diversas infracciones en un grupo organizado; por otro, mediante las infracciones de mera pertenencia a una asociación ilícita a la que aquí se hace referencia.[3]

Lentamente van perdiendo fuerza las voces que exigen llanamente la eliminación de los delitos de organización como contrarias a un sistema jurídico-penal

---

[1] Se utilizará aquí el término "delitos de organización", extendido en la bibliografía en lengua alemana, ya que desde el punto de vista aquí adoptado permite destacar que su elemento central es, precisamente, la organización; así, en el lenguaje jurídico-dogmático del Derecho penal español, "asociación" es "organización" (vid. sólo García-Pablos de Molina, ComLP II, 1983, p. 117).

[2] Sobre la situación político-criminal general, vid. por todos la síntesis elaborada por Silva Sánchez, *La expansión del Derecho penal. Aspectos de la política criminal en las sociedades postindustriales*, 2ª ed., 2001. En este contexto, en la discusión ha adquirido enorme protagonismo la noción de "Derecho penal del enemigo"; sobre el concepto, vid. sólo Jakobs, ZStW 97 (1985), p. 753 y ss.; idem, HRRS 3/2004; idem, *Staatliche Strafe*, p. 40 y ss.; idem, en: Cancio Meliá/Gómez-Jara Díez (ed.), *Derecho penal del enemigo. El discurso penal de la exclusión*, 2006, t. 2, p. 93 y ss. Subrayando la potencia analítica del concepto, y en contra de su compatibilidad con un Derecho (penal) de un estado de Derecho Cancio Meliá, ZStW 117 (2005), p. 267 y ss.; idem, en: Jakobs/Cancio Meliá, *Derecho penal del enemigo*, 2ª ed., 2006, p. 85 y ss. (escépticos se muestran, sin embargo, Greco (GA 2006, p. 96 y ss., 104 y ss.) y Roxin (*Strafrecht Allgemeiner Teil*, t. I, 4ª ed., 2006, 2/126 y ss., 128) respecto de su utilidad en cuanto concepto crítico (considerando que es demasiado amplio y con demasiada carga emocional); frente a ello hay que afirmar que el concepto de "Derecho penal del enemigo", para un uso diagnóstico, de hecho no es idóneo – quizás con la excepción de los delitos de terrorismo – para ser usado directamente en el análisis de los tipos en la Parte Especial; pero lo cierto es que se trata de un objetivo de gran angular que no es adecuado para las imágenes cercanas, de detalle, pero sí para los paisajes, para las imágenes panorámicas). En todo caso, desde el punto de vista aquí adoptado la polémica internacional generada en torno a este concepto está siendo muy fructífera; vid. sólo los numerosos trabajos recogidos en Cancio Meliá/Gómez-Jara Díez, *Derecho penal del enemigo*, 2 tomos (vid. *supra*). Ha de subrayarse, en todo caso, que más allá de la valoración político-criminal del Derecho penal del enemigo existente en la realidad del Derecho positivo, éste también desde la perspectiva de Jakobs no es materialmente Derecho *penal*, sino Derecho de excepción; vid. sólo la exposición en Jakobs, *Staatliche Strafe*, p. 30. Sobre la aplicación del concepto de Derecho penal del enemigo al ordenamiento jurídico-penal brasileño, en particular, a la categoría de los delitos hediondos, vid. por todos Callegari, .

[3] González Rus, AP 2000/2, p. 562 y ss.; llamando la atención sobre las dificultades a la hora de conciliar ambas vías, p. 583 y s.

legítimo,[4] y múltiples propuestas y decisiones de ampliación del arsenal jurídico-penal dominan sin apenas discusión el terreno. En particular, un convoy rápido llamado "criminalidad organizada" se dirige a toda velocidad, partiendo de diversos puntos de origen (en particular, europeos), hacia su destino, una estación de provincias bastante aburrida en la que pocas veces recalan (hasta ahora) trenes: la tipificación tradicional de la "asociación ilícita".[5] Al margen de los eventuales influjos futuros del fenómeno de la criminalidad organizada sobre el delito de asociación ilícita, en todo caso procede aquí subrayar que la amplitud (potencial: antes de una penetración y elaboración dogmática) de la formulación típica de los delitos de asociación ilícita ya existentes en ordenamientos como el español, el italiano o el alemán estaría en condiciones de absorber cualquier concepto de criminalidad organizada, por amplio que fuera.[6] En contraste con esta posibilidad

---

[4] Se manifiestan decididamente contra la legitimidad de un delito general de asociación ilícita (para la comisión de delitos), sin embargo, por ejemplo, Ferrajoli, *Derecho y razón*, p. 464 y ss., 467 y ss., 478; Cobler, KJ 1984, p. 407 y ss.; contra una legitimación sobre la única base de una anticipación preventivista de la criminalización Jakobs, ZStW 97 (1985), p. 751 y ss., 756 y s., 773, 778; vid. también Beck, *Unrechtsbegründung und Vorfeldkriminalisierung*, p. 206 y ss., 211 y s.; en parte (en lo que se refiere a la mera fundación de la asociación) también Köhler, *AT*, p. 567; Moccia, *La perenne emergenza*[2], p. 53 y ss., 65 y ss., 67 y s., con referencias a la discusión italiana; desde una perspectiva político-criminal general (aludiendo al origen en la represión de actividades políticas y respecto de la figura genérica de la asociación para delinquir) también Quintero Olivares, en: Ferré Olivé/Anarte Borrallo, *Delincuencia organizada*, p. 177 y ss., 189 y s. (específicamente en contra de la argumentación de Quintero Olivares, González Rus, AP 2000/2, p. 571 y ss., reafirmando que la formulación del tipo en el CP español se refiere a la comisión de cualesquiera delitos); específicamente respecto de los delitos de terrorismo en el ordenamiento español Terradillos Basoco, *Terrorismo y Derecho*, p. 35 y s., 38; en esta línea también Acale Sánchez (en: arroyo Zapatero, *La reforma*, p. 161), quien propone prescindir de la incriminación "abstracta" de la mera pertenencia a la organización; vid. también las referencias de las últimas iniciativas parlamentarias de derogación en Alemania en *NK*[2]-Ostendorf, § 129a n.m. 5; ulteriores referencias respecto de la discusión alemana en este punto en Fürst, *Grundlagen und Grenzen*, p. 255 y s. En todo caso, de modo ampliamente mayoritario, tales consideraciones sobre una "opción cero" suelen ser descartadas (habitualmente, de modo tácito) como obsoletas: es significativa, por ejemplo, la remisión de *S/S*[26]-Lenckner, § 129 n.m. 1 a las referencias bibliográficas ("*anterior* discusión", sin cursiva en el original) respecto de esta cuestión a la edición anterior del comentario; también *MüKo*-Miebach/Schäfer, § 129 n.m. 3 parten de que en la actualidad "no cabe negar seriamente la justificación material del precepto".

[5] Arzt/Weber (*BT*, 42/22) subrayan con razón la función de la criminalidad organizada como enemigo de sustitución después de la implosión de la URSS; según *S/S*[26]-*Lenckner* § 129 n.m. 1a, las posibles modificaciones futuras en los delitos relacionados con las asociaciones criminales con base en instrumentos inter – y supranacionales son "imprevisibles". En todo caso, es significativo que tanto Lenckner (loc. cit., n.m. 1) como *LK*[11]-v. Bubnoff, comentario previo al § 129, n.m. 3 y ss. o *MüKo*-Miebach/Schäfer, § 129 n.m. 10 y ss. se muestran favorables a que estas infracciones se orienten también con base en su utilización dentro de la lucha contra estos fenómenos. Sin embargo, se opone a identificar el ámbito de aplicación de los preceptos de asociación ilícita (§§ 129, 129a StGB) con la criminalidad organizada, por ejemplo, *NK*[2]-Ostendorf, § 129 n.m. 12. Ampliamente sobre el conjunto del fenómeno de la criminalidad organizada Sánchez García de Paz, *La criminalidad organizada*, passim, subrayando las diferencias que existen respecto de la asociación ilícita, p. 27 y ss.; sobre los esfuerzos para lograr un tratamiento unitario dentro de la UE vid. por ejemplo Militello/Huber (ed.), *Towards a European Criminal Law Against Organised Crime*, 2001; con carácter más general respecto del plano internacional cfr. Cherif Bassiouni (ed.), *La cooperazione internazionale per la prevenzione e la repressione della criminalità organizzata e del terrorismo*, 2005.

[6] Respecto de la regulación alemana, en este sentido *S/S*[26]-Lenckner, § 129 n.m. 1a; respecto de la española, González Rus, AP 2000/2, p. 562, quien afirma que "la punición de la participación en una organización criminal, recomendada por varios convenios y acuerdos internacionales en términos incluso más restrictivos de los que aquí han sido siempre constitutivos de delito..." es "...acogida con entusiasmo por quienes evidentemente ignoran que ello es delito en el derecho español... desde hace más o menos ciento treinta años"). Sin embargo, siendo cierto que es frecuente entre nosotros el "pasmo (acrítico) por lo ajeno" (González Rus, loc. cit.), no hay que perder de vista una realidad aplicativa evidente en España, conforme a la cual lo cierto es que – fuera de

jurídico-positiva, parece claro que en el plano empírico, la punición de este tipo de colectivos no es nada frecuente en supuestos sin transcendencia política. En todo caso, lo que está claro es que ya no queda mucho tiempo; en España se oye ya el silbato de la locomotora "criminalidad organizada": cada vez es más frecuente el fenómeno de resucitación de la asociación ilícita del art. 515.1 CP respecto de grupos de delincuentes comunes. A modo de ejemplo, sirva una reciente noticia en la prensa escrita:[7] en la información presentada, contrasta el hecho de la puesta en libertad provisional de "11 acusados por 40 robos" (con fuerza en las cosas) con la elevación de la categoría de la actividad policial en este caso a la de "operación" con denominación propia. En este contexto, se llega a presentar a la venerable dama "asociación ilícita", con presencia casi bicentenaria entre nosotros, como una jovencita recién llegada del extranjero, francesa, para más señas: "…el jefe de la operación policial apretó el botón para la puesta en marcha de la redada. Y ésta se saldó con la captura de 38 personas… acusadas de asociación ilícita. Es decir, la policía entiende que no se trata de 38 ladrones aislados, sino que actúan de consuno y siguiendo las órdenes de un mismo jefe. Algo así como el delito de 'asociación de malhechores' que está contemplado en la legislación francesa". Y algo así como el delito contenido en el art. 515.1 CP, presente en el Derecho penal español codificado desde siempre, habría que añadir. En todo caso, antes de que el convoy llegue, sigue siendo especialmente urgente iluminar y barrer dogmáticamente la estación de destino: el tipo de la asociación ilícita.

Es habitual que se manifieste – tanto desde una perspectiva afirmativa como desde un punto de vista crítico – que los *nuevos* delitos dirigidos a la represión de agentes colectivos serían especialmente importantes en la lucha contra "el *nuevo* crimen", es decir, en el marco de una perspectiva de prevención fáctico-policial.[8] En la ciencia del Derecho penal, también se les atribuye una extraordinaria significación respecto de la cuestión del mantenimiento de un Derecho penal acorde al Estado de Derecho:[9] en efecto, el único consenso teórico (casi) completo está en la constatación de partida de que aquí existe "una presión de legitimación especial".[10] Esta presión (teórica) importante bastante poco a la *praxis* legislativa

---

los supuestos "políticos" – ese delito sólo lo ha sido sobre el papel (hay que tener en cuenta que la discusión entre González Rus, loc. cit., p. 571 y ss. y Quintero Olivares, en: Ferré Olivé/Anarte Borrallo, *Delincuencia organizada*, p. 177 y ss., se refiere a la polémica sentencia del TS español en el *caso Filesa* (23.10.1997) – un supuesto nada habitual hasta ahora, en el que el fondo del supuesto estaba en la financiación ilegal de un partido político, con gran transcendencia en los medios de comunicación.

[7] Diario *El País*, 4.3.2007, p. 34.

[8] Así ya Maurach, *BT*[5], p. 670: el delito de asociación ilícita tiene un "marcado carácter preventivo-policial"; treinta años más tarde, también Naucke (*Einführung*[9], 4/21) afirma que el nuevo campo jurídico-penal relacionado con la criminalidad organizada está radicalmente orientado hacia la prevención: "El combate contra la criminalidad organizada es una contribución a la seguridad interior de la sociedad: las expectativas respecto de los éxitos preventivos de la punición crecen; la tendencia a respetar la delimitación y restricción jurídica de la pena desciende".

[9] Rudolphi, ZRP 1979, p. 214, habla de una „doble tarea, de defender y mantener al Estado de Derecho".

[10] Müssig, *Schutz abstrakter Rechtsgüter und abstrakter Rechtsgüterschutz*, p. 21.

y de aplicación:[11] de hecho, se trata de uno de los terrenos en los que se expande el llamado "Derecho penal" del enemigo. Al igual que sucede de modo especialmente claro con el terrorismo, por tanto, también aquí se trata de un terreno con una extraordinaria carga emocional en el plano político-criminal, y en el que el Derecho penal material y deformaciones del procedimiento debidas a criterios de persecución policial se funden. Esto ha conducido, especialmente en la bibliografía alemana, a que con frecuencia los delitos de organización se conciban desde el punto de vista de su función coma mera puerta para la investigación de determinados sospechosos. Se manifiesta aquí con especial claridad una relación dialéctica: las necesidades policiales ejercen – a través de la política – su influjo sobre el Derecho penal material; las criminalizaciones, una vez establecidas, dan lugar a actividades de investigación policial.[12] En todo caso, la perspectiva de análisis que aquí se adoptará implica que esta situación político-criminal tan sólo constituya el trasfondo de las consideraciones a efectuar: dicho de otro modo, aquí se hará un ensayo de Derecho penal (del ciudadano). Concretamente, no se *partirá* aquí directamente de la base de que *toda forma* de criminalización de la intervención en una asociación delictiva es ilegítima por principio. Por el contrario, como elemento esencial para una aproximación al tratamiento jurídico-penal del terrorismo, se planteará la cuestión de si parece posible construir la determinación de un contenido de injusto dogmáticamente coherente y político-criminalmente legítimo para esta infracción.[13]

---

[11] Y ello ya hace mucho tiempo: en este sentido, decía JAKOBS ya hace veinte años (ZStW 97 (1985), p. 752) que aquí no se produce un "abandono de principios firmemente establecidos", sino la "continuación de la ausencia de principios preexistente".

[12] Según Jakobs (ZStW 97 (1985), p. 752) probablemente no es casualidad que "algunos de los ámbitos destacados de la punibilidad anticipada" sean idénticos con "algunos ámbitos destacados de investigación policial encubierta"; también Arzt/Weber (*BT*, 42/22) constatan: "Una extraña casualidad conduce a que para combatir la criminalidad organizada sean necesarios los viejos métodos de la protección del Estado. Cfr. también Schroeder, *Die Straftaten gegen das Strafrecht*, p. 29 y s., según el cual la función de (sustitución o facilitación de la) prueba de estas disposiciones está destinada a compensar los mecanismos para encubrir la autoría concreta dentro del colectivo. Por lo demás, respecto de esta función "paraprocesal" de los delitos de organización vid., por todos, Fürst, *Grundlagen und Grenzen*, p. 7 y ss., 257 y ss., 263 y ss.; *LK*[11]-v. Bubnoff, comentario previo al § 129, n.m. 2, 5; § 129a n.m. 5; *NK*[2]-Ostendorf, § 129a n.m. 5, todos con ulteriores referencias. Respecto del caso español, sigue siendo fundamental Terradillos Basoco, *Terrorismo y Derecho*, p. 97 y ss., en lo que se refiere a las reglas específicas en el ámbito procesal para los delitos de terrorismo; en cuanto a la función del delito de pertenencia a organización terrorista de permitir la condena de un sujeto respecto del cual no ha podido probarse la intervención en un delito instrumental, vid. ya de Sola Dueñas, DJ 37/40 (1983) vol. 2, p. 1237; Lamarca Pérez, *Tratamiento jurídico del terrorismo*, p. 250; Rodríguez-Villasante y Prieto, *ComLP XI*, p. 128 y s. Sobre las reglas procesales específicas para la "criminalidad organizada" no terrorista, cfr. sólo la exposición de Delgado Martín, *La criminalidad organizada*, p. 43 y ss. y *passim*. Vid. también sobre la cuestión Beck, *Unrechtsbegründung und Vorfeldkriminalisierung*, p. 209 y s.; Müssig, *Schutz abstrakter Rechtsgüter und abstrakter Rechtsgüterschutz*, p. 22 y s., 217 y ss., 241; Sánchez García de Paz, LH Barbero Santos, p. 669 y ss., especialmente nota 90; eadem, *Criminalidad organizada*, p. 111 y ss.; Silva Sánchez, LH Ruiz Antón, p. 1069 y ss., 1072.

[13] En el presente marco no es posible abordar, siquiera colateralmente, la problemática general conceptual relativa a la legitimidad de bienes jurídicos universales, así como el problema de principio respecto del valor general de la teoría del bien jurídico (cfr. sólo Hefendehl, *Kollektive Rechtsgüter im Strafrecht*, 2002; Soto Navarro, *La protección penal de los bienes colectivos en la sociedad moderna*, 2003). Sólo se harán dos consideraciones al respecto: por un lado, el punto de partida del análisis a efectuar no estará ni en una profesión de fe respecto de la fuerza crítica del pensamiento del bien jurídico (la concepción de la protección de bienes jurídicos como

La necesidad de esta determinación del contenido de injusto es especialmente importante en el presente ámbito, ya que a la tensión político-criminal que concurre en estas infracciones se suman formulaciones típicas especialmente amplias: está claro que una interpretación delimitadora de los preceptos se impone con especial urgencia.[14] De hecho, sobre la base de la mera redacción literal de los preceptos correspondientes – sin una impregnación dogmática que delimite su alcance – todo es posible en el plano de la aplicación: se puede convertir en una asociación (penalmente) ilícita, en una organización criminal, a un grupo de sujetos dedicados a la comisión de delitos de daños (mediante la colocación de pintadas con proclamas xenófobas)[15] o condenar por la comisión de una infracción de colaboración con organización terrorista, a una pena privativa de libertad, a quien entrega a un miembro de la organización terrorista española ETA ("Euskadi ta Askatasuna"; País Vasco y Libertad en euskera) un mapa (común, sin anotaciones o indicaciones de ninguna clase) del País Vasco.[16]

Estas concretas protuberancias en la formulación, interpretación y aplicación de los preceptos relacionados con las organizaciones criminales son preocupantes. Sin embargo, no hay que peder de vista en ningún momento que mucho más preocupantes aún[17] resultan las emanaciones de la existencia de tales preceptos y tales prácticas aplicativas hacia el conjunto del sistema jurídico-penal, es decir, el *efecto de contaminación*.

2.2. Orígenes

De acuerdo con lo expuesto hasta ahora, parece claro que puede afirmarse que, efectivamente, las infracciones relacionadas con una asociación penalmente ilícita forman parte de modo destacado del marco político-criminal general de la expansión cuantitativa y cualitativa del sistema jurídico-penal. Sin embargo, desde el principio llama ya la atención el hecho de que dentro de este marco genérico, estos delitos ocupan una *posición específica*.

En primer lugar, y a diferencia de lo que sucede con otros segmentos de criminalización de la evolución expansiva que caracteriza al momento actual,

---

una especie de vacuna global de legitimidad) ni en un positivismo jurídico "despreocupado" (Jakobs, ZStW 97 (1985), p. 751 y s.; para una valoración crítica de la potencia crítica de la concepción de la protección de bienes jurídicos cfr. sólo Müssig, *Schutz abstrakter Rechtsgüter und abstrakter Rechtsgüterschutz*, p. 7 y *passim*). Por otra parte, no debe perderse de vista que la actual evolución de deshilachamiento general de la determinación de la Ley penal y la explosiva expansión del ordenamiento penal a la que antes se ha hecho alusión también tienen lugar, naturalmente, respecto de bienes jurídicos que sin duda alguna son de carácter individual-fáctico y, en ese sentido, "clásicos" (sobre esto también Müssig, *Schutz abstrakter Rechtsgüter und abstrakter Rechtsgüterschutz*, p. 3 y s., 229 y *passim*).

[14] Cfr., por todos, en este sentido Rudolphi, ZRP 1979, p. 215; *NK²-Ostendorf*, § 129 n.m. 9.

[15] BGHSt (sentencias en lo penal del Tribunal Supremo Federal alemán) 41, p. 55 y ss.

[16] Vid. SAN (sentencia de la Audiencia Nacional) 19/2003 (sección 4ª de lo penal) 21.5.2003.

[17] En fases de relativa "tranquilidad" político-criminal, los excesos específicos respecto de los tipos en cuestión no son muy numerosos; vid. los datos respecto del caso alemán en NK²-Ostendorf, § 129 n.m. 6.

las infracciones asociativas no son un fenómeno nuevo para el ordenamiento penal. Por el contrario, estaban presentes desde el principio, es decir, también en el "bueno y viejo"[18] Derecho penal liberal del siglo XIX; también entonces, con efectos negativos desde la perspectiva del Estado de Derecho: como es sabido, el origen de los preceptos en cuestión en la época de la codificación está en la lucha contra la resistencia o disidencia políticas.[19] En consecuencia, la actual revitalización de estas infracciones desde un principio alimenta la sospecha de que bajo la vieja chapa jurídico-penal está funcionando un nuevo motor social: la fuente de revitalización de los delitos de organización ha de estar en una nueva situación fáctica, pues ni la situación político-institucional general ni las organizaciones correspondientes en el siglo XXI son idénticas con las del siglo XIX, como es evidente.

En segundo lugar, estos delitos presentan una característica que también los destaca frente a otros sectores actuales de expansión jurídico-penal: el elemento colectivo. En las asociaciones penalmente ilícitas, la referencia a una organización – detrás de la cual desaparecen, o al menos se desdibujan los autores individuales-, especialmente, una vez transformada a través de los medios de comunicación, potencialmente está en condiciones de generar sensaciones sociales de amenaza especialmente intensas. Por otra parte – cabe formular esta suposición ya desde un principio-, el papel principal que en el plano social corresponde al colectivo probablemente se reflejará también en el procesamiento jurídico-penal de las contribuciones de los miembros u otros sujetos individuales que realizan sus aportaciones a la organización.[20]

En todo caso, la peculiar configuración de estas infracciones (tan alejadas de toda lesión concreta) justifica plenamente que se las haya ubicado, desde el punto de vista de su relevancia sistemática, en el terreno de la Parte General (ma-

---

[18] Denominación que implica una afirmación ucrónica, carente de apoyo histórico: vid. al respecto, por todos, Silva Sánchez, *Expansión*², p. 149 y ss.

[19] Respecto del caso español, cfr. sólo el análisis histórico de García-Pablos de Molina, *Asociaciones ilícitas*, p. 17 y ss.; vid. también Cuello Calón, *PE*³, p. 58 y s.; respecto de Alemania vid. sólo Langer-Stein, *Legitimation und Interpretation*, p. 66 y ss., 80 y s. (esta autora retrocede aún más, encontrando la fuente última de estas figuras en el Derecho romano (p. 34 y ss., 39 y s., 42, 56 y ss.), e incluso afirma que los delitos de organización están en el origen mismo del Derecho penal como tal: "Por consiguiente, la creación de tipos penales contra el crimen organizado constituyó el principio de la pena estatal" [81]); para Hohmann, wistra 1992, p. 85, el origen de estos preceptos está "sin duda alguna" en el combate contra adversarios políticos; en este sentido, resulta muy significitivo el título elegido por Sánchez García de Paz para su contribución al LH Barbero Santos, p. 645: "Función político-criminal del delito de asociación para delinquir: desde el Derecho penal político hasta la lucha contra el crimen organizado"; respecto del caso alemán, vid. también Fürst, *Grundlagen und Grenzen*, p. 16 y ss., 36 y ss.; exhaustivo análisis histórico en Felske, *Kriminelle und terroristische Vereinigungen – §§ 129, 129a StGB, passim*; respecto de Italia Aleo, *Sistema penale e criminalità organizzata*, p. 26 y ss.; respecto de la República Argentina Ziffer, *El delito de asociación ilícita*, p. 17, 23 y s., 57.

[20] Cfr., por ejemplo, el análisis de la percepción social del crimen organizado transnacional por Massari, en: Allum/Siebert (ed.), *Organized Crime and the Challenge to Democracy*, 2003, p. 55 y ss., con ulteriores referencias a la bibliografía de orientación empírica. Con carácter general, advierte frente al riesgo de ruptura de un sistema unitario del Derecho penal en el ámbito de la criminalidad organizada Naucke, *Einführung*⁹, 4/25.

terialmente considerada), y no en el ámbito de un problema específico de un tipo en particular.[21]

2.3. Aproximaciones al contenido de injusto

En la bibliografía se han ensayado fundamentalmente tres vías de abordar el contenido de injusto de los delitos de organización. En primer lugar, de acuerdo con un punto de vista extendido sobre todo en la doctrina más antigua, el elemento esencial del injusto está en el ejercicio "abusivo" del derecho fundamental de asociación que supondría la constitución de la organización delictiva: de acuerdo con esta posición, el bien jurídico es el (recto) "ejercicio del derecho de asociación". Un segundo sector doctrinal afirma que los delitos de asociación ilícita son ante todo supuestos de anticipación de la punibilidad (incluso antes de cualquier acto preparatorio concreto). Desde esta perspectiva, esta anticipación de la barrera de criminalización sólo puede ser justificada, a título excepcional, con base en la especial peligrosidad de las organizaciones aprehendidas por los tipos correspondientes. Finalmente, en tercer lugar, otro sector de la teoría, probablemente mayoritario tanto en la bibliografía española como alemana, ve en los delitos de organización ante todo un ataque a determinados bienes jurídicos colectivos: "orden público"; "seguridad interior"; "paz jurídica", etc.

La jurisprudencia – en lo que se refiere, al menos, a España y Alemania – es poco clara y cambiante en lo que se refiere a la definición del injusto o del objeto de protección de estas infracciones. Puede afirmarse que el Tribunal Supremo español muestra un desinterés especialmente pronunciado por esta cuestión. En ocasiones incluso llega a combinar términos que representan – como después se mostrará – opciones divergentes (incluso: antitéticas) de definición del bien jurídico: "En el delito de asociación ilícita... el bien jurídico protegido es el derecho de asociación como garantía constitucional, según un sector doctrinal, o, según otro, el orden público y en particular la propia institución estatal, su hegemonía y poder...". Al menos parece claro para el TS cuál *no* es el bien jurídico: En todo caso se trata de "...un bien jurídico diferente del que se protege en la posterior acción delictiva que se cometa al realizar la actividad ilícita para la que la asociación se constituyó".[22] También en el caso de la (escasa) jurisprudencia del Tribunal Supremo Federal[23] alemán es muy difícil – a pesar de que se hace en

---

[21] Fundamental a este respecto Schroeder, *Die Straftaten gegen das Strafrecht*, p. 9 y ss., 11, 21; vid. también en esta línea Langer-Stein, *Legitimation und Interpretation*, p. 165; Sánchez García de Paz, LH Barbero Santos, p. 647, 673 y ss.; Silva Sánchez, LH Ruiz Antón, p. 1074.

[22] Sentencia del Tribunal Supremo español 234/2001 (Sala segunda de lo penal, 3.5.2001).

[23] Vid. por ejemplo las sintéticas exposiciones de los pronunciamientos del BGH en la materia en Scheiff, *Strafrechtsschutz gegen kriminelle Vereinigungen*, p. 17 y ss.; Krüger, *Die Entmaterialisierungstendenz beim Rechtsgutsbegriff*, p. 51 y ss.; cfr. también *NK*²-Ostendorf, § 129 n.m. 4.

ocasiones – interpretar la posición del tribunal en una u otra dirección dogmática con alguna claridad.[24]

En lo que se refiere a la relevancia de las distintas opciones teóricas, en primer lugar, la posición doctrinal que recurre al derecho de asociación como bien jurídico es claramente minoritaria. En cuanto a las otras dos opciones teóricas, afirma *Arzt*[25] que los dos grandes campos dogmáticos de la anticipación y de la protección de un bien jurídico colectivo se han generado como respuesta a un "problema ficticio", puesto que, en su opinión, tan sólo se trata de una cuestión de matiz; no habría una clara contraposición entre ambos puntos de vista. Desde el punto de vista aquí adoptado – como después se mostrará-, el problema probablemente no es tan "ficticio", sobre todo, en lo que se refiere a las posibles repercusiones de la definición del injusto sobre la interpretación o la configuración legislativa del tipo del delito en cuestión. Pero sí es cierto que ambos puntos de vista se mezclan en más de una ocasión en diversos aspectos, de modo que las diferencias concretas son mucho menores de lo que podría parecer a primera vista. El concreto peso que debe atribuirse a ambas opiniones está sometido a continuos cambios, como es lógico. En el caso de la doctrina alemana, hasta la publicación de dos estudios decisivos de *Rudolphi,*[26] escritos en el contexto de las consecuencias jurídico-penales de la primera ola de actos terroristas de la Fracción del Ejército Rojo (Rote Armee Fraktion, RAF) y en los que este autor diseñó la aproximación teórica de la anticipación, el campo teórico estaba dominado por diversas definiciones en torno al "orden público" como bien jurídico universal. Después de la aparición de los trabajos de *Rudolphi*, la teoría de la anticipación exerimentó un crecimiento continuado de adhesiones, pero ha quedado estancada en el *status* de "doctrina minoritaria en continuo crecimiento", mientras que el sector doctrinal que se pronunciaba a favor de un bien jurídico universal ostentaba "aún" la condición de "doctrina dominante".[27] En el caso de la doctrina española no es posible trazar un cuadro tan claro, debido al limitado interés que la cuestión ha suscitado.[28] En todo caso, la monografía decisiva sigue siendo – tam-

---

[24] Como muestra el análisis de las resoluciones que aducen los distintos campos teóricos sin mucha justificación hecho por Langer-Stein, *Legitimation und Interpretation*, p. 25 y ss.

[25] En: idem/Weber, *BT*, 44/11.

[26] FS Bruns, p. 315 y ss.; ZRP 1979, p. 214 y ss.; sobre la situación anterior en la doctrina alemana vid. sólo la completa información en García-Pablos de Molina, *Asociaciones ilícitas*, p. 129 y ss.

[27] Así Müssig, *Schutz abstrakter Rechtsgüter und abstrakter Rechtsgüterschutz*, p. 13; también Langer-Stein, *Legitimation und Interpretation*, p. 30; Fürst, *Grundlagen und Grenzen*, 55; Krüger, *Die Entmaterialisierungstendenz beim Rechtsgutsbegriff*, p. 50, considera, en cambio, que la opción por un objeto de protección específico de carácter colectivo es aún "ampliamente mayoritaria"; también *NK*[2]-Ostendorf, § 129 n.m. 4 (un destacado representante de la teoría de la anticipación) la califica recientemente (aún) doctrina mayoritaria, pero indicando que la teoría de la anticipación domina sobre todo en los estudios monográficos (op. cit. n.m. 5; esto lo subraya en la doctrina española también Sánchez García de Paz, LH Barbero Santos, p. 675 nota 108).

[28] Sánchez García de Paz, LH Barbero Santos, p. 674 y s., reconduce este relativo desinterés – en comparación con otras criminalizaciones en el ámbito previo, como es especialmente el caso de los actos preparatorios tipificados expresamente en la Parte General – a la circunstancia de que la problemática del injusto de la asociación ilícita prácticamente estaría oculta en la Parte Especial. Desde el punto de vista aquí adoptado, una explicación

bién en lo que atañe a su influencia sobre las posiciones de las obras generales-, treinta años después de su publicación, la de *García-Pablos de Molina*,[29] en la que se defiende un punto de vista de orientación colectiva.

2.4. Objeto de análisis

En lo que sigue, se entrará sectorialmente en este campo de tensión de conceptos jurídico-penales básicos: ¿en qué consiste el injusto específico de la organización delictiva? Para resolver este interrogante, en primer lugar sigue una breve síntesis de las aproximaciones básicas propuestas hasta el momento (*infra* III.). El análisis de estas concepciones conducirá al desarrollo de una perspectiva en la que se subrayan dos elementos esenciales: por un lado, la dimensión colectiva de la asociación penalmente ilícita, por otro, la significación pública de su existencia. La arrogación organizativa que resulta de estos dos factores afecta a un ámbito genuninamente estatal: el monopolio de la violencia (*infra* IV.). El análisis concluirá con un brevísimo esbozo de las consecuencias que cabe extraer de tal concepción para el diseño del alcance del ámbito típico de los delitos de organización (*infra* V.).

3. Inventario: el injusto de los delitos de organización entre la puesta en peligro y las repercusiones sociales

3.1. Abuso del derecho de asociación

Una primera aproximación, defendida sobre todo en aproximaciones menos recientes, consiste en buscar la legitimación o el bien jurídico protegido de estas infracciones directamente en el reconocimiento constitucional del derecho de asociación. Desde esta perspectiva, las organizaciones criminalizadas representan supuestos de abuso de tal derecho fundamental.[30] Ciertamente, esta aproximación tiene la virtud de destacar el aspecto institucional que corresponde a los derechos fundamentales de los que se abusa en diversos sectores del título dedicado a los deli-

---

de esa falta de atención está seguramente en una *praxis* de aplicación mucho más restrictiva de lo que la formulación del tipo podría dar a entender.

[29] *Asociaciones ilícitas en el Código penal*, 1977.

[30] Así, por ejemplo, en la STS 10.4.2003; vid. las referencias a la doctrina decimonónica en García-Pablos de Molina, RGLJ LXXII (1976), p. 568 y s.; cfr. también Cuello Calón, *PE*³, p. 55 y ss.; en la doctrina más reciente, cfr. Córdoba Roda, *ComCP* III, p. 252, aludiendo al origen del precepto en el CP de 1870 y su coordinación con el reconocimiento del derecho de asociación en la Constitución de 1869; vid. también Portilla Contreras, en: Cobo del Rosal, *Curso PE II*, p. 714; también habla de "abuso de este derecho" Muñoz Conde, *PE*[15], p. 832; lo considera una alternativa para la definición del bien jurídico Rebollo Vargas, en: Córdoba Roda/García Arán, *ComCP PE II*, p. 2444. En contra de esta concepción, por ejemplo, García-Pablos de Molina, RGLJ LXXII (1976), p. 570 y ss.; idem, *Asociaciones ilícitas*, 123 y ss., 126 y ss.; Quintero Olivares, en: Ferré Olivé/Anarte Borrallo, *Delincuencia organizada*, p. 177 y ss., 183; Vives Antón/Carbonell Mateu, en: Vives Antón, *PE*, p. 1001; Ziffer, *El delito de asociación ilícita*, p. 48 y s.; respecto de la posición correspondiente en Alemania – hoy ya abandonada por completo – vid. el análisis crítico en Langer-Stein, *Legitimation und Interpretation*, p. 26, 136 y ss.

tos contra la Constitución.[31] Pero esta afirmación, correcta, no es aún una definición del contenido de injusto de la infracción, sino sólo una referencia formal al modo de comisión previsto en el tipo. En este sentido, en numerosas ocasiones se ha subrayado que el alcance de las prohibiciones de determinados tipos de asociación que la Constitución española contiene en su art. 22 no coinciden con la incriminación penal, de modo que la mera referencia a la prohibición, sea penal o constitucional, de la organización desde la perspectiva del ejercicio del derecho de asociación no identifica aún cuál es el injusto frente al cual la criminalización reacciona.

3.2. Anticipación

Resulta evidente que la incriminación de la pertenencia a una asociación ilícita, medida con base en el modelo de un bien jurídico de titularidad individual, supone una expansión del ordenamiento jurídico penal hacia el estadio previo a tal lesión de un bien jurídico individual.[32] Éste es el punto de partida de la llamada teoría de la anticipación: la perspectiva de la determinación del injusto se proyecta sobre los futuros delitos cuya comisión por parte de la organización se teme (es decir, las infracciones instrumentales para los fines últimos de la organización, que son cometidas en su marco). Según *Rudolphi*, el principal impulsor en tiempos recientes de esta aproximación, la mera existencia de la asociación criminal, o, más exactamente, la intervención en ella (es decir: los delitos de organización), constituye respecto de los delitos cometidos a través de ella, en relación con los bienes jurídicos del Estado y de los ciudadanos individuales, una "fuente de peligro incrementado": la organización desarrolla una "dinámica autónoma" que, por un lado – en el marco del grupo humano cohesionado que supone la organización delictiva – está en condiciones de reducir las barreras inhibitorias individuales, y, por otro, reduce de modo decisivo – a través de la estructura interna de la organización – las dificultades "técnicas" para la comisión de infracciones. Esta especial peligrosidad,[33] de acuerdo con este punto de vista, es la que justifica "excepcionalmente" que la organización sea combatida ya en el estadio de la preparación.[34] De acuerdo con este planteamiento, en realidad no es posible identificar un objeto de protección específico para los delitos de organización,[35] de modo

---

[31] Vid. Cancio Meliá, en: Rodríguez Mourullo/Jorge Barreiro, *ComCP*, p. 1272.

[32] Es éste un diagnóstico "indiscutido", *NK*²-Ostendorf, § 129 n.m. 4; en materia de delitos de terrorismo, también utiliza esta imagen el TS español: el delito de colaboración armada es una infracción en la que "se adelanta la línea de defensa…"; vid., por ejemplo, STS 2.2.1993; 25.11.1995.

[33] Cfr. el detallado análisis de los diversos aspectos empíricos de esa especial peligrosidad hecho por Langer-Stein, *Legitimation und Interpretation*, p. 157 y ss.

[34] Rudolphi, FS Bruns, p. 317, 319, 321 y *passim*; idem, ZRP 1979, p. 215 y s., 221; idem/Stein, *SK*⁷, § 129 n.m. 3; esta tesis – dato que, en lo que se alcanza a ver, no aparece reflejado en la bibliografía de lengua alemana – fue defendida ya en la doctrina italiana por Franchina; vid. las referencias al respecto en García-Pablos de Molina, RGLJ LXXII (1976), p. 584; idem, *Asociaciones ilícitas*, p. 139 y ss.

[35] Langer-Stein, *Legitimation und Interpretation*, p. 31; *avant la lettre* de la tesis de la anticipación introducida en Alemania por Rudolphi posteriormente, ya decía García-Pablos de Molina, RGLJ LXXII (1976), p. 584, que éste – la ausencia de bien jurídico específico – debía ser el punto de llegada de la idea del delito de preparación:

que habría que sostener que el bien jurídico protegido por estas infracciones sería idéntico al conjunto de los bienes jurídicos tutelados en la Parte Especial.[36-37] En consecuencia, los delitos de organización se conciben como meros delitos de peligro (abstracto).[38]

La principal objeción[39] que se plantea frente a la doctrina de la anticipación es que reduce sin necesidad la perspectiva de análisis exclusivamente al aspecto

---

"Realmente debería ser la postura de quienes entienden que la asociación es un acto 'preparatorio' elevado a delito y la de quienes opinan que el concepto de orden público es una abstracción sin contenido y no encuentran otro concepto que la sustituya".

[36] En la medida, claro está, en que no exista un catálogo formal expreso que limite los delitos susceptibles de comisión en el marco de la asociación ilícita, como es el caso de la regulación alemana y española. Vid. la argumentación decisiva de Rudolphi, FS Bruns, p. 318; en esta línea se encuentran también Ostendorf, JA 1980, p. 499 y ss., 500; Giehring, StV 1983, p. 296 y ss., 302; en parte también Schroeder, *Die Straftaten gegen das Strafrecht*, p. 11, 28; Langer-Stein, *Legitimation und Interpretation*, p. 209 y ss., 214; Fürst, *Grundlagen und Grenzen*, p. 65 y ss., 68 y s.; Hohmann, wistra 1992, p. 86; Scheiff, *Strafrechtsschutz gegen kriminelle Vereinigungen*, p. 25 y ss., 28 y s.; Krüger, *Die Entmaterialisierungstendenz beim Rechtsgutsbegriff*, p. 167 y s.; Sánchez García de Paz, LH Barbero Santos, p. 669 y ss., 673 y ss.; Hefendehl, *Kollektive Rechtsgüter*, p. 287; Silva Sánchez, LH Ruiz Antón, p. 1077 y s., 1082 y ss. Hay que subrayar que la idea de la especial peligrosidad respecto de los bienes jurídicos individuales correspondientes a infracciones posteriormente cometidas resulta dominante también en aproximaciones que, a pesar de ello, consideran que el bien jurídico protegido es de carácter colectivo; vid., por ejemplo, la argumentación de *LK*[11]-v. Bubnoff, § 129, n.m. 1 y s. Con base en un razonamiento deductivo propio, que no coincide con el de la teoría de la anticipación (necesidad de una relación hacia bienes tangibles en toda infracción criminal), alcanza también Köhler (*AT*, p. 567 y s.) esta definición del objeto protegido.

[37] En el marco de las argumentaciones respecto de cuál es la definición más acertada del bien jurídico, una cuestión tratada de modo controvertido en Alemania fue también la de si la correspondiente definición del injusto admite la aprehensión de organizaciones cuya actividad se produce sobre todo en el extranjero (Rudolphi, FS Bruns, p. 318 y s.; idem, ZRP 1979, p. 216 (Fürst, *Grundlagen und Grenzen*, p. 59 y s. considera que éste fue un "argumento central" de Rudolphi). En este sentido, se afirmaba que la opción por un bien jurídico colectivo implicaría una laguna de punición (intolerable), ya que el orden público o la paz jurídica, en cuanto elementos colectivos, estarían referidos exclusivamente a la República Federal de Alemania; en el caso de la legislación alemana, la cuestión ha sido resuelta, como consecuencia de la eclosión del (precisamente) llamado terrorismo internacional después del 11.9.2001, por la intervención del legislador, que ha introducido un precepto específico para las organizaciones radicadas en el extranjero (§ 129b StGB); vid. sólo *SK*[7]-Rudolphi/Stein, § 129 n.m. 2, § 129b n.m. 6 y s. A pesar de ello, como es obvio, se sigue planteando la (vieja) cuestión de qué es lo que, en el marco de sistemas políticos completamente distintos, debe considerarse desde la perspectiva de los ordenamientos jurídicos europeos occidentales terrorismo, qué resistencia legítima. Esta cuestión no suele plantearse en la discusión española – y los tipos correspondientes no la abordan, más allá de la previsión genérica de reconocimiento a efectos de reincidencia de sentencias extranjeras contenida en el art. 580 CP-, a pesar de que parece indiscutible su actualidad: piénsese en una solicitud de extradición, sin ir más lejos, de un "terrorista" o "guerrillero" checheno. Otro argumento principal de Rudolphi (FS Bruns, p. 315 y ss.; ZRP 1979, p. 216) – dirigido específicamente contra una comprensión de orientación social-psicológica (vid. al respecto a continuación en el texto) de la noción de "seguridad" o "paz" públicas – está en que de este modo, resulta imposible aprehender aquellas organizaciones clandestinas cuya existencia no ha trascendido a la opinión pública.

[38] Vid. sólo Fürst, *Grundlagen und Grenzen*, p. 63 y ss.; *NK*[2]-Ostendorf, § 129 n.m. 5; diferenciando en función de la densidad de las estructuras de organización (dependiendo de la intensidad de la estructura de dominio interna, se trataría de un delito de peligro abstracto o peligro concreto) Langer-Stein, *Legitimation und Interpretation*, p. 150 y ss., 209 y ss., 212 y s.; también se suman a la tesis de la calificación de infracción de peligro Hohmann, wistra 1992, p. 86; Scheiff, *Strafrechtsschutz gegen kriminelle Vereinigungen*, p. 16 y s. Sin embargo, esta posición también aparece en autores que defienden la existencia de un bien jurídico colectivo en estas infracciones; vid., por ejemplo, *LK*[11]-v. Bubnoff, § 129 n.m. 2; *MüKo*-Miebach/Schäfer, § 129 n.m. 4; respecto de la regulación portuguesa, de Figueiredo Dias, *ComConCP 2*, p. 1157. Califica también de "delitos de actividad o de peligro abstracto" a las infracciones de colaboración con banda armada u organización terrorista el TS español, vid., por ejemplo, STS 26.11.1984; 19.12.1988; 2.2.1993; 25.11.1995.

[39] Vid. también *infra* en el texto.

del adelantamiento de la criminalización, sin alcanzar a identificar el bien jurídico específico (que, de acuerdo con estas críticas, sí existiría) tutelado por los delitos de organización más allá de los tipos de la Parte Especial afectados por las infracciones instrumentales de la organización.[40]

Además de esto, cabe constatar también que con carácter general, el predominio de aquello que puede ocurrir (y se pretende prevenir) frente a aquello que ya ha sucedido – al margen de las dudas sistemáticas que puede generar tal perspectiva[41] – puede conducir a que se subraye en exceso la fuente del peligro, es decir, el sujeto, en la definición del injusto, cayendo en consecuencia en una expansión incontrolable de lo aprehendido por la tipificación: "Quien... pena por hechos futuros, ya no tiene razón alguna para dejar impunes los pensamientos".[42]

3.3. Bien jurídico colectivo

Otro camino es el ensayado por el sector predominante de la doctrina, que ve en este ámbito no (sólo) una anticipación, sino un ataque directo contra un bien jurídico autónomo de la "paz interior", que comprendería también la "seguridad pública",[43] la "seguridad pública interior"[44] o de la "seguridad pública y el orden estatal".[45] Otras aproximaciones a un bien jurídico colectivo añaden a la referencia a la seguridad su vínculo con la organización del Estado: en diversas formulaciones, se alude al "poder coactivo del Estado".[46]

---

[40] Así, por ejemplo, *LK*[11]-v. Bubnoff, § 129 n.m. 3; *MüKo*-Miebach/Schäfer, § 129 n.m. 1, ambos con ulteriores referencias; en España vid. sólo García-Pablos de Molina, RGLJ LXXII (1976), p. 585 y s.; idem, *Asociaciones ilícitas*, p. 140 y s.; en Portugal de Figueiredo Dias, *ComConCP 2*, p. 1159 y s.; *avant la lettre* ya Maurach, *BT*[5], p. 671: "el fundamento material de la punición" no está "en la relación, aún muy lejana, hacia el resultado (del delito planeado)..., sino en la conducta global de los intervinientes, que afecta negativamente a la autoridad del Estado".

[41] "...la prueba de que concurre un injusto penal suficiente tan sólo se halla en delitos cometidos", Köhler, *AT*, p. 567.

[42] Jakobs, ZStW 97 (1985), p. 771 y s.; vid. la argumentación loc. cit., p. 751 y ss., 752, 754 y ss., 759 y ss., 771 y ss.

[43] *S/S*[26]-Lenckner, § 129 n.m. 1; en esta línea ("la paz pública, en particular, el orden y la seguridad públicos") también Schmidhäuser, *BT*[2], 12/27; con base en una fundamentación específica ("injusto del sistema") también Lampe, ZStW 106 (1994), p. 706, 727; vid. también ("paz pública") de Figueiredo Dias, *ComConCP 2*, p. 1157; en Francia, la referencia a la seguridad pública es generalizada; vid., por ejemplo, Malabat, *DPS*, n.m. 865 y ss.; a la "paz social" en relación con el terrorismo se refiere la STC 136/1999, FJ 29.

[44] *LK*[11]-v. Bubnoff, § 129 n.m. 1; § 129a n.m. 4.

[45] Tröndle/Fischer, *StGB*[53], § 129 n.m. 2; Hofmann, NStZ 1998, p. 250; Kindhäuser, *BT I*, 41/1; incluyendo la paz pública, también está en esta línea la definición propuesta por *MüKo*-Miebach/Schäfer, § 129 n.m. 1; sin la referencia expresa al carácter estatal del "orden", también Arzt/Weber, *BT*, 44/11; Lackner/Kühl, *StGB*[25], § 129 n.m. 1; Guzmán Dálbora, RDPCr 2 (1998), p. 168 y ss., 176. Respecto de las posiciones doctrinales anteriores en torno al "orden público" en Italia, Francia y Alemania cfr. sólo el exhaustivo análisis de García-Pablos de Molina, RGLJ LXXII (1976), p. 573 y ss.

[46] Maurach, *BT*[5], p. 670 y s.; vid. también Otto, *BT*[7], 90/4; similar ("autotutela del poder del Estado") es la aproximación de García-Pablos de Molina, RGLJ LXXII (1976), p. 586 y ss., 588, 589; idem, *Asociaciones ilícitas*, p. 142 y ss.; le siguen diversos autores en la bibliografía española – además de aparecer su definición en alguna sentencia-: vid., por ejemplo, STS 234/2001 (3.5.2001); Serrano Gómez/Serrano Maíllo, *PE*[10], p. 951; Vives Antón/Carbonell Mateu, en: Vives Antón, *PE*, p. 1001; en esta línea está también una definición anterior

Como muestra ya la enumeración que antecede, la utilización que se hace de estos términos – en particular, por parte de la jurisprudencia-, al igual que sucede en otros delitos relacionados con esta clase de objetos de protección colectivos, no es clara.[47] En todo caso, a pesar de que los términos utilizados en este ámbito son en gran medida intercambiables, cabe distinguir ya a primera vista dos (importantes) matices:[48] por un lado, a través de los distintos términos se hace referencia a la reacción jurídico-penal frente a una modificación en las percepciones fácticas de la sociedad que los delitos en cuestión producirían, es decir, al "ambiente" fácticamente existente en la población (*sensación* o *sentimientos* de [in]seguridad jurídica[49]). Por otro lado, con estos términos en ocasiones se pretende identificar la concurrencia fáctica de una situación objetivo-externa de "paz" o de "seguridad" públicas en cuanto objeto de protección de los tipos penales de organización.[50]

La crítica principal[51] que se ha dirigido contra estas aproximaciones coincide en su núcleo con las objeciones planteadas cntra la tesis de la anticipación: la indeterminación de las descripciones utilizadas (como revelaría que tan sólo supondrían una reformulacion del cometido del ordenamiento jurídico penal en su conjunto) por este sector para caracterizar el objeto de protección colectivo abriría las puertas a una criminalización ilimitada.[52]

---

de Carbonell Mateu, concretando el marco estatal en el régimen constitucional actualmente en vigor: "la seguridad de la organización democrática del Estado" (DJ 37/40 [1983] vol. 2, p. 1301 y s.); le sigue Tamarit Sumalla, en: *ComPE*⁵, p. 1938; vid. respecto de la crítica a esta posición específica, en la formulación dada por García-Pablos de Molina, el análisis de Guzmán Dálbora, RDPCr 2 (1998), p. 161 y ss. (falta de concreción comparable a las versiones genéricas del "orden público").

[47] Cfr. las reflexiones generales sobre este ámbito conceptual efectuadas por *NK*²-Ostendorf, comentario previo a los §§ 123 y ss., n.m. 1 y ss.; *S/S*²⁶-Lenckner, § 126 n.m. 1.

[48] Müssig, *Schutz abstrakter Rechtsgüter und abstrakter Rechtsgüterschutz*, p. 14.

[49] En este sentido *S/S*²⁶-Lenckner, § 129 n.m. 1; también *LK*¹¹-v. Bubnoff, § 129 n.m. 1; *MüKo*-Miebach/Schäfer, § 129 n.m. 1; esta orientación estaba ya extendida en la doctrina histórica italiana; vid. las referencias en García Pablos de Molina, *Asociaciones ilícitas*, p. 132 y s.; en el momento actual, por ejemplo, en Antolisei/Conti, *PS* II¹⁴, p. 239.

[50] En esta línea *LK*¹¹-v. Bubnoff, § 129 n.m. 1; *MüKo*-Miebach/Schäfer, § 129 n.m. 1; también *S/S*²⁶-Lenckner, § 126 n.m. 1, § 129 n.m. 1, afirmando que lo uno (la sensación social de [in]seguridad) constituye el elemento "subjetivo", mientras que lo otro (la [in]seguridad en sentido fáctico) constituiría el elemento "objetivo" del bien jurídico protegido. En la doctrina española, hacen uso de tal noción de "paz pública" objetiva respecto de los delitos de terrorismo, ya antes de la introducción de la mención expresa en los delitos de terrorismo españoles en 1995, por ejemplo, Rodríguez-Villasante y Prieto, *ComLP XI*, p. 138 y s.; con posterioridad, por ejemplo, Hernández Hernández, en: *CP-DyJ III*, p. 4885; Prats Canut, en: Quintero Olivares/Morales Prats, *ComPE*⁵, p. 2093.; Polaino Navarrete, en: Cobo del Rosal, *Curso PE II*, p. 906; decididamente en contra, por ejemplo, García Arán, en: Córdoba Roda/García Arán, *ComCP PE II*, p. 2607.

[51] En la doctrina alemana es famosa en este ámbito una de las diatribas de Karl Binding, dirigida contra "el trastero de concepto" que para él era la noción de "orden público" (vid. *Die Normen und ihre Übertretung*, t. I, p. 351 y s.).

[52] Cfr. de momento sólo Rudolphi, ZRP 1979, p. 216: si el criterio de interpretación de los delitos en cuestión se define como la perturbación del orden o de la seguridad públicos, "ello conduce necesariamente a una interpretación extensiva de los elementos individuales" de la infracción; vid. en la misma línea la posición crítica de Schroeder, *Die Straftaten gegen das Strafrecht*, p. 14.

3.4. Injusto de amenaza

Una tercera posición ha sido desarrollada sobre todo por *Jakobs*.[53] Su concepción se encuentra en cierto modo en la tierra de nadie entre los dos grandes campos teóricos de la anticipación (bienes jurídicos individuales) y de las diversas aproximaciones en torno a objetos de protección colectivos que constituyen el punto de vista dominante: por un lado, rechaza el mero recurso a la idea de la anticipación; por otro, se manifiesta en contra de una definición puramente social-psicológica o generalizadora y difusa de un objeto de protección en la órbita de la "paz jurídica". Por un lado, desenmascara a la obsesión por futuras lesiones de bienes jurídicos como ganzúa ilegítima para una criminalización sin límites posibles. Por otro lado, propone un nuevo camino para la definición de la "paz jurídica" como objeto de protección, en el que la perturbación de esta paz – en referencia a las lesiones futuras – puede ser comprendida, en cuanto quebrantamiento de una norma flanqueante, como un *injusto parcial*.

Una de las razones de fondo del carácter ilimitado de la tendencia general hacia la criminalización de conductas en el estadio previo a una lesión de un bien jurídico concreto la encuentra *Jakobs* en una absolutización de la protección de bienes jurídico, "…cuando se intenta definir la situación de integridad social a través de la incolumidad de bienes jurídicos".[54] De acuerdo con su posición, esta aproximación no puede hacer justicia a la posición jurídica de un ciudadano, ya que ésta debe ser definida desde un principio normativamente por la atribución de "una esfera libre de control": principio del hecho.

Como es sabido, el principio del hecho es entendido en la doctrina habitualmente como aquel principio, genuinamente liberal, con base en el cual ha de excluirse toda responsabilidad penal por meros pensamientos, es decir, como rechazo a un Derecho penal de la actitud interna.[55] Si este contenido es desarrollado consecuentemente – como lo ha hecho *Jakobs*[56] – , queda claro que la esfera interna que es atribuída a los ciudadanos no queda limitada a los impulsos neuronales: parafraseando una canción popular alemana, algo más que el pensamiento "es libre" si se intentan describir las estructuras de imputación reales que existen. Desde esta perspectiva, *Jakobs* quiere vincular de modo indisoluble la definición del injusto al estatus ciudadano: sólo es legítima una criminalización si respeta su esfera de libertad. El ciudadano tan sólo abandona esta esfera a través de una

---

[53] ZStW 97 (1985), p. 751 y ss., 753 y ss., 773 y ss.; le sigue, al menos parcialmente, Müssig, *Schutz abstrakter Rechtsgüter und abstrakter Rechtsgüterschutz*, p. 213 y s., 219; Scheiff, *Strafrechtsschutz gegen kriminelle Vereinigungen*, p. 28; en parte también en la aproximación de Pastor Muñoz, *Los delitos de posesión y los delitos de estatus*, p. 66 y ss.; Ziffer, *El delito de asociación ilícita*, p. 60 y ss., 65 y s.

[54] ZStW 97 (1985), 753, partiendo de la famosa crítica de Welzel frente a un entendimiento "de museo" de los bienes jurídicos, ZStW 58 (1939), p. 491 y ss., 515; vid. también, con carácter general, Jakobs, *AT*², 2/3 y ss., 2/19 y ss., 2/22 y ss.

[55] Vid., por ejemplo, la sintética exposición en Stratenwerth/Kuhlen, *AT*⁵, 2/25 y ss.

[56] ZStW 97 (1985), p. 752 y ss., 761.

arrogación de organización ajena actual y externalizada.[57] En consecuencia, no es posible legitimar el delito de asociación ilícita recurriendo exclusivamente a la idea de una anticipación de la protección de bienes jurídicos.[58]

Sin embargo, lo que no puede ser como anticipación de la protección de bienes jurídicos, puede resultar admisible en cuanto anticipación del objeto de protección:[59] si – según *Jakobs* – puede determinarse que la conducta en cuestión no infringe una norma principal, pero sí una norma de flanqueo, colateral, puede tratarse de un "fragmento de injusto" que eventualmente sea susceptible de legitimación, de un "injusto parcial". La norma de flanqueo, a modo de un bastión militar previo a la fortificación principal, no protege al bien principal – frente a éste, (aún) no cabe detectar arrogación alguna-, pero sí a las condiciones de vigencia de la norma principal, más concretamente, la base cognitiva de ésta.[60] En coherencia con los puntos de partida conceptuales de *Jakobs* en materia de teoría de la pena y de definición del injusto, la norma no sólo se encuentra orientada con base en la relación bilateral entre autor y norma, sino también en atención a la sociedad en su conjunto.[61] Para *Jakobs*, una confianza mínima de la colectividad en la norma es presupuesto de su vigencia. Esta confianza falta, en su opinión, cuando – como sucede, entre otros, en el caso de las conductas aprehendidas por las infracciones que aquí interesan – concurre una "elevación drástica del riesgo"[62] normal. El anuncio masivo de la comisión futura de hechos punibles spone tal elevación del nivel de riesgo ubicuo que causaría, desde este punto de vista, "efectos de desorientación", es decir, precisamente la conmoción de la base cognitiva de la confianza en la norma, de la "paz social".[63] Desde esta perspectiva, por tanto, la asociación ilícita puede ser criminalizada legítimamente en cuanto injusto parcial en este sentido, aunque – puesto que sólo se trata de un mero injusto *parcial* – en un marco menos elevado que el que establece en este ámbito el Derecho positivo.[64]

---

[57] Que concurrirá, en particular, cuando pierda el control sobre las emanaciones de su ámbito de organización, Jakobs, ZStW 97 (1985), p. 762 y ss., 765, 766: "Donde termina el dominio de los sujetos acaba la libertad ciudadana"; este aspecto de la pérdida de control es subrayado para el ámbito que aquí interesa de modo destacado en la aproximación de Ziffer, *El delito de asociación ilícita*, p. 65 y s.

[58] Jakobs, ZStW 97 (1985), p. 751 y ss., 756 y s., 773, 778; idem, AT^2, 2/25a.

[59] Idem, p. 773 y s.

[60] ZStW 97 (1985), p. 775 y ss.

[61] En cuanto a la primera, vid. sólo Jakobs, AT^2, 1/4 y ss., 1/14, 2/1 y s.; el último estadio de evolución se presenta en idem, *Die Staatliche Strafe*, *passim*; idem, LH Reyes Echandía, p. 339 y ss.; sobre la evolución de la teoría funcional de la pena de *Jakobs* vid. sólo Cancio Meliá/Feijoo Sánchez, en: Jakobs, *La pena estatal: significado y finalidad*, 2006, p. 15 y ss. y Peñaranda Ramos/Suárez González/Cancio Meliá, *Un nuevo sistema*, p. 15 y ss.; respecto de la monografía sobre la pena estatal acabada de citar, vid. también la recensión de Silva Sánchez, In-Dret 4/2006, 377 (www.indret.com). Respecto de la segunda, cfr. sólo Jakobs, ZStW 89 (1977), p. 1 y ss.; idem, ZStW 97 (1985), 751 y ss., 758 y ss.; idem, *La imputación objetiva en Derecho penal*, *passim*; vid. al respecto la exposición en Peñaranda Ramos/Suárez González/Cancio Meliá, *Un nuevo sistema*, p. 83 y ss.

[62] Jakobs, ZStW 97 (1985), p. 775; cfr. también idem, AT^2, 2/25c.

[63] Jakobs, AT^2, 2/20; esta paz social debe pertenecer en la sociedad en cuestión a la esfera pública, es decir, ser paz *jurídica* (op. cit., 2/21).

[64] Jakobs, ZStW 97 (1985), p. 778 y s.

De este modo, por un lado, *Jakobs* ha elevado la determinación del injusto al plano de la comunicación:[65] no se trata, de modo difuso, de una anticipación o de unos sentimientos sociales, sino de los efectos de las conductas aprehendidas típicamente sobre la vigencia de la norma. Por otro lado, con su construcción entreteje concreta e indisolublemente el estatus de ciudadano del autor con la definición del injusto: si el autor es *per definitionem* un sujeto con una esfera interna normativamente atribuída, frente a la constatación de la salida de ésta (de la arrogación de organización) se plantean requisitos explicativos de especial intensidad. La circunstancia de que aquí se actúa – en la formulación clásica del antiguo canciller de la República Federal de Alemania, *Helmut Schmidt*[66] – en el margen más extremo de lo que es posible en el marco de un Estado de Derecho queda evidenciado en esta aproximación con la misma intensidad que mediante la opción de destacar exclusivamente la ubicación de los delitos de organización como infracciones de anticipación.

En esta aproximación, sin embargo, quedan abiertos dos elementos: por un lado, la cuestión de la solidez del medio que *Jakobs* propone a efectos de "toma de tierra" hacia los concretos efectos sociales empíricos (la afectación de la base cognitiva de la vigencia de la norma[67]), y, por otro, la cuestión de si esta concepción está ya en condiciones de aprehender suficientemente la aparición específica de la organización como realidad emergente en la definición del injusto.

4. Arrogación de organización y significado político

4.1. Crítica

4.1.1. Peligrosidad

Como antes se ha expuesto, el modelo de la anticipación concibe los delitos de organización no como lesión actual de un bien jurídico (colectivo-social o colectivo-estatal), sino, sobre todo, desde la perspectiva de las infracciones que posteriormente se cometerán en el marco de la organización (y de sus correspondientes bienes jurídicos de titularidad individual). Por consiguiente, preceptos

---

[65] Así también Müssig, *Schutz abstrakter Rechtsgüter und abstrakter Rechtsgüterschutz*, p. 213; en parte crítico, por ejemplo, el análisis de Beck, *Unrechtsbegründung und Vorfeldkriminalisierung*, p. 50 y s.

[66] Utilizada en un debate en el Parlamento federal al comienzo de la época más violenta de terrorismo de orientación revolucionaria (sobre todo, la RAF, llamada en sus inicios "banda Baader-Meinhof") en los años setenta, el día 15.3.1975.

[67] Esta idea de la necesidad de una "cimentacion cognitiva" de la vigencia de la norma mediante la imposición de una pena ha sido introducida recientemente por *Jakobs* en cuanto elemento nuclear y general del actual estadio de evolución de su teoría de la pena (concretamente: para explicar el dolor penal); vid. Jakobs, *Staatliche Strafe*, p. 5 y ss., 26 y ss., 30 y *passim*; cfr. la corrección expresa de su posición anterior en op. cit., p. 31, nota 147. Más bien escépticos respecto de esta orientación Cancio Meliá/Feijoo Sánchez, en: Jakobs, *La pena estatal*, p. 53 y ss.; Silva Sánchez, InDret 4/2006, 377 (www.indret.com), p. 3 y ss., la saluda: "¡Bienvenido al mundo real, querido profesor Jakobs!" (p. 6).

como los arts. 515 y ss. CP o los §§ 129, 129a StGB contienen ante todo *anticipaciones* de la punibilidad.[68]

Ciertamente, la referencia dominante al hecho de que aquí se emplea el Derecho penal de modo masivo mucho antes de una lesión concreta-individual introduce una adecuada tensión político-criminal -es decir, consciencia del carácter problemático en términos de legitimidad de todo el modelo – en el análisis de determinación del contenido de injusto.[69] Sin embargo, la aprehensión del elemento específico de los delitos de organización es deficitaria: ciertamente, se diagnostica la especial dimensión del colectivo, pero ello sólo en el limitado sentido de que la situación fáctica generada por la existencia de la organización criminal en cuanto agente colectivo conduce a la concurrencia de una *especial peligrosidad:*[70] la estructura del colectivo, por lo tanto, aparece únicamente a título de una especie de factor de multiplicación de los elementos de peligrosidad individuales.[71]

Sin embargo, esta aproximación tropieza irremediablemente con la realidad del Derecho positivo: partiendo de la perspectiva exclusiva de la peligrosidad, no puede explicarse la existencia de la incriminación específica, desligada de toda comisión de ulteriores lesiones concretas, de los delitos de organización.[72] En efecto, para aprehender esta peligrosidad incrementada, bastaría el recurso – como cada vez es más frecuente y también existía en diversas legislaciones históricas – a una circunstancia agravatoria para la comisión en grupo en las diversas infracciones concretamente lesivas de bienes jurídicos individuales.[73]

---

[68] Por todos Rudolphi, FS Bruns, p. 318.

[69] Además, hay que subrayar que esta concepción, desde luego, "tiene el atractivo de su sencillez y coherencia", y que "se ha alzado contra los excesos de la abstracción y las interpretaciones ambiguas del concepto de 'orden público'" (así ya García-Pablos de Molina, RGLJ LXXII (1976), p. 584).

[70] Cfr. sólo Rudolphi, FS Bruns, p. 317; Silva Sánchez, LH Ruiz Antón, p. 1077.

[71] Resulta característica la argumentación de Rudolphi (ZRP 1979, p. 215): después de destacar la primacía absoluta del colectivo en las organizaciones terroristas, deduce de ello solamente que éstas serían especialmente peligrosas. Esta consideración (limitada) del factor peligrosidad está en primera línea de las reflexiones en el campo de la teoría de la anticipación, pero aparece también en muchas otras propuestas orientadas con base en un objeto de protección divergente. Así sucede, por ejemplo, en la aproximación presentada recientemente en la monografía de Pastor Muñoz (*Los delitos de posesión y los delitos de estatus*, p. 66 y ss., 69 y s., 78, 87, 89): a pesar de que asume – siguiendo a *Kindhäuser* y *Jakobs* – un objeto de protección autónomo "seguridad", afirma a continuación que ese injusto autónomo de la lesión de la seguridad (en cuanto "equivalente funcional" de una peligrosidad objetivamente determinado) se halla en la mera manifestación de peligrosidad subjetivo-individual (en consecuencia, esta autora considera que los delitos de organización constituyen el supuesto paradigmático de una categoría de "delitos de estatus"). La misma argumentación combinada está presente en la sentencia del Tribunal Constitucional español 136/1999, referida al delito de colaboración armada, en la que (FJ 27 y 29) se hace uso de una argumentación peligrosista para identificar como objeto atacado la "paz social".

[72] Así la argumentación de Ziffer, *El delito de asociación ilícita*, p. 41.

[73] Como fueron introducidas en diversas legislaciones históricas para la comisión de infracciones por parte de una banda o cuadrilla y se están introduciendo ahora para la comisión en el contexto de la criminalidad organizada (aunque en el Derecho positivo, estas agravantes concurren con una punibilidad autónoma de la asociación ilícita). En favor de la solución de la (mera) agravación Moccia, *La perenne emergenza*², p. 65 y ss., 68 y ss.; Beck, *Unrechtsbegründung und Vorfeldkriminalisierung*, p. 206 y ss.; también Acale Sánchez (en: arroyo Zapatero, *La reforma*, p. 161) propone limitar la reacción específica – en materia de terrorismo – a la determinación de la pena, prescindiendo de la incriminación "abstracta" de la mera pertenencia a la organización. Silva Sán-

Cabe constatar, por tanto, lo siguiente: la teoría de la anticipación intenta resistir la presión político-criminal hegemónica hacia un incremento de la eficiencia de los mecanismos de prevención policial mediante una racionalización de la decisión legislativa de incriminación autónoma de la mera pertenencia a las organizaciones tipificadas; la explicación-legitimación de esta anticipación tan sólo puede explicarse por un potencial de riesgo extraordinario. De ahí que desde este sector de la doctrina, sea habitual insistir en el carácter "excepcional" de la incriminación. Sin embargo, para la construcción de su discurso de coloca en el mismo plano de argumentación que aquella orientación político-legislativa: el plano de la prevención fáctico-policial, y con ello, en una pendiente deslizante:[74] si el cometido perseguido se identifica, en tradición utilitarista, única y exclusivamente con la evitación fáctica de futuros delitos, como indica el dicho, "el miedo es libre". La lógica de la prevención fáctica es la de la policía,[75] no la del Derecho penal, y no conoce límites internos[76] ante la consecución del objetivo del combate eficiente contra las fuentes de peligro. La falta de definición específica del injusto en este ámbito tampoco es susceptible de ser sustituída sin más por un pensamiento exclusivamente principialista y orientado al discurso político.[77] Por el contrario, una teoría del Derecho penal con ambición sistemática aquí debe penetrar hasta la definición del injusto, para – en la medida de lo posible – enfrentarse a una extensión ilimitada del alcance de la tipicidad en su germen (téoricamente) decisivo.

La referencia establecida en la propuesta de *Jakobs* hacia las condiciones cognitivas de la vigencia de la norma, como antes se ha expuesto, da un paso más

---

chez (LH Ruiz Antón, p. 1083 y ss.) opina (siendo partidario de la tesis de la anticipación), que esta solución no tendría en cuenta de modo suficiente el especial potencial de peligrosidad de la organización, de modo que en la tipificación autónoma de la intervención en la asociación ilícita sería necesario llevar a cabo una relativización ("adaptación") de los requisitos que rigen la codelincuencia normal.

[74] "Sin embargo, siempre se podrá afirmar la necesidad de una protección tan anticipada, por lo que ello no ofrece fundamentación alguna", Jakobs, *AT*², 2/19; vid. también idem, ZStW 97 (1985), p. 752 y ss.; Müssig, *Schutz abstrakter Rechtsgüter und abstrakter Rechtsgüterschutz*, p. 218 y s.; Köhler, *AT*, p. 566 y s.; Pastor Muñoz, *Los delitos de posesión y los delitos de estatus*, p. 76.

[75] En el mejor de los casos: si no se trata directamente de un proceso en el que predomina la categorización-demonización; vid. el desarrollo de esta tesis respecto del "Derecho penal" del enemigo en Cancio Meliá, ZStW 117 (2005), p. 267 y ss.; idem, en: Jakobs/Cancio Meliá, *Derecho penal del enemigo*², p. 85 y ss.

[76] Estos, por el contrario, deben ser aportados desde fuera a la definición de la infracción; fundamental a este respecto Jakobs, ZStW 97 (1985), p. 753. Un ejemplo: Silva Sánchez propone limitar la asociación ilícita a aquellas cuyo objeto sea la comisión de delitos graves; sólo así, desde su punto de vista, se podrá justificar la anticipación de la criminalización (LH Ruiz Antón, p. 1092). Si se entra de este modo en consideraciones *cuantitativas*, cabe temer que la discusión político-criminal en los planos de la interpretación y de la política legislativa será poco ventajosa ante la ubicuidad de los argumentos orientados a la prevención (téngase en cuenta que en España el Derecho positivo incluye desde el año 2003 expresamente en el tipo la organización criminal para la comisión de meras *faltas*): ¿cuándo hay una *especial* peligrosidad?

[77] Como muestra el continuado y generalizado desmoronamiento de los muros garantistas precisamente en la aprehensión de las organizaciones terroristas y de su entorno en los últimos años, siempre que haya concurrido "necesidad de acción" político-legislativa; cfr. sólo Cancio Meliá, JpD 44 (2002), p. 19 y ss. y Asúa Batarrita, Faraldo Cabana y Landa Gorostiza en: Cancio Meliá/Gómez-Jara Díez, *Derecho penal del enemigo*, respectivamente, t. 1, p. 239 y ss., 757 y ss.; t. 2, p. 165 y ss.

allá: el aspecto de la peligrosidad queda así vinculado al plano genuinamente jurídico-penal, el de la vigencia de la norma. Ahora bien, ha de constatarse que en la construcción de *Jakobs* – elaborada con carácter general respecto de la cuestión de la anticipación de la criminalización y no de modo específico para los delitos de organización-, la afectación de esa cimentación cognitiva es definida de modo predominante como amenaza, es decir, como arrogación de organización que consiste en el anuncio de la comisión futura de delitos. De este modo, la fundamentación del injusto también queda trabada en la prevención (fáctica), por lo que se dificulta la aprehensión específica de la dimensión colectiva (de lo que ya ha ocurrido: la constitución de la organización). Aquí hay espacio para una ulterior normativización.[78]

4.1.2. Bien jurídico colectivo y repercusiones sociales

El denominador común de los análisis críticos que han sido hechos respecto de los modelos teóricos basados en un bien jurídico colectivo está, como antes se ha anticipado, en el reproche de que se trata de una aproximación estructuralmente carente de límites y que abriría, por tanto, todas las puertas a un entendimiento arbitrario del alcance del tipo. Desde este punto de vista, en particular, las aproximaciones universalistas al bien jurídico implicarían la posibilidad de incluir en el ámbito criminalizado agrupaciones que no generan un nivel particularmente elevado de riesgo.[79]

Por otro lado, también se ha manifestado el temor de que la opción de tomar como punto de referencia la afectación fáctica de la "paz jurídica" por medio de una actitud de "enemistad frente al ordenamiento jurídico"[80] puede significar que con ello "se potencie una subjetivación difícilmente compatible con el principio del hecho".[81]

A la hora de llevar a cabo una valoración de estas aproximaciones, parece adecuado distinguir entre la vertiente colectivo-subjetiva y la vertiente fáctica de las correspondientes nociones del objeto de protección.

En la medida en que la paz jurídica se identifica con determinadas percepciones fácticas en la población, es cierto que con ello se entra en un campo

---

[78] Pastor Muñoz (*Los delitos de posesión y los delitos de estatus*, p. 61 y ss., 75 y ss.) postula esta normativización del concepto, pero no la lleva a cabo: en su posición la "dimensión comunicativa" consiste tan sólo en la mera manifestación de la peligrosidad individual que supone, en su opinión, la integración en la organización delictiva.

[79] Vid. por todos las argumentaciones de Rudolphi, ZRP 1979, p. 216; *NK*[2]-Ostendorf, § 129 n.m. 5.

[80] Así, por ejemplo, *LK*[11]-v. Bubnoff, § 129, n.m. 1: "El merecimiento de pena... deriva de la enemistad frente al ordenamiento jurídico que se manifiesta en los objetivos de los miembros y colaboradores"; cfr. ya Maurach, *BT*[5], p. 670 ("abierta enemistad hacia el ordenamiento jurídico").

[81] Fürst, *Grundlagen und Grenzen*, p. 69; vid. también Müssig, *Schutz abstrakter Rechtsgüter und abstrakter Rechtsgüterschutz*, p. 218; *NK*[2]-Ostendorf, § 129 n.m. 5.

extremadamente inseguro desde el punto de vista empírico[82] y, desde luego, completamente minado[83] político-criminalmente.[84]

Estas objeciones parecen convincentes. Sin embargo, más allá de ellas, el factor decisivo es previo: está en que esta aproximación empirista, basada en los sentimientos colectivos, ni siquiera transcurre en el plano del Derecho penal, el del significado social.[85] Las normas jurídicas – y su concreta reconstrucción jurídico-dogmática – no reaccionan frente a los humores del público; la norma jurídico-penal no depende, como es evidente, del "ambiente" social en un determinado momento. Si se recurre a la sensación social de inseguridad para definir la paz, el orden o la seguridad públicos, el problema de la determinación conceptual del objeto de protección tan sólo queda desplazado hacia lo empírico, y, con ello, en este caso, librado a la arbitrariedad.

Si, en segundo lugar, se prefiere objetivar la noción de paz u orden públicos, es decir, concebirla como una situación de hecho de tranquilidad, también son correctas las críticas antes expuestas conforme a las cuales tal aproximación al objeto de protección significaría una duplicación del cometido global del ordenamiento jurídico (-penal) de control social, implicando, por lo tanto, una definición aparente, incorrecta del bien jurídico, convirtiendo artificiosamente en concreto objeto de protección de los delitos de organización al elemento genérico que constituye el fin último de todo el Derecho penal.[86] En conclusión, este con-

---

[82] Desde la perspectiva crítica, se afirma que esta concepción implica un mero reflejo de sentimientos colectivos de difícil determinación y de la ausencia de una demostración de la relevancia jurídico-penal de esos fenómenos colectivos, aunque pudieran ser detectados con alguna seguridad metodológica; vid. en este sentido García-Pablos de Molina, RGLJ LXXII (1976), p. 582 y s.; idem, *Asociaciones ilícitas*, p. 132 y s., 139; Giehring, StV 1983, p. 302; *NK*²-Ostendorf, § 129 n.m. 5; exhaustivamente en el análisis de Langer-Stein, *Legitimation und Interpretation*, p. 122 y ss.; vid. también Ziffer, *El delito de asociación ilícita*, p. 36, 38 y ss. Este riesgo también es percibido por el propio *S/S*²⁶-Lenckner (§ 129 n.m. 6) cuando advierte en contra de que se recurra a elementos del "actual clima social" que se hallan "fuera del tipo propiamente dicho" para valorar la concurrencia de una afectación de la "seguridad pública". Respecto de la provocación de sentimientos de inseguridad mediante vulneraciones manifiestas del ordenamiento jurídico (especialmente, a través del terrorismo) vid. sólo el análisis de Arzt, *Der Ruf nach Recht und Ordnung*, p. 18 y ss., 137 y ss.; más recientemente, cfr. las reflexiones generales respecto de la generación de sentimientos de temor por la criminalidad en Kunz, GS Schlüchter, p. 727 y ss., 733.

[83] Piénsese sólo en cuáles pueden ser las reacciones exigidas por los "sentimientos de [in]seguridad" de la población inmediatamente después de un atentado terrorista masivo.

[84] Llevando *ad absurdum* la fijación de este sector doctrinal partidario de la conexión con la psicología social empírico-concreta, Rudolphi (vid., por ejemplo, ZRP 1979, p. 216) llegó a aducir en contra de esta parte de la opinión dominante que no estaría en condiciones, por lo tanto, de aprehender a una organización clandestina cuya existencia aún no hubiera transcendido.

[85] Como ha mostrado Müssig, *Schutz abstrakter Rechtsgüter und abstrakter Rechtsgüterschutz*, p. 212 y s.

[86] Desde una perspectiva más general sobre los bienes jurídicos de "paz jurídica" vid. sólo el análisis crítico de Roxin, *AT I*⁴, 2/47; específicamente respecto de los delitos de organización *SK*⁷-Rudolphi/Stein, § 129 n.m. 4; Ostendorf, JZ 1979, p. 253; idem, JA 1980, 500; idem, *NK*², § 129 n.m. 5; Schroeder, *Die Straftaten gegen das Strafrecht*, p. 11; apoyándose en una interesante deducción histórica, Langer-Stein, *Legitimation und Interpretation*, p. 85 y ss., 88; vid. también Krüger, *Die Entmaterialisierungstendenz beim Rechtsgutsbegriff*, p. 166 y s.; Ziffer, *El delito de asociación ilícita*, p. 38 y ss.

cepto de bien jurídico no es tal, sino sólo un envoltorio huero que puede abrir el camino a la arbitrariedad.[87]

4.2. Arrogación de organización política

4.2.1. Puntos de partida

Ambas grandes concepciones teóricas -la tesis de la anticipación y la opción por un bien jurídico colectivo específico de los delitos de organización-, claramente antagonistas a primera vista, en realidad tienen bastantes cosas en común: por un lado, el facticismo que puede apreciarse en el papel central que reservan al peligro[88] que emana de la organización o, en parte, como antes se ha esbozado, al registrar teóricamente los efectos de psicología social de estas infracciones. Por otro lado, como antes se ha expuesto, la existencia de las infracciones autónomas en cuestión tampoco es sometida a crítica por el sector doctrinal que defiende la perspectiva de la anticipación para la definición del injusto.

Ambos puntos de partida – que dominan entre ambos la práctica totalidad de la discusión dogmática – parecen no estar en condiciones de aprehender el contenido de injusto específico de los delitos de organización. Una consecuencia de ello está en el riesgo, ya en camino de concretarse, de una posible aplicación desmesurada de las infracciones de organización, o, dicho desde una perspectiva más modesta en cuanto a la repercusión del análisis teórico, en una penetración dogmática insuficiente de la extensión del ámbito típico en el plano de su fomulación legal y de su aplicación judicial.

Por ello, parece prometer un progreso en la definición del injusto examinar con mayor detenimiento dos segmentos (que, como se intentará mostrar, mantienen una relación de mutua influencia) de la relevancia social de las organizaciones que aquí interesan: en primer lugar, su *dimensión colectiva*; en segundo lugar, la especial amenaza que su existencia supone respecto de determinados valores jurídico-políticos, amenaza que constituye su *significado*.

4.2.2. Colectivo y miembro

1. Como antes se ha mostrado, en el plano dogmático, las organizaciones sólo se perciben en lo que se refiere al incremento de peligrosidad que supo-

---

[87] Por ello, tiene razón Müssig (*Schutz abstrakter Rechtsgüter und abstrakter Rechtsgüterschutz*, p. 241; vid. también p. 216 y ss.) cuando habla de una definición "tautológica por principio". No aporta una descripción más exacta de un objeto de protección autónomo que la referencia expresa al conjunto de los bienes jurídicos protegidos en la Parte Especial que defiende la tesis de la anticipación (como señala Langer-Stein, *Legitimation und Interpretation*, p. 88, 240).

[88] En este sentido, por ejemplo, *LK*[11]-v. Bubnoff, § 129 n.m. 1 y *MüKo*-Miebach/Schäfer, § 129 n.m. 1 y s., siendo destacados representantes de la ortodoxia de la opinión mayoritaria, a favor de un bien jurídico colectivo, subrayan de modo especial la peligrosidad de la organización como justificación de la imposición de la pena; vid. en este sentido también los análisis de Müssig, *Schutz abstrakter Rechtsgüter und abstrakter Rechtsgüterschutz*, p. 15, nota 13, 217 y ss.; Ziffer, *El delito de asociación ilícita*, p. 41.

nen frente a autores individuales o concertados de modo esporádico, es decir, su cualidad de dispositivos de mutliplicación de los distintos factores de riesgo respecto de los bienes jurídicos individuales afectados por las infracciones cometidas a través de la organización. Con toda certeza, esta especial peligrosidad de las organizaciones delictivas es un punto de vista de gran relevancia para su comprensión dogmática. Sin embargo, resulta dudoso que este elemento pueda aprehender ya el contenido verdaderamente específico de los delitos de organización. Las fuentes de peligro en el estadio de (e incluso previo a la) preparación son ubicuas: también un autor aislado decidido a pasar a la comisión puede ser muy peligroso.[89]

Parece claro que aquí aún falta algo. Al margen de la intensificación de la peligrosidad a través de la dinámica de grupo,[90] un actor colectivo entra en escena: la organización emerge como magnitud social autónoma. Cotidianamente se dice o se dijo que la RAF o ETA,[91] Cosa Nostra, el cártel mexicano de Tijuana o el Comando Vermelho en Brasil piensan, planean, dicen, exigen, hacen algo. Este aspecto ha sido destacado de modo convincente en la bibliografía alemana en tiempos recientes especialmente por parte de *Lampe*, quien recurre para ello a la terminología de un "injusto de sistema" que emanaría de un "sistema de injusto": pasa a primer plano la personalidad propia de las organizaciones criminales en cuanto "sistemas de injusto constituídos".[92]

2. Sin embargo, hecho este planteamiento, inmediatamente se plantea la cuestión de cómo puede aprehenderse esa dimensión colectiva en el sistema de imputación jurídico-penal, es decir, cuál es el dispositivo de adaptación que puede permitir pasar de la relevancia autónoma de la personalidad de la organización a la atribución de responsabilidad individual a los sujetos que intervienen en ella. Dicho de otro modo: ¿cómo puede integrarse la emergencia de la organización en el injusto de *un* autor?[93]

---

[89] También en este caso, la intervención en el estadio de planeamiento (¿y por qué no antes?) sería perfectamente funcional en una aproximación preventivista-facticista.

[90] Aunque, como es lógico, muchos elementos de esta función de catalizador no son seguros en el plano del conocimiento empírico de su funcionamiento; vid. al respecto el análisis en detalle en Langer-Stein, *Legitimation und Interpretation*, p. 153 y ss., 157 y ss.

[91] Respecto del terrorismo dice acertadamente Rudolphi (ZRP 1979, p. 215): "Quien soporta las actividades terroristas no es… el individuo, sino el grupo"; en el mismo sentido, por ejemplo, Lamarca Pérez, ADPCP 1993, p. 551: "En cierto modo, cabe decir que el sujeto no es el terrorista, sino el grupo terrorista que construye un contraordenamiento respecto al Estado".

[92] Cfr. la detallada exposición del razonamiento en ZStW 106 (1994), p. 683 y ss., 687 y ss., 693 y ss., 695 y ss.; vid., por ejemplo, también Köhler, *AT*, p. 566: "Ha de concurrir también, por el contrario [a efectos de afirmar la existencia de una organización que satisfaga los criterios típicos] una estructura interna en la que el fin de acción común en cierto modo se ha independizado frente a la pertenencia de personas individuales (miembros)"; loc. cit.: en las organizaciones desarrolladas, esa estructura interna "…se solidifica hasta constituirse en un sistema de contranormas"; en Italia, vid. Patalano, *L'associazione criminale*, p. 152 y ss.; actualmente habla Aleo (*Sistema penale e criminalità organizzata*, p. 195 y ss.) de una "dimensión institucional".

[93] Ello, en un primer paso, con independencia de cómo se defina el contenido de injusto concreto, el objeto de protección, de estas infracciones; vid. a continuación en el texto.

En cuanto se adopta una perspectiva orientada con base en el significado autónomo de la organización, inmediatamente se percibe el paralelismo que puede establecerse respecto de la discusión en torno a la cuestión de la pena a imponer a las personas jurídicas u otros entes colectivos. Como recientemente ha aducido *Silva Sánchez* en contra de este modo de ver la problemática, partir conceptualmente "del colectivo" parece desembocar necesariamente en una transferencia de responsabilidad: en última instancia, esta línea de pensamiento conduciría, desde este punto de vista, a un mero *injusto de adhesión*.

"La cuestión es, sin embargo, si el injusto sistémico de la organización... constituye un injusto apto para ser imputado luego, por separado, a *cada miembro concreto* de la organización":[94] "en realidad, la lógica de la noción de 'injusto sistémico' conduce a una responsabilidad colectiva (...)",[95] es decir, a un modelo de transferencia de la responsabilidad (desde el colectivo al sujeto individual), de modo paralelo a la conocida formulación de la problemática en la doctrina crítica en el ámbito de la punibilidad de las personas jurídicas o empresas,[96] mientras que la perspectiva de la anticipación, que *Silva Sánchez* defiende, sí posibilitaría una verdadera responsabilidad personal, genuinamente derivada de un hecho propio.[97] En conclusión, la perspectiva prioritaria de la organización conduciría a un mero injusto por adhesión[98] sin referencia a la concreta realización (delictiva) del miembro, mediante la mera manifestación de la voluntad de pertenecer al grupo (por lo que, según *Silva Sánchez*, pasa a ser muy complicada la diferenciación entre un verdadero miembro [es decir, activo] y un miembro tan sólo formal, ya que estaríamos ante una responsabilidad derivada exclusivamente de la atribución de un mero estatus[99]), mientras que en este ámbito, el modelo de la anticipación puede fundamentar de modo coherente y sin mayores problemas la impunidad de la conducta meramente formal.[100] Si se parte del colectivo, afirma, en conclusión, *Silva Sánchez*, se trata de una responsabilidad prácticamente simbólica:[101] por ello – con base en la lógica interna de tal modelo de transferencia de responsabilidad – también debería ser posible la admisión de causas de extensión de la responsabilidad criminal (tentativa, participación).[102]

---

[94] Silva Sánchez, LH Ruiz Antón, p. 1076.
[95] *Ibidem*, nota 26.
[96] Silva Sánchez, LH Ruiz Antón, p. 1076 y ss., 1079 y s.
[97] Loc. cit., p. 1082 y ss.
[98] Loc. cit., p. 1080 y s.
[99] Loc. cit., p. 1088 con nota 56.
[100] Loc. cit., p. 1089.
[101] Loc. cit., p. 1080 y s.
[102] Loc. cit., p. 1081; de hecho, un modelo dogmático de estas características ha sido propuesto en la bibliografía española recientemente en la monografía de Pastor Muñoz (*Los delitos de posesión y los delitos de estatus*, p. 66 y ss., 69 y s., 78, 87, 89) al identificarse el mero acto de la integración en el colectivo es considerado – a título de "equivalente funcional" (sin que esta condición sea explicada) de una peligrosidad objetivamente demostrable – un acto de "manifestación" de peligrosidad subjetivo, y, con ello, una legitimación suficiente de la punición de la intervención en la asociación ilícita.

Lampe, por ejemplo, tan sólo indica al respecto que el ordenamiento jurídico no tiene en cuenta a estas organizaciones a efectos de reconocerlas como tales, y *"por ello"*[103] el Derecho penal se atiene a los miembros o intervinientes individuales. El reproche de una transferencia inexplicada, y, con ello, de una lesión del principio de culpabilidad (de responsabilidad personal) parece tener, entonces, peso.

Sin embargo, una consideración más detenida revela que el problema se presenta, en realidad, de otro modo. Como muestran numerosos ejemplos en nuestro entorno jurídico-político (y probablemente también el futuro europeo de países como España y Alemania, que aún se resisten), desde luego que el ordenamiento jurídico *puede* convertir a un colectivo (a una empresa) en un agente jurídico-penalmente relevante. De hecho, en la discusión teórico-dogmática al respecto han venido apareciendo últimamente con cada vez mayor vigor elaboraciones de diversa orientación que sostienen la posibilidad -la necesidad – de construir dogmáticamente un concepto de verdadera (auto-)responsabilidad empresarial, es decir, que pretenden abandonar el paradigma -en sentido amplio – de la dependencia de la comisión de delitos por parte de sujetos físicos (al servicio de la empresa) o de la empresa como dispositivo peligroso y sustituirlo por el de una verdadera responsabilidad personal originaria de la empresa.[104] Por ello, precisamente, los argumentos *en contra* de tal responsabilidad de la empresa están más bien en un plano político-criminal, y no tanto en el contexto de la argumentación puramente dogmática.[105] De hecho, son elementales consideraciones de política criminal las que hacen imposible tal reconocimiento en el caso de las organizaciones que pueden presentar su candidatura al estatus de una asociación criminal: no se trata aquí – como es el caso de las empresas que entran en consideración como posibles destinatarios de una pena a las personas jurídicas – de colectivos que, en principio, actúan – siempre que concurra una densidad suficiente de la organización – en la vida jurídica normal, sino de organizaciones frontalmente opuestas al ordenamiento jurídico, que por ello, precisamente, *no* son reconocidas por el Derecho como tales. Esto, sin embargo, no significa que su especial significado, su papel autónomo, no pueda ser aprehendido jurídico-penalmente.[106] Al contra-

---

[103] ZStW 106 (1994), p. 725, sin cursiva en el original.

[104] Cfr. sobre esta evolución sólo Heine, FS Lampe, p. 577 y ss., 583 y ss.; idem, en: Hettinger (ed.), *Verbandsstrafe*, p. 121 y ss., 124 y ss., 127 y ss.; Silva Sánchez, en: CGPJ (ed.), *Delincuencia informática*, p. 125 y ss.; Gómez-Jara Díez, *La culpabilidad penal de la empresa*, p. 179 y ss.

[105] Vid. en este sentido últimamente Mir Puig, RECPC 06 (2004) [http://criminet.ugr.es/recpc/]; Cancio Meliá, en: Mir Puig/Corcoy Bidasolo/Gómez Martín (ed.), *Nuevas tendencias*, p. 3 y ss. En este contexto, Jakobs (FS Lüderssen, p. 559 y ss., 560 con nota 7, 570 y ss.) ha mostrado de modo convincente que tal responsabilidad es incompatible con la comprensión habitual de la culpabilidad, basada en una identidad continuada en virtud de la existencia de autoconciencia.

[106] Es por ello que la terminología de la Ley, al hablar de asociaciones que "cometen delitos" (así lo hacen tanto el art. 515.1º CP como el § 129 StGB) no es "incompatible con el sistema" y, por ello, "vergonzosa" (así, sin embargo, Schroeder, *Die Straftaten gegen das Strafrecht*, p. 17), sino un indicio de que la significación del colectivo es aprehendida en la tipificación. En este sentido se puede entender también la disposición contenida en el art. 520 CP.

rio: si no se quiere aprehender cualquier círculo de estafadores o toda asociación de ladrones de gallinas, produciendo con ello una irrupción masiva del Derecho penal en la esfera ciudadana y convirtiendo, además, las reglas relativas a autoría y participación en letra muerta en extensos ámbitos, no hay otra alternativa que pensar en organizaciones – como exige con abrumadora mayoría la bibliografía específica de cierta profundidad[107] – que presenten una determinada estructura interna, una cierta densidad, a la hora de aprehender dogmáticamente el alcance del tipo.

La *praxis* demuestra que esto es, de hecho, lo que sucede en tiempos (y/o supuestos concretos) político-criminalmente más "tranquilos", a pesar de que la formulación del tipo permitiría una aplicación muchísimo más amplia y a pesar de que el legislador parece claramente orientado hacia una extensión de la utilización de los delitos de organización en la realidad de la persecución penal.[108] Es evidente que se plantean exigencias frente a la estructura interna de la organización y también frente a las infracciones instrumentales cometidas en su marco que son más estrictas de lo que podría implicar una mera lectura del tipo en su redacción literal, que parece destinado a aprehender cualquier asociación dedicada a la comisión de cualesquiera infracciones criminales: sólo así se puede comprender que las diligencias previas por estas infracciones, en su conjunto – referidas a todas las infracciones de (mera) pertenencia a una asociación ilícita – no sumen en España más de treinta actuaciones en el año 2006.[109] En este sentido, podía resumir *García-Pablos de Molina* ya hace más de treinta años la situación: "…los preceptos relativos a la delincuencia 'política'[110] se aplicaban, los que reprimen la delincuencia 'común', no".[111]

En estas organizaciones, sin embargo – sea una organización terrorista o una organización armada en el ámbito del tráfico de estupefaciente – no se ingresa rellenando un formulario y pagando la primera cuota, como en una asociación de criadores de hámsters. Como es sabido, estos grupos exigen mucho más de los candidatos a integrarse en ellas. Esta integración en una organización (que presente cierta densidad organizativa), como ha subrayado en particular *Jakobs*,[112] implica una pérdida de control del sujeto. Esta pérdida de control no sólo se refiere a posibles hechos individuales futuros, sino también afecta a la condición de miembro como tal: convierte en cierto modo la actuación colectiva de

---

[107] Vid. sólo Rudolphi, FS Bruns, p. 319 y s.; idem/Stein, *SK*[7], § 129 n.m. 6-6d; *S/S*[26]-Lenckner, § 129 n.m. 4; *NK*[2]-Ostendorf, § 129 n.m. 12, todos con ulteriores referencias; en España sigue siendo básico al respecto el análisis de García-Pablos de Molina, *Asociaciones ilícitas*, p. 234 y ss.

[108] Como muestra en el caso español la inclusión expresa en el año 2003 de las organizaciones criminales dedicadas a la comisión de meras faltas.

[109] Vid. *Memoria de la Fiscalía General del Estado*, 2006, Anexos estadísticos, Estado B.

[110] Las alternativas típicas de asociaciones prohibidas de orientación política ("prohibidas", "declaradas fuera de la Ley", subversivas, antinacionales, separatistas, partidos políticos…) introducidas por la dictadura en 1944.

[111] RGLJ LXXII (1976), p. 564.

[112] ZStW 97 (1985), p. 762 y ss., 765, 766; también Ziffer, *El delito de asociación ilícita*, p. 65 y s., considera decisivo este punto de vista.

la organización en la conducta de cada uno de los miembros. En este sentido, en este ámbito surge espontáneamente un paralelismo hacia la situación en la codelincuencia, y, en particular, respecto de la coautoría: en cierto modo, se produce aquí una condensación,[113] una cualificación,[114] respecto de una actividad en régimen de coautoría; se accede así a un plano superior, precisamente, al plano de la actuación colectiva. No hay en ello una transferencia injustificada de responsabilidad. La aportación personal del autor individual puede ser aprehendido jurídico-penalmente (de modo indirecto y estandarizado[115]) a través de la prestación de organización hecha a título de miembro del colectivo.[116]

Si se contempla el diagnóstico acabado de formular – la aprehensión del injusto de los delitos de organización como injusto *de la organización* y la posibilidad de su imputación a los intervinientes individuales – desde la perspectiva del principio del hecho, introducido en el presente ámbito con especial énfasis por *Jakobs*,[117] se observa que la integración en el colectivo comporta un desplazamiento de la definición de la "esfera privada". Las conversaciones informales entre personas (sin estar organizadas de modo permanente) deben ser consideradas estrictamente como pertenecientes a la esfera privada; se hallan antes de todo "hecho" (de una conducta externamente perturbadora que permita una indagación acerca de la esfera interna).[118] Sin embargo, si se utiliza una noción lo suficientemente coherente de organización y de la conducta de integración en ella, el ingreso en la asociación criminal es un comportamiento objetivamente fijado en su significado: no es necesario recurrir al contexto de planes internos, a los elementos internos del autor. De hecho, en aplicación de la institución de la prohibición de regreso[119] elaborada en el marco de la teoría general de la imputación objetiva, puede afirmarse que el agente que se integra en la organización lleva a cabo una conducta descrita *ex re* claramente como perturbadora: ha orientado, "adaptado" su comportamiento de tal modo que ya no es posible una interpretación como conducta irrelevante. Mientras que en el caso de la colaboración con la organización, cobrará especial importancia la elaboración del nivel del riesgo permitido en atención a la adecuación social del tipo de conducta en cuestión, en el ámbito de la integración en la organización delictiva – de nuevo sea dicho: si la

---

[113] "La participacion puede quedar condensada… institucionalmente hacia una perspectiva propia de la condición de miembro". (Jung, en: Eser/Huber/Cornils [ed.], *Einzelverantwortung und Mitverantwortung im Strafrecht*, p. 175 y ss., 185).

[114] "La comunidad de objetivos que se halla contenida en las formas accesorias del delito del partícipe puede realizarse de modo cualificado en los colectivos delincuentes de personas", Köhler, *AT*, p. 565.

[115] Habitualmente se suelen distinguir dos o tres niveles de intervención en la formulación típica: miembros con funciones directivas (o fundadores), miembros comunes y, a veces, miembros de relevancia secundaria.

[116] Similar es la aproximación ("accesoriedad de injusto referida en abstracto a la organización"), si bien manteniendo el requisito de una relación concreta a un hecho individual, propuesta por Köhler (*AT*, p. 567).

[117] ZStW 97 (1985), p. 752 y ss., 761.

[118] Jakobs, ZStW 97 (1985), p. 761 y ss.

[119] Cfr. Jakobs, ZStW 89 (1977), p. 1 y ss.; idem, AT^2, 7/56 y 21/14 y ss., 29/105a; idem, *La imputación objetiva*, p. 145 y ss.; vid. la exposición en Cancio Meliá, *Líneas básicas*, p. 81 y ss., con ulteriores referencias.

organización y el acto de integración se definen de modo adecuado – no planteará muchas dificultades en este punto.

3. Por consiguiente, la cualidad de las organizaciones que entran en consideración para integrar el tipo del delito de asociación ilícita que resulta decisiva en el presente contexto es la circunstancia de que actúan *en cuanto* colectivos. El miembro se integra precisamente en una organización;[120] esa integración le es imputable: le hace partícipe del colectivo. Desde esta perspectiva – las organizaciones en cuanto agente autónomo, no sólo como mero dispositivo peligroso – se abren nuevas posibilidades para examinar la específica significación para la definición de injusto de la existencia de *organizaciones*; pues como se verá, este específico significado sólo puede ser expresado, precisamente, por un colectivo.

4.2.3. Arrogación del monopolio estatal de la violencia

1. Con la exposición anterior se ha formulado la tesis de que resulta posible una imputación legítima de un injusto colectivamente realizado a los distintos intervinientes (siempre que se formule una definición suficientemente coherente tanto del colectivo como de la conducta de integración). Con ello, en cambio, nada se ha dicho respecto de cuál es la configuración concreta del injusto de tal colectivo (de la intervención en ésta). En este contexto, *Jakobs* se refiere al quebrantamiento de "normas de flanqueo", ya que, en su opinión, la intervención en la organización anuncia de modo sólo mediato la vulneración de normas principales. Por un lado, esta aproximación genera una conexión normativa hacia el dato fáctico de la específica peligrosidad de los colectivos; sin embargo, subraya en exceso la peligrosidad individual, y necesita por ello de precisiones.

2. ¿Qué significa la (mera) existencia de una organización típica en términos de injusto? Más allá del elemento de la especial peligrosidad del colectivo, o de referencias genéricas a la afectación a la "paz" o a la "seguridad", espontáneamente vienen a la memoria aquellas posiciones teóricas – en su mayoría, no pertenencientes a tiempos recientes – que explican el carácter lesivo de la existencia de la organización criminal en su condición de ataque al Estado o, más específicamente, al poder coactivo de éste.

Así, ya en una obra de *Berner* – con ocasión de la distinción entre las figuras históricas correspondientes de conspiración y banda – cabe apreciar con claridad que el significado específico de la organización, en su personalidad autónoma, afecta de modo directo al Estado: "Del mismo modo que los vicios introducen una desorganización en el microcosmos de la psique, la banda trae una desorganización a la vida de la mónada estatal".[121] La banda intenta "generar un organis-

---

[120] Que habrá de presentar, además de esa condición, otras características típicas, como a continuación se expone en el texto.

[121] *Die Lehre von der Theilnahme am Verbrechen*, p. 489.

mo lo más cerrado en sí mismo posible dentro del organismo del Estado".[122] Esta contrainstitución tiene necesariamente que entrar en colisión con la pretensión del Estado.[123]

Este punto de partida parece especialmente idóneo para abordar el problema que aquí interesa. Es aquí en donde está la dimensión específica del injusto de la asociación criminal: pretende ocupar un lugar (ilegítimo) en la vida pública. Por lo tanto, se trata de una *arrogación de organización* no sólo en el sentido de que se arroga una organización ajena, sino, además, que es una organización quien se la arroga: la organización delictiva se arroga el ejercicio de derechos pertenecientes al ámbito de soberanía del Estado. Sólo si se vincula de este modo la emergencia de la organización con el incremento fáctico de la peligrosidad que ésta supone, se percibe con claridad el específico significado de la actuación colectiva de las organizaciones criminales: pone en cuestión el *monopolio de la violencia* que corresponde al Estado.

Que esto es un verdadero desafío al Estado en su conjunto – no se trata de discutirle su capacidad de regular el calibre de la remolacha – es evidente y queda reflejado con toda claridad en el hecho de que el padre de este concepto de "monopolio de la violencia", *Max Weber*, lo asocie al mismo surgimiento, al concepto nuclear mismo de la noción moderna de Estado:

"Estado es aquella comunidad humana que dentro de un determinado territorio... pretende tener (con éxito) el monopolio de violencia física... [el Estado] se considera la única fuente del 'derecho' a la violencia".[124]

La definición del injusto de los delitos de organización como arrogación de funciones estatales parte de las propuestas formuladas en la doctrina en este ámbito en torno a la pretensión de respeto del Estados antes citadas; en particular, puede estimarse coincidente con la orientación dada a la definición en la bibliografía española por *García-Pablos de Molina*, que concreta el objeto de protección de los delitos de organización en "...el propio poder del Estado..., su primacía en cuanto institución política y jurídica".[125] Sin embargo, parece conveniente – como acaba de hacerse – proponer una ulterior concreción:[126] sólo los

---

[122] Op. cit., p. 490; vid. también p. 491.

[123] Cfr. en esta línea Maurach, *BT*⁵, p. 670 y s.; en Italia Patalano, *L'associazione criminale*, p. 152 y ss.; en España sigue a este último el monografista determinante, García-Pablos de Molina, *Asociaciones ilícitas*, p. 142 y ss.; en la bibliografía alemana actual aún Otto, *BT*⁷, 90/4; en parte coincide Hohmann, wistra 1992, p. 86 y s., 89 (pero yendo con toda claridad demasiado lejos en la interpretación restrictiva: de acuerdo con su posición, y con la mera referencia al origen histórico de la infracción, el § 129 StGB debería ser reservado exclusivamente para asociaciones "políticas o con motivación política"); vid., por lo demás, la extensa exposición de Langer-Stein, *Legitimation und Interpretation*, p. 104 y ss., con ulteriores referencias.

[124] *Wirtschaft und Gesellschaft*, 5ª ed. (a cargo de Winckelmann), 1985, p. 822; vid. también *ibidem* p. 516.

[125] *Asociaciones ilícitas*, p. 142; vid. también p. 144: "Con el delito de asociación ilícita trata nuestro Código de proteger la propia institución estatal, su hegemonía y poder, frente a cualquier otra organización que persiga fines contrarios y antitéticos a aquella".

[126] Vid., por todos, la crítica que en este sentido (se trataría de una definición demasiado genérica; esta crítica se produce en términos similares a la que habitualmente suele formularse en la doctrina alemana contra la opción

agentes colectivos peligrosos – en los términos en los que ello viene exigido por la doctrina mayoritaria – están en realidad en condiciones de plantear el desafío al Estado al que se refiere *García-Pablos de Molina*; sólo el ejercicio de una disciplina que incluya la actuación delictiva *violenta* (hacia dentro y hacia fuera de la organización) cuestiona realmente el papel del Estado, y por ello ataca específicamente el monopolio de la violencia establecido en su favor. Así se da un paso de concreción ulterior, al no hablarse con carácter general del "poder del Estado", sino del concreto aspecto del ejercicio exclusivo de la violencia.[127] Frente a esta ulterior concreción podría argumentarse que supone tan sólo una posición *de lege ferenda*, ya que – como es el caso tanto en el ordenamiento jurídico-penal español como en el alemán – no existe ninguna delimitación de los delitos que puede cometer la correspondiente asociación, es decir, que toda infracción criminal puede ser el objeto de la figura.[128] Sin embargo, es ésta una crítica que carece de excesivo peso en un ordenamiento jurídico-penal que – como antes se ha señalado – si bien presenta una tipificación omnicomprensiva, desde sus inicios ha generado una *praxis* de aplicación que – casos peculiares aparte – se restringe de hecho a organizaciones violentas. Precisamente en este momento de la evolución histórica en este terreno, con un protagonismo cada vez más acusado de diversas formas de "criminalidad organizada", y antes de que pueda cambiar la *praxis* aplicativa contenida que cabe apreciar hasta el momento, es urgente definir el alcance típico – siendo la mejor opción una redefinición legislativa, posibilidad que, sin embargo, parece poco probable – a través de una interpretación que, dentro del enorme alcance de la formulación típica, restrinja el ámbito de aplicación con base en el contenido de injusto.

Al tomar en consideración esta argumentación – que, como se ha dicho, no es nueva-, es cierto que las imágenes que evoca son más bien la del bandido-rebelde *Michael Kohlhaas* o la de los bandoleros del siglo XIX,[129] y no tanto la de una moderna organización terrorista o un cártel de drogas de hoy. Dicho brevemente: parece que tal determinación de la línea de ataque, generada por la referencia al monopolio de la violencia, resulta obsoleta, pues parece responder a un problema resuelto desde hace tiempo en las sociedades de Europa occidental: la completa penetración y el control exhaustivo del territorio por el poder estatal. Revitalizar la referencia a la protección del Estado puede parecer, en conclusión, innecesariamente arcaizante. En este sentido, por ejemplo, dice *Schroeder* que esta interpretación cuadraría mejor con la figura (obsoleta) del § 127 StGB (for-

---

por la "paz pública" en términos objetivos, dirige Guzmán Dálbora, RDPCr 2 (1998), p. 161 y ss., a la posición de García-Pablos de Molina. En todo caso, necesitará de una ulterior concreción operativa en la especie de delitos de organización que constituyen las infracciones de terrorismo; vid. *infra* en el texto.

[127] Apunta esta idea, en relación con las infracciones de terrorismo, Lamarca Pérez, ADPCP 1993, p. 551.

[128] Vid. en esta línea Guzmán Dálbora, RDPCr 2 (1998), p. 161 y ss.; en parte también González Rus en su crítica a la posición favorable a la supresión de la figura general de asociación para delinquir (AP 2000/2, p. 571 y ss.).

[129] Cfr. sólo las referencias en Lamarca Pérez, *Tratamiento jurídico del terrorismo*, p. 98 y ss.

mación de grupos armados[130]) que con los *modernos* delitos de organización.[131] Sin embargo, también puede pensarse que late un nuevo sentido en las viejas palabras "monopolio de la violencia", al igual que en los fenómenos que lo desafían. El espacio ilegítimamente pretendido por las organizaciones en cuestión no es territorial;[132] esta característica del modo de actuación de las organizaciones en cuestión se aprecia con particular claridad en el caso del terrorismo. El terrorismo es una estrategia de comunicación: se pretende atacar (más exactamente: provocar, desafiar) al poder del Estado.[133] Por lo tanto, la específica peligrosidad de las organizaciones terroristas está, entonces, más allá de las concretas lesiones de bienes jurídicos individuales, en un ataque (ideal) al Estado.[134]

3. Por lo tanto, respecto del terrorismo parece claro que se trata de un sistema *colectivo* que pretende arrogarse una posición propia en la *esfera pública*, concretamente, la utilización de cierta forma de violencia como elemento de comunicación política: sólo así, como magnitud autónoma, puede escenificar un verdadero desafío al Estado.

Por otra parte, parece que esta línea de análisis también es adecuada en el caso de las otras organizaciones criminales que pueden entrar en cuestión para su aprehensión por el delito de la asociación criminal. También aquí existe la adop-

---

[130] Cuya génesis se remonta a los primeros Códigos alemanes del siglo XIX – aparece hasta en el Derecho General para los territorios prusianos – y estaba destinado a garantizar no sólo la soberanía del Estado en el ámbito militar, sino también – como se refleja en la ubicación inicial entre los delitos "contra la seguridad exterior del Estado – a proteger la política exterior en lo que se refiere a la decisión de permanecer neutral en un conflicto; últimamente se ha aplicado, de modo muy ocasional, a grupos paramilitares de extrema derecha (vid. la información, por ejemplo, en *NK*²-Ostendorf, § 127 n.m. 2 y ss.; su época de auge estuvo en los años inmediatamente posteriores a la proclamación de la República de Weimar, cuando diversas bandas de soldados desmovilizados y coordinados en organizaciones de extrema derecha como *Stahlhelm* (casco de acero) realizaban incursiones y combates de gran entidad (vid. Ostendorf, op. cit., n.m. 4).

[131] *Straftaten gegen das Strafrecht*, p. 14; en sentido similar Langer-Stein, *Legitimation und Interpretation*, p. 107, 108 y s., quien, en un primer paso, detecta la institucionalización de la organización, pero opina que la necesidad de pena en términos de garantía del ejercicio exclusivo de la violencia por el Estado queda cubierta por el delito de coacciones; Müssig, *Schutz abstrakter Rechtsgüter und abstrakter Rechtsgüterschutz*, p. 211, considera que la argumentación de Schroeder constituye "la objeción decisiva" contra esta orientación en la definición del injusto.

[132] Al menos en las sociedades occidentales: ninguna organización terrorista con un programa separatista en Europa, ni el IRA (Irish Republican Army), ETA o el FLNC (Frente de Liberación Nacional Corso), ha pensado nunca seriamente en "liberar" físicamente una parte de la correspondiente patria (las estrategias del terrorismo son completamente distintas); ninguna banda delictiva "domina" en Europa más que algunos callejones en alguna gran ciudad.

[133] Vid. sobre los elementos políticos consustanciales al terrorismo de momento sólo la exposición de Lamarca Pérez, *Tratamiento jurídico del terrorismo*, p. 47 y ss., 76 y ss.

[134] Por ello, ha de parecer una opción ajena a la realidad y ideológicamente cargada la de prescindir por completo de los objetivos de la organización terrorista, como hace, por ejemplo, el legislador alemán, identificando a las organizaciones terroristas meramente a través del catálogo específico de infracciones a cometer a través de la organización terrorista (contemplada en el § 129a StGB, en contraposición a la asociación criminal "simple" del § 129 StGB): "Las asociaciones terroristas se diferencian 'en teoría' de las asociaciones criminales por la finalidad de cometer delitos especialmente graves... y en la *praxis*, por su motivación política". (Arzt/Weber, *BT*, 44/3). Aquí parece claro que se manifiesta un temor a conceder la etiqueta (posiblemente legitimam desde la perspectiva de los autores) de "criminalidad política"; vid., por ejemplo, los argumentos contra la identificación en la redacción típica de los fines políticos en Langer-Stein, *Legitimation und Interpretation*, p. 195 y s.

ción de una posición enfrentada al Estado – aunque sea con mucho mayor sigilo-, de nuevo, especialmente, pretendiendo tener el control del uso de la violencia, en ocasiones, construyendo un verdadero Estado paralelo.[135] Frente al Estado se plantea la arrogación del dominio al menos sobre el grupo (y, en su caso, su entorno subgrupal) mediante mecanismos coercitivos y, fuera del grupo, puntualmente mediante la comisión de actos de violencia penalmente tipificados. Por lo tanto, también las organizaciones criminales sin orientación política pueden ser vistas desde la perspectiva de un ataque al monopolio de la violencia por parte del Estado.

4. En conclusión, no se trata ni de aseguramiento fáctico ni de (sensaciones de) inseguridad fáctica. Siguiendo la imagen creada por *Hassemer* para la definición del concepto crítico de Derecho penal simbólico,[136] según la cual en el debate político-criminal intervienen tanto funciones manifiestas como latentes de la pena y las relaciones que ambas mantengan serán decisivas para evaluar la legitimidad de una incriminación, en el lado manifiesto ha de decirse con claridad que los efectos preventivos del Derecho penal son limitados y que en aquello que sí es posible, se puede dar una respuesta suficientemente clara con mucho menos Derecho penal. Frente a esto, el efecto preventivo (sencillamente inaprehensible en el plano empírico) de estas normas debería pasar a un segundo plano. Que el remanente de injusto suponga un injusto *parcial*, implique la lesión de un bien *anticipado* o infrinja una norma *flanqueante*, es decir, sea materialmente excepcional – dicho en la terminología de *Jakobs* – es algo que depende de la intensidad con la que en un determinado momento histórico, las organizaciones delictivas muestren la pretensión de ocupar espacio público. Esto, a su vez, depende de evoluciones o retrasos históricos respecto de los cuales que el Derecho penal carece de influencia.[137]

En todo caso, desde la perspectiva aquí adoptada, se trata de (re-)politizar los delitos de organización: pero ahora, en un marco legítimo; sin este elemento en la definición del injusto – plenamente incorporado, como se verá, a la regulación española de las infracciones de terrorismo – será inevitable una progresiva pérdida de contornos del alcance típico de los delitos de organización.

5. Consecuencias: puntos de partida

En la doctrina predominan los esfuerzos por recortar a través de interpretación el alcance de los delitos de organización a una medida racional (en com-

---

[135] Situación que en América latina no sólo se da en determinados segmentos del territorio colombiano (sea por la guerrilla o por fuerzas paramilitares), sino también en gran medida en el casco urbano de grandes ciudades brasileñas (controladas por organizaciones criminales asentadas en sectores de miseria). Con carácter general, vid. las referencias a este respecto recogidas por Sánchez García de paz, *Criminalidad organizada*, p. 63 y ss.

[136] NStZ 1989, p. 554 y ss.

[137] Vid. Jakobs, *AT²*, 2/25c.

paración con su potencial de aplicación con base en su redacción literal).[138] La concepción antes esbozada también puede servir a este objetivo. Si la definición del contenido de injusto de los delitos de organización se orienta – como aquí se ha propuesto – con base en la arrogación de organización colectiva cometida respecto del monopolio estatal de la violencia, desde el punto de vista político-criminal aparece la necesidad de desecar diveros segmentos de tipificación derivados de un aluvión no justificado. Como sucederá más adelante en lo que se refiere a la configuración concreta de los delitos de terrorismo, ha de advertirse que la presente perspectiva teórica en diversos aspectos no es compatible con la actual configuración típica de los delitos de organización. Mediante unas pocas tesis se formularán algunos puntos de partida a este respecto:

- La *pena* amenazada no puede ser tan drástica como la actualmente amenazada. Si de lo que se trata es (también) del significado colectivo de la organización, y no (sólo) de la prevención de hechos futuros, el sistema penal podrá contentarse con menos severidad: se trata de responder, no de inocuizar.
- Un elemento de definición típica que surge con especial fuerza del punto de partida aquí adoptado es la necesidad de delimitar claramente las *características* de las *organizaciones* que pueden ingresar en el ámbito típico: tal y como sucede en la *praxis*, no puede ser asociación criminal cualquier agrupación cuyo objeto sea la comisión de delitos. Para generar un potencial de amenaza que realmente pueda entenderse en términos de desafío del Estado, es necesario un determinado grado de fortaleza – de estructura interna – de la organización.
- También deriva con facilidad de la aproximación aquí seguida para la definición del injusto la necesidad de limitar mediante un *catálogo* las *infracciones* cuya comisión por parte de la asociación criminal justifica la incriminación autónoma de la intervención en la organización: al menos deberá formar parte de éstas la *violencia* dirigida por medios típicos *ad intra* o *ad extra*.
- La *conducta del miembro*, su integración en el colectivo, partiendo de la definición de injusto aquí propuesta, no puede quedar limitada a formas de integración "pasiva": los colectivos que presentan las características necesarias para suponer una puesta en cuestión del monopolio de violencia del Estado exigen una actualización clara y permanente de la pertenencia.
- Finalmente, la aproximación al injusto esbozada genera una fuerte tendencia hacia el recorte de las modalidades de conducta periféricas (colaboración externa o incluso modalidades de propaganda) a la integración en el colectivo: decidido el protagonismo del colectivo, la diferencia decisiva es si el sujeto se integra en la organización o no.

---

[138] En la doctrina española, merece especial atención el completo catálogo de propuestas de restricción presentado por Sánchez García de Paz, LH Barbero Santos, p. 678 y ss.

Bibliografía

ALEO, Salvatore. *Sistema penale e criminalità organizzata. Le figure delittuose associative*, 2ª ed., 2005.

ANTOLISEI, Francesco, y CONTI, Luigi. *Manuale di Diritto penale. Parte Speziale* II, 14ª ed., 2003 (cit.: Antolisei/Conti, *PS* II[14]).

ANTÓN, Tomás S. Vives; y MATEU, Juan Carlos Carbonell. "Delitos contra la Constitución", en: Vives Antón et al., *Derecho penal. Parte Especial*, 2004 (cit.: Vives Antón/Carbonell Mateu, en: Vives Antón, *PE*).

ARÁN, Mercedes García. Comentario a la sección segunda del cap. V del tít. XXII, "De los delitos de terrorismo", en: Córdoba Roda/García Arán (dir.) *et al.*, *Comentarios al Código penal. Parte Especial*, t. II, 2004, p. 2603 y ss. (cit.: García Arán, en: Córdoba Roda/García Arán, *ComCP PE II*).

ARZT, Gunther. *Der Ruf nach Recht und Ordnung. Ursachen und Folgen der Kriminalitätsfurcht*, 1976.

———, y WEBER, Ulrich. *Strafrecht Besonderer Teil. Lehrbuch*, 2000 (cit.: Arzt/Weber, *BT*).

BASOCO, Juan Terradillos. *Terrorismo y Derecho. Comentario a las LL.OO. 3 y 4/1988, de reforma del Código Penal y de la Ley de Enjuiciamiento Criminal*, 1988 (cit.: Terradillos Basoco, *Terrorismo y Derecho*).

BATARRITA, Adela Asúa. "El discurso del enemigo y su infiltración en el derecho penal. Delitos de terrorismo, 'finalidades terroristas' y conductas periféricas", en: Cancio Meliá/Gómez-Jara Díez (ed.), *Derecho penal del enemigo. El discurso penal de la exclusión*, en prensa para ed. BdeF (Montevideo) y Edisofer (Madrid) (6/2006) (cit.: Asúa Batarrita, en: Cancio Meliá/Gómez-Jara Díez, *Derecho penal del enemigo*).

BECK, Wolfgang. Unrechtsbegründung und Vorfeldkriminalisierung. Zum Problem der Unrechtsbegründung im Bereich vorverlegter Strafbarkeit – erörtert unter besonderer Berücksichtigung der Deliktstatbestände des politischen Strafrechts, 1992 (cit.: Beck, *Unrechtsbegründung und Vorfeldkriminalisierung*).

BERNER, Albert Friedrich. *Die Lehre von der Theilnahme am Verbrechen und die neueren Controversen über Dolus und Culpa*, 1847 (reimpresión 1968).

von BUBNOFF, Eckhart. Comentario previo a los §§ 125 y ss.; comentario a los §§ 129 y ss., en: *StGB. Leipziger Kommentar. Großkommentar*, 11ª edición (cit.: *LK*[11]-v. Bubnoff).

CABANA, Patricia Faraldo. "Medidas premiales durante la ejecución de condenas por terrorismo y delincuencia organizada: consolidación de un subsistema penitenciario de excepción", en: Cancio Meliá/Gómez-Jara Díez (ed.), *Derecho penal del enemigo. El discurso penal de la exclusión*, vol. 1, p. 757 y ss. (cit.: Faraldo Cabana, en: Cancio Meliá/Gómez-Jara Díez, *Derecho penal del enemigo 1*).

CALÓN, Eugenio Cuello. *Derecho penal.* t. II. *Parte Especial*, 3ª ed., 1936 (cit.: Cuello Calón, *PE*[3]).

CANUT, Josep Miquel Prats. "Comentarios a los delitos de terrorismo", en: Quintero Olivares (dir.)/Morales Prats (coord.) *et al.*, *Comentarios a la Parte Especial del Código penal*, 5ª ed., 2005, p. 2089 y ss. (cit.: Prats Canut, en: Quintero Olivares/Morales Prats, *ComPE*[5]).

CHERIF BASSIOUNI, M. (ed.). *La cooperazione internazionale per la prevenzione e la repressione della criminalitá organizzata e del terrorismo*, 2005.

COBLER, Sebastian. "Plädoyer für die Streichung der §§ 129, 129a StGB. Zur Revision der 'Anti-Terrorismus-Gesetze'", en: *Kritische Justiz* 1984, p. 407 y ss.

CONDE, Francisco Muñoz. *Derecho Penal, Parte Especial*, 15ª edición, revisada y puesta al día, 2004 (cit.: Muñoz Conde, *PE*[15]).

CONTRERAS, Guillermo Portilla. "Delitos contra la Constitución (V). Delitos relativos al ejercicio de los derechos fundamentales y libertades públicas, y al deber del cumplimiento de la prestación social sustitutoria (II)", en: Cobo del Rosal (dir.) *et al.*, *Curso de Derecho penal español*. Parte Especial, II, 1997, p. 701 y ss. (cit.: Portilla Contreras, en: Cobo del Rosal, *Curso PE II*).

DÁLBORA, José Luis Guzmán. "Objeto jurídico y accidentes del delito de asociaciones ilícitas", en: RDPCr 2 (1998), p. 153 y ss.

DIAS, Jorge de Figueiredo. Comentario al art. 299, en: idem (dir.) *et al.*, *Comentário Conimbricense do Código Penal*. Parte Especial, t. 2, p. 1157 (cit.: de Figueiredo Dias, *ComConCP 2*).

DÍEZ, Carlos Gómez-Jara. *La culpabilidad penal de la empresa*, 2006.

DUEÑAS, Angel de Sola. "Delitos de terrorismo y tenencia de explosivos (sección segunda del capítulo VIII del título XVIII del libro II de la Propuesta de Anteproyecto de nuevo Código penal de 1983", en: *Documentación Jurídica* 37/40, Monográfico dedicado a la PANCP, vol. 2 (1983), p. 1224 y ss. (cit.: de Sola Dueñas, DJ 37/40 (1983) vol. 2).

FELSKE, Karsten. *Kriminelle und terroristische Vereinigungen – §§ 129, 129a StGB. Reformdiskussion und Gesetzgebung seit dem 19. Jahrhundert*, 2002.

FERRAJOLI, Luigi. *Derecho y razón. Teoría del garantismo penal*, 1995.

FISCAL GENERAL DEL ESTADO. *Memoria elevada al Gobierno de S.M. presentada al inicio del año judicial por el Fiscal General del Estado. Anexos estadísticos*, 2006.

FISCHER, Thomas. Comentario a los §§ 129, 129a StGB, en: Tröndle/Fischer, *Strafgesetzbuch und Nebengesetze*, 53ª ed., 2006 (cit.: Tröndle/Fischer, *StGB*[53]).

FÜRST, Martin. *Grundlagen und Grenzen der §§ 129, 129a StGB. Zu Umfang und Notwendigkeit der Vorverlagerung des Strafrechtsschutzes bei der Bekämpfung krimineller und terroristischer Vereinigungen*, 1989 (cit.: Fürst, *Grundlagen und Grenzen*).

GIEHRING, Heinz. "Politische Meinungsäußerung und die Tatmodalitäten des Werbens und der Unterstützung in den §§ 129, 129a StGB", en: StV 1983, p. 296 y ss.

GÓMEZ, Alfonso Serrano; y Serrano Maíllo, Alfonso. *Derecho penal. Parte Especial*, 10ª ed., 2005 (cit: Serrano Gómez/Serrano Maíllo, *PE*[10]).

HASSEMER, Winfried. "Symbolisches Strafrecht und Rechtsgüterschutz", en: NStZ 1989, p. 553 y ss.

HEFENDEHL, Roland. *Kollektive Rechtsgüter im Strafrecht*, 2002.

HEINE, Günter. "Modelle originärer (straf-)rechtlicher Verantwort-lichkeit von Unternehmen", en: Hettinger (ed.), *Reform des Sanktionsrechts*, t. III: *Verbandsstrafe*, 2002, p. 121 y ss. (cit.: Heine, en: Hettinger (ed.), *Verbandsstrafe*).

———. "Kollektive Verantwortlichkeit als neue Aufgabe im Spiegel der aktuellen europäischen Entwicklung", en: Dölling (ed.), *Jus Humanum. Festschrift für Ernst-Joachim Lampe zum 70. Geburtstag*, 2003, p. 577 y ss. (cit.: Heine, FS Lampe).

HERNÁNDEZ, Roberto Hernández. Comentario a los delitos de terrorismo, en: Conde-Pumpido Ferreiro (dir.), *Código penal. Doctrina y jurisprudencia*, t. III, art. 386 a disposiciones finales, 1997, p. 4876 y ss. (cit.: Hernández Hernández, *CP-DyJ III*).

HOFMANN, Manfred. Comentario al auto del OLG Düsseldorf de 15.9.1997, en: NStZ 1998, p. 249 y s.

HOHMANN, Olaf. "Zur eingeschränkten Anwendbarkeit von § 129 StGB auf Wirtschaftsdelikte", en: wistra 1992, p. 85 y ss.

JAKOBS, Günther. "Regreßverbot beim Begehungsdelikt", en: ZStW 89 (1977), p. 1 y ss.

———. "Kriminalisierung im Vorfeld einer Rechtsgutsverletzung", en: ZStW 97 (1985), p. 751 y ss.

———. *Stafrecht, Allgemeiner Teil. Die Grundlagen und die Zurechnungslehre. Lehrbuch*, 2ª ed., 1991 (cit.: Jakobs, *AT*[2]).

——. *La imputación objetiva en Derecho penal*, 1996.
——. "Strafbarkeit juristischer Personen?", en: Prittwitz *et al.* (ed.), *Festschrift für Klaus Lüderssen*, 2002, p. 559 y ss. (cit.: Jakobs, FS Lüderssen).
——. *Die staatliche Strafe: Bedeutung und Zweck*, 2004 (cit.: Jakobs, *Die staatliche Strafe*).
——. "Feindstrafrecht und Bürgerstrafrecht", HRRS 3/2004.
——. "Terroristen als Personen im Recht?", en: ZStW 117 (2005), p. 839 y ss. (= en: Jakobs/Cancio Meliá, *Derecho penal del enemigo*, 2ª ed., 2006, p. 56 y ss.).
——. "La pena como reparación del daño", en: *Dogmática y criminología. Dos visiones complementarias del fenómeno delictivo. Homenaje a Alfonso Reyes Echandía*, 2005, p. 339 y ss. (cit.: Jakobs, LH Reyes Echandía).
——. "¿Derecho penal del enemigo? Un estudio acerca de los presupuestos de la juridicidad", en: Cancio Meliá/Gómez-Jara Díez (coord.), *Derecho penal del enemigo. El discurso penal de la exclusión*, vol. 2, 2006, p. 93 y ss.
JUNG, Heike. "Begründung, Abbruch und Modifikation der Zurechnung beim Verhalten mehrerer", en: Eser/Huber/Cornils (ed.), *Einzelverantwortung und Mitverantwortung im Strafrecht*, 1998, p. 175 y ss.
KINDHÄUSER, Urs. *Strafrecht Besonderer Teil I*, 2ª ed., 2005 (cit.: Kindhäuser, *BT I*).
KÖHLER, Michael. *Strafrecht Allgemeiner Teil*, 1997 (cit.: Köhler, *AT*).
KRÜGER, Matthias. *Die Entmaterialisierungstendenz beim Rechtsgutsbegriff*, 2000.
KÜHL, Kristian. Comentario al $ 129, en: Lackner/Kühl, *Strafgesetzbuch. Kommentar*, 25ª ed., 2004 (cit.: Lackner/Kühl, *StGB*[25]).
KUNZ, Karl Ludwig. "Kriminalwissenschaften und gesellschaftliche Sicherheit", en: *Gedächtnisschrift für Ellen Schlüchter*, 2002, p. 727 y ss. (cit.: Kunz, GS Schlüchter).
LAMPE, Hans-Joachim. "Systemunrecht und Unrechtssysteme", en: ZStW 106 (1994), p. 683 y ss.
LANGER-STEIN, Rose. *Legitimation und Interpretation der strafrechtlichen Verbote krimineller und terroristischer Vereinigungen (§§ 129, 129a StGB)*, 1987 (cit.: Langer-Stein, *Legitimation und Interpretation*).
LENCKNER, Theodor. Comentario a los §§ 129 y ss. StGB, en: Schönke/Schröder, *Kommentar zum Strafgesetzbuch*, 26ª ed., 2001 (cit.: *S/S*[26]-Lenckner).
MALABAT, Valérie. *Droit pénal spécial*, 2005 (cit.: Malabat, *DPS*).
MASSARI, Monica. "Transnational organized crime between myth and reality: the social construction of a threat", en: Allum/Siebert (ed.), *Organized Crime and the Challenge to Democracy*, 2003, p. 55 y ss.
MARTÍN, Joaquín Delgado. *La criminalidad organizada (Comentarios a la LO 5/99, de 13 de enero, de modificación de la Ley de Enjuiciamiento Criminal en materia de perfeccionamiento de la acción investigadora relacionada con el tráfico ilícito de drogas y otras actividades ilícitas graves)*, 2001.
MATEU, Juan Carlos Carbonell. "Observaciones en torno al proyecto de Ley sobre reforma del Código penal en relación a los delitos cometidos con ocasión del ejercicio de los derechos fundamentales y libertades públicas", en: *Documentación Jurídica* 37/40, Monográfico dedicado a la PANCP, vol. 2 (1983), p. 1277 y ss. (cit.: Carbonell Mateu, DJ 37/40 (1983) vol. 2).
MAURACH, Reinhart. *Deutsches Strafrecht Besonderer Teil*, 5ª ed., 1969 (cit.: Maurach, *BT*[5]).
MELIÁ, Manuel Cancio. Comentarios a los delitos contra la Constitución y de terrorismo, en: Rodríguez Mourullo (dir.)/Jorge Barreiro (coord.) *et al.*, *Comentarios al Código penal*, 1997 (cit.: Cancio Meliá, en: Rodríguez Mourullo/Jorge Barreiro, *ComCP*).
——. *Líneas básicas de la teoría de la imputación objetiva*, 2001 (cit.: Cancio Meliá, *Líneas básicas*).

——. "'Derecho penal del enemigo' y delitos de terrorismo. Algunas consideraciones sobre la regulación de las infracciones en materia de terrorismo en el Código penal español después de la LO 7/2000", en: JpD 44 (2002), p. 19 y ss.

——. "Feind'strafrecht'?", en: ZStW 117 (2005), p. 267 y ss.

——. "¿Responsabilidad penal de las personas jurídicas? Algunas consideraciones sobre el significado político-criminal del establecimiento de responsabilidad criminal de la empresa", en: Mir Puig/Corcoy Bidasolo (dir.)/Gómez Martín (coord.), *Nuevas tendencias en Política Criminal. Una auditoría al Código Penal español de 1995*, 2006, p. 3 y ss.

——. "[De nuevo:] ¿'Derecho penal' del enemigo?", en: Jakobs/Cancio Meliá, *Derecho penal del enemigo*, 1ª ed., 2003, p. 57 y ss.; 2ª ed. [], 2006, p. 85 y ss. (cit.: Cancio Meliá, en: Jakobs/Cancio Meliá, *Derecho penal del enemigo*[1,2]).

—— y Feijoo Sánchez, Bernardo. "¿Prevenir riesgos o confirmar normas? La teoría funcional de la pena de Günther Jakobs", estudio preliminar a Jakobs, *La pena estatal: significado y finalidad*, 2006.

MIEBACH, Klaus; y SCHÄFER, Jürgen. Comentario a los $$ 129, 129a StGB, en: *Münchener Kommentar zum Strafgesetz*, tomo 2/2, 2005 (cit.: MüKo-Miebach/Schäfer).

MILITELLO, Vincenzo; y HUBER, Barbara (ed.). *Towards a European Criminal Law Against Organised Crime*, 2001.

MIR PUIG, Santiago. "Una tercera vía en materia de responsabilidad penal de las personas jurídicas", en: Universidad Nacional Mayor de San Marcos [ed.], *XVI Congreso Latinoamericano de Derecho penal y Criminología*, 2004, p. 355 y ss. [= RECPC 06 (2004) http://criminet.ugr.es/recpc/].

MOCCIA, Sergio. *La perenne emergenza. Tendenze autoritarie nel sistema penale*, 2ª ed., 1997 (cit.: Moccia, *La perenne emergenza*[2]).

MOLINA, Antonio García-Pablos de. "El bien jurídico protegido en los delitos de asociaciones ilícitas y, particularmente, en la llamada asociación criminal", en: RGLJ LXXII (1976), p. 563 y ss.

——. *Asociaciones ilícitas en el Código penal*, 1977 (cit.: García-Pablos de Molina, *Asociaciones ilícitas*).

——. "Asociaciones ilícitas y terroristas", en: Cobo del Rosal (dir.)/Bajo Fernández (coord.) *et al.*, *Comentarios a la Legislación penal*, t. II, El Derecho penal del Estado democrático, 1983 (cit.: García-Pablos de Molina, *ComLP II*).

——. "Colaboración con bandas o grupos armados" en: Cobo del Rosal (dir.)/Bajo Fernández (coord.) *et al.*, *Comentarios a la Legislación penal*, t. II, El Derecho penal del Estado democrático, 1983, p. 155 y ss. (cit.: García-Pablos de Molina, *ComLP II*).

MUÑOZ, Nuria Pastor. *Los delitos de posesión y los delitos de estatus: una aproximación político-criminal y dogmática*, 2005 (cit.: Pastor Muñoz, *Los delitos de posesión y los delitos de estatus*).

MÜSSIG, Bernd J. A. *Schutz abstrakter Rechtsgüter und abstrakter Rechtsgüterschutz (Zu den materiellen Konstitutionskriterien sog. Universalrechtsgüter und deren normentheoretischem Fundament – am Beispiel der Rechtsgutsbestimmung für die §§ 129, 129 a und 324 StGB)*, 1994 (cit.: Müssig, *Schutz abstrakter Rechtsgüter und abstrakter Rechtsgüterschutz*).

NAUCKE, Wolfgang. *Strafrecht. Eine Einführung*, 9ª edición, 2000 (cit.: Naucke, *Einführung*[9])

NAVARRETE, Miguel Polaino. "Delitos contra el orden público (V). Delitos de terrorismo", en: Cobo del Rosal (dir.) *et al.*, *Curso de Derecho penal español. Parte Especial*, II, 1997, p. 901 y ss. (cit.: Polaino Navarrete, en: Cobo del Rosal, *Curso PE II*).

OLIVARES, Gonzalo Quintero. "La criminalidad organizada y la función del delito de asociación ilícita", en: Ferré Olivé/Anarte Borrallo (ed.), *Delincuencia organizada. Aspectos penales, procesales y criminológicos*, 1999, p. 177 y ss. (cit.: Quintero Olivares, en: Ferré Olivé/Anarte Borrallo, *Delincuencia organizada*).

NAVARRO, Susana Soto. *La protección penal de los bienes colectivos en la sociedad moderna*, 2003.

OSTENDORF, Heribert. "Verteidigung am Scheideweg", en: JZ 1979, p. 252 y ss.

——. "Entwicklungen in der Rechtsprechung zur 'Bildung krimineller bzw. terroristischer Vereinigungen' §§ 129, 129a StGB", en: JA 1980, p. 499 y ss.

——. Comentario a los §§ 123 y ss., en: Kindhäuser/Neumann/Paeffgen (ed.), *Nomos-Kommentar Strafge-setzbuch*, tomo 1, 2ª ed., 2005 (cit.: *NK²*-Ostendorf).

OTTO, Harro. *Grundkurs Strafrecht. Die einzelnen Delikte*, 7ª ed., 2005 (cit.: Otto, *BT⁷*).

PATALANO, Vincenzo. *L'associazione criminale*, 1971.

PAZ, María Isabel Sánchez García de. "Función político-criminal del delito de asociación para delinquir: desde el Derecho penal político hasta la lucha contra el crimen organizado", en: Arroyo Zapatero *et al.* (ed.)/Nieto Martín (coord.), *Homenaje al Dr. Marino Barbero Santos* in memoriam, vol. II, 2001, p. 645 y ss. (cit.: Sánchez García de Paz, LH Barbero Santos).

——. *La criminalidad organizada. Aspectos penales, procesales, administrativos y policiales*, 2005 (cit.: Sánchez García de Paz, *La criminalidad organizada*).

PÉREZ, Carmen Lamarca. *Tratamiento jurídico del terrorismo*, 1985.

——. "Sobre el concepto de terrorismo (a propósito del caso Amedo)", en: ADPCP 1993, p. 535 y ss.

RAMOS, Enrique Peñaranda; GONZÁLEZ, Carlos Suárez; y MELIÁ, Manuel Cancio. *Un nuevo sistema del Derecho penal. Consideraciones sobre la teoría de la imputación de Günther Jakobs*, 1998 (cit.: Peñaranda Ramos/Suárez González/Cancio Meliá, *Un nuevo sistema*).

RODA, Juan Córdoba. Comentario a los delitos contra la seguridad interior del Estado, en: idem, *Comentarios al Código penal*, 1978, t. III (cit.: Córdoba Roda, *ComCP III*).

RODRÍGUEZ-VILLASANTE y PRIETO, José Luis. "Colaboración con bandas armadas, terroristas o rebeldes", en: Cobo del Rosal (dir.)/Bajo Fernández (coord.), *Comentarios a la Legislación Penal*. t. XI. *La reforma penal y procesal sobre los delitos de bandas armadas, terrorismo y rebelión*, 1990, p. 121 y ss. (cit.: Rodríguez-Villasante y Prieto, *ComLP XI*).

ROXIN, Claus. *Strafrecht Allgemeiner Teil*. t. I *Grundlagen. Der Aufbau der Verbrechenslehre*, 4ª ed., 2006 (cit.: Roxin, *AT I⁴*).

RUDOLPHI, Hans-Joachim. "Verteidigerhandeln als Unterstützung einer kriminellen oder terroristischen Vereinigung i. S. der $$ 129 und 129a StGB", en: Frisch/Schmid (ed.), *Festschrift für Hans-Jürgen Bruns zum 70. Geburtstag*, 1978, p. 315 y ss. (cit.: Rudolphi, FS Bruns).

——. "Notwendigkeit und Grenzen einer Vorverlagerung des Strafrechtsschutzes im Kampf gegen den Terrorismus", en: ZRP 1979, p. 214 y ss.

RUDOLPHI, Hans-Joachim, y STEIN, Ulrich. Comentario a los §§ 129 y ss., en: *Systematischer Kommentar zum Strafgesetzbuch*, 7ª ed. (cit.: *SK⁷*-Rudolphi/Stein).

RUS, Juan José González. "Asociación para delinquir y criminalidad organizada (sobre la propuesta de desaparición del delito basada en una peculiar interpretación de la STS de 23 de octubre de 1997 – caso Filesa-)", en: AP 2000/2, p. 561 y ss.

SÁNCHEZ, Jesús-María Silva. *La expansión del Derecho penal. Aspectos de la política criminal en las sociedades postindustriales*, 2ª ed., 2001 (cit.: Silva Sánchez, *Expansión²*).

——. "La responsabilidad penal de las personas jurídicas en el Convenio del Consejo de Europa", en: CGPJ (ed.), *Delincuencia informática. Problemas de responsabilidad*, 2002, p. 125 y ss. (cit.: Silva Sánchez, en: CGPJ (ed.), *Delincuencia informática*).

——. "¿'Pertenencia' o 'intervención'? Del delito de 'pertenencia a una organización' a la figura de la 'participación a través de organización' en el delito", en: Octavio de toledo y Ubieto/Gurdiel Sierra/Cortés Bechiarelli (coord.), *Estudios penales en recuerdo del profesor Ruiz Antón*, 2004, p. 1069 y ss. (cit.: Silva Sánchez, en: LH Ruiz Antón).

——. Recensión a: Jakobs, *La pena estatal: significado y finalidad*, 2006, en: InDret 4/2006, 377 (www.indret.com)

SCHEIFF, Bernd. *Wann beginnt der Strafrechtsschutz gegen kriminelle Vereinigungen (§ 129 StGB)?*, 1997 (cit.: Scheiff, *Strafrechtsschutz gegen kriminelle Vereinigungen*).

SCHMIDHÄUSER, Eberhard. *Strafrecht Besonderer Teil*, 2ª ed., 1983 (cit.: Schmidhäuser, *BT*[2]).

SCHMIDT, Eberhard. *Einführung in die Geschichte der deutschen Strafrechtspflege*, 3ª ed., 1983 (reimpresión 1995) (cit.: Schmidt, *Einführung*[3]).

SCHROEDER, Friedrich-Christian. *Die Straftaten gegen das Strafrecht*, 1985.

STRATENWERTH, Günter; y KUHLEN, Lothar. *Strafrecht Allgemeiner Teil*, 5ª ed., 2005 (cit.: Stratenwerth/Kuhlen, *AT*[5]).

SUMALLA, Josep Maria Tamarit. "Comentarios a los delitos relativos al ejercicio de los derechos fundamentales y libertades públicas", en: Quintero Olivares (dir.)/Morales Prats (coord.) *et al.*, *Comentarios a la Parte Especial del Código penal*, 5ª ed., 2005, p. 1916 y ss. (cit.: Tamarit Sumalla, en: *ComPE*[5]).

WELZEL, Hans. "Studien zum System des Strafrechts", en: ZStW 58 (1939), p. 491 y ss.

VARGAS, Rafael Rebollo. Comentario al cap. IV del tít. XXI, "De los delitos relativos al ejercicio de los derechos fundamentales y de las libertades públicas", en: Córdoba Roda/García Arán (dir.) *et al.*, *Comentarios al Código penal. Parte Especial*, t. II, 2004, p. 2424 y ss. (cit.: Rebollo Vargas, en: Córdoba Roda/García Arán, *ComCP PE II*).

VÉRON, Michel. *Droit pénal spécial*, 11ª ed., 2006 (cit.: Véron, *DPS*[11]).

ZAPATERO, Luis Arroyo. *et al.*, *La reforma del Código penal tras diez años de vigencia*, 2006.

ZIFFER, Patricia S. *El delito de asociación ilícita*, 2005.

— IV —

Estratégias politico criminales en la persecucíon y sanción la criminalidad organizada. El modelo de Colombia en este ámbito

PAULA ANDREA RAMÍREZ BARBOSA

Procuradora Delegada en Asuntos Penales. Colombia. Doctora en Derecho por la Universidad de Salamanca. Profesora Derecho penal Universidad de Salamanca España y Universidad Externado de Colombia.

Sumario: 1. Introducción; 2. El concepto de criminalidad organizada como punto de partida en la delimitación del problema; 2.1. Aproximación a la perspectiva socio jurídica de la criminalidad organizada; 2.2. Alusión a los efectos económicos de la criminalidad organizada; 3. Instrumentos internacionales en la lucha contra la criminalidad organizada; 3.1. Las actividades contra el crimen organizado de naciones unidas; 3.2. La lucha contra la criminalidad organizada en la Unión Europea; 3.2.1. Instrumentos contra el crimen organizado del consejo de Europa; 3.3. La propuesta norteamericana con la Racketeer Influenced and Corrupt Organizations Law; 4. Medidas previstas en el ordenamiento jurídico colombiano en la lucha contra el crimen organizado; 4.1. La problemática colombiana y la criminalidad organizada; 4.1.1. Los instrumentos jurídicos en el ordenamiento colombiano en la lucha contra la criminalidad organizada; 4.2. Instrumentos procesales en la lucha contra la criminalidad organizada en Colombia; 4.2.1. La extinción del derecho de dominio: principales generalidades; 4.2.2. El procedimiento de Extinción del derecho de dominio previsto en la Ley 1708 de 2014; 4.2.3. El comiso; 4.2.4. El embargo y secuestro de bienes; 4.2.5. Suspensión y cancelación de la personería jurídica; 4.2.6. Prohibición de enajenar; 4.2.7. Allanamientos especiales; 4.2.8. Retención de correspondencia; 4.2.9. Interceptación de comunicaciones; 4.2.10. Recuperación de información dejada al navegar por internet u otros medios tecnológicos que produzcan efectos equivalentes; 4.2.11. Vigilancia y seguimiento de personas; 4.2.12. Vigilancia de cosas; 4.2.13. Análisis e infiltración de organización criminal; 4.2.14. Actuación de agentes encubiertos. Referencia al agente provocador; Referencia al agente provocador; 4.2.15. Entrega vigilada; 4.2.16. Búsqueda selectiva en bases de datos; 4.2.17. Exámenes de ADN que involucren alindiciado o al imputado; 4.2.18. La protección de victimas y testigos a cargo de la fiscalía general de la nación; 4.2.19. Inversión excepcional de la carga de la prueba; 4.2.20. Preacuerdos y negociaciones entre la fiscalía, el imputado y el acusado; 4.2.21. Rebajas por allanamiento de cargos; 4.2.22. El principio de oportunidad; 4.2.23. Allanamientos y registros; 4.3. Algunas medidas administrativas en la lucha contra la criminalidad organizada; 4.3.1. Levantamiento de secreto bancario y medias de facilitación de las investigaciones financieras en el patrimonio de una organización criminal; 4.3.2. Unidad de Información y Análisis financiero; 4.4. La cooperación internacional en la lucha contra la criminalidad organizada; 5. El principio de precaución y su impacto en la persecución del crimen organizado; 6. Priorización de los crímenes vinculados a la delincuencia organizada y nuevas estrategias en su detección y persecución; 7. Conclusiones.

1. Introducción

La delincuencia organizada como fenómeno criminal ha preocupado y continúa inquietando a la mayor parte de los países, no solo por los efectos nocivos que le son propios, sino además por sus consecuencias colaterales en la economía, política y desarrollo social de los Estados que resultan afectados por sus diversas manifestaciones. En la actualidad no es fácil considerar que un país se encuentra a salvo o blindado contra la macrocriminalidad, todo lo contrario, el propio desarrollo de las sociedades actuales vinculado con los efectos de la globalización, ha generado paralelamente el expansionismo del fenómeno criminal en buena parte trasnacional, multidimensional, y que se vale de los medios electrónicos y digitales para garantizar su consumación.

La lucha contra la criminalidad a gran escala, no sólo por su carácter organizado, sino además por su dinamismo y dificultad de persecución, descubrimiento y prueba, ha motivado a la comunidad internacional a la adopción de diversos instrumentos legales encaminados a prevenir y sancionar las conductas criminales de carácter organizado. Así, los instrumentos internacionales han incidido en los ordenamientos jurídicos internos, los cuales han tenido que impulsar reformas para incorporar recomendaciones encaminadas a la lucha contra la delincuencia de carácter organizado y trasnacional.

Es innegable, que la persecución de la criminalidad organizada y en particular, de uno de los fenómenos más destacados por sus efectos e impacto en las sociedades que resultan afectadas por este: el terrorismo, tuvo como punto de inflexión los acontecimientos sucedidos en el World Trade Center de New York y el pentágono, el fatídico 11 de septiembre de 2001, a partir de dicho momento se potenciaron los alcances restrictivos de ciertas normas internacionales, destinadas en particular a robustecer los instrumentos punitivos en la lucha contra el fenómeno criminal de efectos globales y consigo, el fortalecimiento de medidas restrictivas de derechos y garantías.[1] Todo ello, ha supuesto un incremento de los baremos sancionadores para combatir las formas más graves en las que se expresa el crimen organizado, y también al robustecimiento de medidas al interior de los Estados que persiguen dotar sus sistemas nacionales con un mayor catálogo

---

[1] Resulta preciso señalar, que el fenómeno criminal terrorista a gran escala se venia presentando con anterioridad como aconteció con los atentados de Oklahoma en los EEUU, Bali, Hipercor en Barcelona, el narcoterrorismo que afectó a Colombia en la década de los ochenta entre otros. Sin embargo, a partir del 11 de septiembre la amenaza terrorista en el mundo se percibe con mayor dimensión. A ello, debe sumarse los atentados de Madrid del 11 de marzo de 2004, y los atentados de Londres de julio del mismo año. La sensación de terror se ha vivido con mayor gravedad en países en conflicto como Irak, Afganistán e Israel. Sin ser ajenos a la situación actual de diversas formas de terrorismo yidahista, con efectos en países del medio oriente, e inclusive con efectos concretos en los conocidos países de occidente.

de delitos y el establecimiento de medidas procesales que resulten comunes a los países del entorno, para de este modo pretender garantizar reglas similares que faciliten la persecución de las redes organizadas y el sometimiento de sus integrantes de manera eficaz y oportuna a la justicia penal.

Lo anterior, a su vez, se ha visto reflejado entre otras cosas, en el interés de los Estados de compartir información relevante, en la adopción de sistemas que faciliten el intercambio de evidencia, la puesta de en marcha de estrategias comunes en la persecución de los bienes de procedencia ilegal, y el impulso de figuras como la extradición. Todo ello, con un claro propósito, posibilitar una efectiva protección de los intereses ciudadanos, y una lucha global contra las diversas expresiones de la criminalidad de gran escala, consideradas como una amenaza directa a los intereses comunes de la comunidad internacional.

Así por ejemplo, pueden destacarse algunas de las leyes que se han creado para tal fin, la denominada "Patriot Act" norteamericana (Uniting and Strengthening America by Providing Appropiate Tools Required to Intercept and Obstruct Terrorism) de 26 de octubre de 2001. La Ley Británica de Prevención del Terrorismo de 11 de marzo de 2005, aplicable tanto a nacionales y extranjeros, que introduce entre otras cosas, las "ordenes de control", que permiten vigilar a los extranjeros, ante la imposibilidad de detener a los sospechosos de delitos de terrorismo sin una decisión judicial. La legislación antiterrorista italiana de 14 de diciembre de 2001, nº 431, de "Medidas urgentes para reprimir y contrarrestar la financiación del terrorismo internacional" que crea el denominado Comité de Seguridad Financiera (Comitato di Sicurezza Financiaria); y la Ley de 15 de diciembre de 2001, nº 438, sobre "Disposiciones urgentes para contrarrestar el terrorismo internacional" la Ley 1121 de 2006 de Financiación al Terrorismo, la Ley de seguridad ciudadana 1453 de 2011, y recientemente la ley 1708 de 2014, estas últimas adoptadas en Colombia, entre otras. Dichas Leyes, son solo un reflejo del movimiento legislativo expansionista al interior de los Estados en la lucha contra el crimen organizado, y en especial contra el terrorismo.

A lo anterior, deben sumarse las recomendaciones internacionales contenidas en la Convención de las Naciones Unidas contra la Delincuencia Organizada Transnacional, suscrita en Palermo en 2000, y los documentos especializados internacionales. Dentro de estos últimos, se encuentran el Reglamento Modelo de la CICAD, la Ley Modelo sobre Blanqueo, decomiso y cooperación internacional en lo relativo al producto del delito diseñado por la Oficina de Fiscalización de Drogas y Prevención del Delito de las Naciones Unidas, el Manual de Apoyo para la Tipificación del Delito de Lavado de la CICAD, la Directiva del Consejo de Europa contra el Blanqueo de Capitales, las Cuarenta Recomendaciones del Grupo de Acción Financiera Internacional, entre otras.

Así las cosas, al momento de referirnos a tendencias político criminales o de *lege ferenda* existentes en la lucha contra la criminalidad organizada, estamos aludiendo de una parte, a las medidas de carácter internacional proferidas en el seno de la Organización de Naciones Unidas y demás instancias internacionales competentes en este ámbito, y de otra, a los instrumentos internos adoptados por los Estados relativos a medidas sustantivas, procesales y administrativas. Con relación a las medidas de orden sustantivo o material, éstas se vinculan con el catalogo de delitos que prevén las legislaciones para sancionar las modalidades delictivas que se consideran organizadas, el estudio de sus penas y las tendencias incriminadoras por parte de los Estados. Las medidas de Derecho procesal por su parte, buscan efectivizar las investigaciones y persecuciones que se adelantan contra las bandas, redes y criminales organizados; también buscan potenciar los instrumentos de investigación entre países y la práctica de pruebas, uno de los aspectos más destacados en este grupo de medidas, son las relativas al manejo de bienes provenientes de las actividades delictivas, para lo cual, se crean instrumentos que imposibilitan su manejo y productividad. En cuanto a las medidas administrativas puede destacarse, que éstas comprometen diversas instancias de control de las actividades conexas al crimen organizado, y que en definitiva actúan como instrumentos de supervisión de las actividades criminales asociadas a estos tipos de delitos.

En lo que atañe a tendencias incriminadoras en el ámbito del delito organizado en la actualidad, es preciso mencionar que éstas pasan por la adopción del llamado maximalismo penal, Derecho penal del enemigo, o el derecho penal de *prima ratio*, modelos de persecución y represión caracterizados por el fortalecimiento del alcance de la norma penal, la tipificación de delitos de peligro, el elevado quantum punitivo de las sanciones y la aplicación de la detención preventiva, entre otros aspectos.[2] En estas construcciones dogmáticas y procesales de alto contenido sociológico y de precaución, se ven reflejadas en los ordenamientos jurídicos de nuestro entorno, en los cuales, entre otras cosas, se fortalece el carácter preventivo general y el efecto disuasorio de la norma, no sólo para garantizar su vigencia y cumplimiento, sino además para posibilitar la seguridad ciudadana o convivencia social.[3]

A su vez, pueden mencionarse otras tendencias existentes en países vecinos, como el modelo incriminador conocido como "Derecho Penal de la tercera velocidad", el cual, ha sido formulado para combatir la delincuencia sexual violenta, la lucha contra la criminalidad organizada, el narcotráfico, la criminalidad de Estado y el terrorismo, y que en definitiva, pretenden su aplicación en conductas de especial impacto social. Esta especifica tendencia de persecución, se caracteriza por su carácter excepcional y por la restricción de garantías constitucionales de innegable relevancia, en atención a la peligrosidad de las conductas y al especial

---

[2] Un ejemplo claro del conocido como Derecho penal del enemigo, se evidencia en sistemas nacionales que incorporan como pena, medidas como la pena de muerte y la cadena perpetua para los hallados responsables de crímenes como el terrorismo.

[3] Vid, JAKOBS, G., "Kriminalisierung in Vorfeld einer Rechtsgutsverletzung", ZStW, nº 97, y "Derecho penal del ciudadano y Derecho penal del enemigo" en Jakobs, G. y Cancio Meliá, M.: *Derecho penal del enemigo*. Madrid, 2003.

impacto que el fenómeno criminal general en la sociedad y que puede repercutir en su estabilidad.[4]

Además de lo anterior, debe mencionarse que existe una tendencia a la reinstauración del "Derecho de la peligrosidad" o de la defensa social, propio del positivismo criminológico de finales del siglo XIX. En el que las medidas de seguridad tienen un carácter predelictivo, se posibilita la acumulación penas y medidas de seguridad y es viable la imposición de medidas de seguridad de duración indeterminada o de carácter permanente. Esta construcción teórica pretende la inocuización de aquellos delincuentes peligrosos para la convivencia social, el castigo severo de la reincidencia, y la eliminación de los subrogados penales, entre otras medidas.[5]

En cuanto a las medidas procesales, debemos anotar que muchas de éstas, se han encaminado a combatir de forma eficaz la criminalidad organizada a través de instrumentos investigativos y de persecución del delito, que han resultado en algunos eventos problemáticos con los límites constitucionales. Así por ejemplo, los derechos de presunción de inocencia, el secreto a las comunicaciones, y el derecho de contradicción, han sido replanteados en cuanto a su alcance y fundamentación, no solo por las normas procesales, sino además, respecto a su interpretación que de estas se pueda llevar a cabo al interior de los Tribunales Constitucionales. En el mismo sentido, puede resaltarse relevante la implementación del sistema penal acusatorio en países latinoamericanos, como una herramienta procesal que ha posibilitado la adopción de nuevas medidas en la lucha contra la macrocriminalidad, y la criminalidad organizada, que se han ajustado a los requerimientos internacionales que se han venido formulando con tal propósito.

Entre las medidas procesales en la lucha contra la criminalidad organizada, pueden señalarse la implementación de técnicas de investigación bajo un riguroso control judicial; el fortalecimiento de las investigaciones financieras y patrimoniales sobre entramados económicos de los grupos criminales, los mecanismos de protección de victimas, testigos e intervenientes en los procesos penales. En efecto, en el caso de Colombia puede destacarse la Ley 906 de 2004, y sus reformas posteriores que han posibilitado la implementación del sistema acusatorio en el país, las cuales han venido fortaleciendo medidas como el comiso, la justicia negociada, el embargo y secuestro de bienes, las rebajas por colaboración a la justicia, entre otras. Y de otra parte, la construcción y adopción de un modelo

---

[4] SILVA SANCHEZ J.M. *La Expansión del Derecho Penal. Aspectos de la política criminal en las sociedades postindustriales*. Madrid: Civitas, 2º edición, 2001,

[5] Esta tendencia no coincide con la denominada "Nueva Defensa Social", ya que ésta última potencia la finalidad resocializadora del castigo compatible con la protectora de la sociedad, precisamente porque profesa una imagen del delincuente, del hombre-delincuente, miembro de la sociedad y llamado a incorporarse a ella de nuevo, que obliga a respetar su identidad y dignidad. Imagen bien distinta a la del pecador, de la fiera peligrosa, del minusválido o de la víctima.

integral en la persecución de los bienes de procedencia ilegal, reflejado en la Ley 1708 de Extinción de Dominio.

En el ámbito internacional, debe destacarse el fortalecimiento de los instrumentos de cooperación y asistencia judicial destinados a combatir la delincuencia organizada como fenómeno global. Al respecto, los avances mas significativos se vienen presentando en la entrega de detenidos y condenados, y la creación de órganos judiciales especializados en la lucha contra el crimen organizado, en este ámbito el ejemplo viene dado por la orden de detención europea.[6]

El presente análisis, tiene como objetivo central, presentar el panorama global de las principales tendencias políticas criminales en materia procesal que se vienen formulando para combatir la criminalidad organizada. Para lo cual, se efectuara un análisis de los más importantes mecanismos internacionales previstos para tal fin, y se abordara el estudio de los instrumentos desarrollados por Colombia para garantizar una lucha decidida contra la criminalidad organizada, como un país que cuenta con una destacada experiencia en estos ámbitos.

2. El concepto de criminalidad organizada como punto de partida en la delimitación del problema

Formular un concepto de criminalidad organizada no es un asunto pacifico, bien por la propia complejidad que aparejan las conductas criminales de carácter organizado, y de otra parte, por las diversas normativas existentes en buena parte de países. En este punto, resulta fundamental analizar los criterios que han sido tenidos en cuenta por los Estados, y por las organizaciones internacionales a las que se les ha encomendado la misión de luchar contra el crimen organizado.[7]

Así, por ejemplo en el Derecho de la Unión Europea, para considerar un delito como crimen organizado, se exige la presencia como mínimo de seis características enunciadas en un listado, de las cuales, tendrán carácter obligatorio al menos tres (las que se contemplan en los artículos 1, 5 y 11):

1. Más de dos personas
2. División de tareas entre ellas
3. Permanencia

---

[6] SANCHEZ GARCIA DE PAZ, I, " La criminalidad organizada. Aspectos penales, procesales, administrativos y policiales", op. cit., p. 218.

[7] Puede considerarse la criminalidad organizada como aquella que actúa a través de varios sujetos, quienes se distribuyen la preparación, ejecución y consumación de los delitos de forma estructurada y jerárquica, que tiene efectos especialmente nocivos dados la magnitud de los bienes jurídicos afectados por este tipo de conductas criminales. Así mismo, es la que tiene especial impacto económico, político y social en los países que resultan afectados por ésta debido a los fines que persigue y por los medios que emplea. En la actualidad es un flagelo que afecta muchos países, y sus efectos superan las fronteras de los Estados por su carácter dinámico, global y trasnacional. Dentro de las formas delictivas que le son propias puede señalarse siguiendo la doctrina internacional, los delitos de: terrorismo, narcotráfico, lavado de dinero, trata o tráfico de personas y migrantes, enriquecimiento ilícito, testaferrato, receptación y formas de corrupción pública y privada.

4. Control interno
5. Sospechas de la comisión de un delito grave
6. Actividad internacional
7. Violencia
8. Uso de estructuras comerciales o de negocios
9. Blanqueo de dinero
10. Presión sobre el poder público
11. Animo de lucro

Por su parte, en la Declaración Política y Plan de Acción Mundial de Nápoles contra la Delincuencia Transnacional Organizada, aprobada mediante Resolución 49/159, de la Asamblea General de Naciones Unidas de 23 de Diciembre de 1994, se señaló como posibles manifestaciones de criminalidad organizada las siguientes:

1. La formación de grupos para dedicarse a la delincuencia
2. Los vínculos jerárquicos o las relaciones personales que permitan el control del grupo por sus jefes.
3. El recurso a la violencia, intimidación o corrupción para obtener beneficios, o ejercer el control de algún territorio o mercado.
4. El blanqueo de fondos de procedencia ilícita para los fines de alguna actividad delictiva o para infiltrar alguna actividad económica legítima.
5. El potencial para introducirse en alguna nueva actividad o para extenderse más allá de las fronteras nacionales.
6. La cooperación con otros grupos organizados de delincuentes trasnacionales.

La Convención de las Naciones Unidas contra la Delincuencia Organizada Transnacional en el art. 2 contiene una definición de "grupo delictivo organizado". Se trata de un grupo de tres o más personas, organizado o estructurado en forma no aleatoria aunque no necesariamente jerárquica; su existencia debe ser durable por oposición a instantánea; debe cometer delitos graves, es decir, de aquellos cuya pena sea de al menos cuatro años; debe tener un fin económico lucrativo, aunque puede ser simplemente material como ocurre con los grupos terroristas que financian sus actividades con una gran diversidad de delitos. Lo que se castiga es la pertenencia a una organización que comete delitos. La Convención permite que la penalización sea por la vía de "conspiración" o por vía de "participación en un grupo delincuencial organizado" o "ambas". La convención, reconoce implícitamente que la delincuencia organizada se alimenta de la protección interna, basada en el secreto, y la protección externa, basada en el trípode de violencia, corrupción y obstrucción a la justicia.[8]

---

[8] Vid. CALVANI, S, "La Convención de Naciones Unidas contra la Delincuencia Organizada Trasnacional", UNODOC, Bogotá. http://www.sandrocalvani.com/speech/Conv.%20Palermo.pdf.

El Derecho norteamericano por su parte, consagra una definición de crimen organizado en La Ley denominada "Racketeer Influenced and Corrupt Organizations law", donde se precisa como patrón de la actividad el chantajear confiado por un individuo o agrupación como parte de una empresa o contra una empresa. Como patrón de la actividad el chantajear se define como el cometer dos de los actos mencionados del articulado de la Ley dentro de períodos de diez años. Se espera que los dos actos estén relacionados (tengan el propósito similar o resultados similares). Los 24 crímenes federales originales consideraban dentro del chantajear el asesinato incluso las actividades relacionadas con la intimidación de testigos: secuestrando, obstruyendo a la justicia, falsificando, el hurto de envíos de un Estado a otro, la esclavitud sexual, malversación de los fondos de jubilación, ciertas ofensas federales de la droga, fraude de la bancarrota, fraude del correo y fraude del alambre. En 1984, el obscenity fue agregado como un acto del predicado (18 U.S.C. Sección 1961 1 un supl.. III 1985).[9]

En consecuencia, se evidencia que la mayoría de los ordenamientos e instrumentos internacionales coinciden al momento de precisar el concepto de criminalidad organizada, como la manifestación criminal conformada por varias personas y caracterizada por la permanencia, animo delictivo, organización funcional, comisión de delitos graves y utilización de medios violentos o que afecten gravemente bienes jurídicos relevantes, para de este modo lograr sus finalidades. Además de lo anterior, suele ser común en las organizaciones criminales organizadas el ánimo de lucro y los efectos trasnacionales de sus comportamientos delictivos, de ahí la necesidad de armonizar los ordenamientos jurídicos de los Estados para que existan políticas y estrategias unificadas de persecución y sanción de los delitos que forman parte de ésta.

2.1. Aproximación a la perspectiva socio jurídica de la criminalidad organizada

Resulta innegable reconocer que el fenómeno de la globalización ha tenido no sólo efectos económicos, sino que además ha repercutido en ámbitos sociales, jurídicos, políticos y porque no delictivos. La criminalidad no conoce fronteras y se caracteriza por un dinamismo que muchas veces resulta de difícil verificación por parte de los Estados y sus respectivas administraciones de justicia. De ahí

---

[9] En la doctrina norteamericana existen casos dominantes, en los que el Tribunal Supremo permitió y ratificó la extensión de RICO más allá de casos organizados tradicionales del crimen. RICO representa una extensión importante de la federalización del crimen y que, para ahora, parece ser absolutamente aceptable por la jurisdicción de los Estados Unidos aunque su constitucionalidad resulta por lo menos cuestionable, en muchos de sus contenidos. La Ley RICO específicamente hace ilegal como actividades por cualquier persona, o aquellas personas que se vinculan con una organización: 1. Usar renta derivada de un patrón de la actividad o el chantajear para adquirir un interés en una empresa; 2. Adquirir o mantener un interés en una empresa a través de un patrón de la actividad del chantajear; 3. Conducir los asuntos de una empresa a través de un patrón de la actividad del chantajear, (18 U.S.C. Anuncio 1962 de la sección 1982).

que sus expresiones se concreten en la trasnacionalidad, complejidad, uso de la tecnología y en algunos casos cooptación del poder público.

La propia naturaleza de las organizaciones criminales que actúan a gran escala y la injerencia que sus comportamientos delictivos generan en los mercados, economías nacionales y relaciones mercantiles, es una amenaza actual y real para la comunidad internacional. Con independencia del país en el que se originen y conformen estas asociaciones delictivas, sus efectos se presentan en varios países, los cuales pueden verse afectados sin aún darse cuenta de ello.

Los comportamientos delictivos de las asociaciones organizadas obedecen a una naturaleza disímil, no existen criterios unificados a la hora de identificarlas, ya que tienen su propia dinámica y peculiaridades, las cuales, suelen actualizar con el objeto de evitar su descubrimiento y persecución. Pese a ello, hay rasgos que permanecen vigentes en el tiempo, así por ejemplo pueden relacionarse las tríadas chinas, las mafias rusas, siciliana o calabresa y los cárteles colombianos, las denominadas Bandas Criminales Emergentes BACRIM, entre otros.[10]

Los delitos relacionados con la criminalidad organizada son múltiples, no puede hablarse de un único tipo de delitos que obedezcan a este naturaleza, la doctrina internacional ha coincidido en caracterizar los delitos de: tráfico ilícito de drogas, blanqueo o lavado de capitales, terrorismo, corrupción de funcionarios, tráfico ilegal de inmigrantes y trata de personas con fines de explotación sexual o laboral, robo de vehículos, secuestro de personas, tráfico ilícito de obras de arte, pornografía infantil, falsificación de moneda, tráfico de armas, delitos informáticos, entre otros. La experiencia judicial ha demostrado que las organizaciones criminales suelen cometer concursos de delitos, o lo que es lo mismo, varias conductas delictivas de la referida naturaleza o de carácter inferior como parte de su plan criminal para cometer delitos más graves.[11]

2.2. Alusión a los efectos económicos de la criminalidad organizada

Es muy difícil, sino imposible cuantificar los efectos económicos que aparejan las conductas delictivas que se engloban en el concepto de criminalidad organizada. Las cifras que se manejan son estimativos que no se corresponden con exactitud con sus efectos económicos reales. Sin embargo, un aspecto si resulta claro, los efectos de la criminalidad organizada sobre la economía mundial no pueden ser considerados positivos, toda vez que afectan la estabilidad y compor-

---

[10] Vid en este sentido: BUENO ARÚS, F., "Política judicial común en la lucha contra la criminalidad organizada", en FERRÉ OLIVÉ, J, y ANARTE BORALLO, E, "Delincuencia Organizada. Aspectos penales, procesales y criminológicos", Huelva, España, 1999.

[11] Piénsese por ejemplo, en los eventos en los que se cometen delitos de estafa, matrimonios ilegales, abusos de confianza, delito fiscal o falsedad menor para cometer delitos de mayor gravedad como el blanqueo de capitales o el tráfico de drogas.

tamiento de los mercados mundiales, generando fluctuaciones importantes en las relaciones comerciales de los países.

De otra parte, es importante anotar que al moverse la criminalidad organizado con grandes sumas de capital de procedencia ilícita, manejadas a través de transacciones nacionales o internacionales con tintes de legalidad, resulta posible que en tales negociaciones resulten implicados incluso funcionarios públicos, miembros del gobierno y sujetos que ostenta poder en esferas públicas y privadas.[12]

Valorar los efectos económicos del crimen organizado no resulta fácil, como tampoco sus efectos en los Estados y las relaciones de éstos con otros, pese a los esfuerzos de las organizaciones internacionales y de los propios Estados en combatir la criminalidad organizada, ésta se sigue presentando y continúa con una tipología diversa. Pese a ello,

Así las cosas, precisar los efectos económicos de los crímenes organizados es una tarea pendiente por parte de los Estados y la comunidad internacional, como lo es la adopción de medidas urgentes para controlarla, de lo contrario la magnitud de esta problemática pueda ser aún mayor.

3. Instrumentos internacionales en la lucha contra la criminalidad organizada

La lucha contra la criminalidad organizada interesa no sólo a los Estados directamente afectados por ésta, sino además a los países que secundariamente sufren sus efectos. En este sentido, las instancias internacionales han venido adoptando una serie de instrumentos legales y técnicos para combatir este flagelo. La actividad en este ámbito, viene siendo liderada por la Organización de Naciones Unidas a través de sus Convenciones, Recomendaciones, Declaraciones y Estrategias globales, tal y como se evidenció en la Convención de Palermo de 2000. Del mismo modo, la actividad que despliega la Unión Europea y el Consejo de Europa merece especial análisis, dada la amplitud de medidas que se adoptó para fortalecer las políticas y medidas legales existentes en los países miembros en materia de lucha contra el delito organizado, y la consolidación de una política unificada en el ámbito europeo para combatir esta forma de macrocriminalidad.

No obstante, es preciso señalar que la cooperación internacional es uno de los principales mecanismos existentes en la lucha contra la criminalidad organizada, no sólo en aspectos judiciales y policiales, sino además en el desarrollo de

---

[12] Tal y como ha quedado constatado en varios procesos penales contra dirigentes políticos, adelantados por corrupción y blanqueo de capitales, por ejemplo los adelantados contra el ex presidente de Perú Alberto Fujimorí y el miembro de su Gobierno Montesinos. Cabe destacar, que los casos de corrupción no sólo se cometen en los países en vía de desarrollo y subdesarrollado, sino incluso en potencias económicas como los casos Enron en Estados Unidos, Lehman brothers, Parmalat en Italia y forum filatélico en España, entre otros. A ello, se suma un nuevo fenómeno criminal que se viene conociendo y sancionando en Colombia conocido como Parapolítica, el cual se caracteriza por la comprobación de nexos entre miembros de la clase política colombiana como parlamentarios, alcaldes y gobernadores con miembros de los grupos paramilitares al margen de la Ley, quienes apoyaban y financiaban sus campañas electorales.

iniciativas normativas sustantivas y procesales para tal fin. El compromiso por parte de los Estados es doble, de una parte optimizar los instrumentos nacionales en este campo, y de otro, adoptar y ratificar las reglas y disposiciones propuestas en el ámbito internacional por las organizaciones supranacionales.

Es evidente que si las medidas que se implementan tienen un carácter unilateral, o son adoptadas por pocos países, éstas carecerán de eficacia, por ello, resulta necesario que exista consenso internacional y compromiso político al momento de poner en marcha medidas de prevención, persecución y sanción de los delitos propios a la criminalidad organizada.

3.1. Las actividades contra el crimen organizado de naciones unidas

El trabajo que ha venido efectuando Naciones Unidas en este ámbito a sido importante, su permanente inquietud frente a los temas vinculados con la criminalidad organizada se remontan a 1975, en particular con el Congreso de Naciones Unidas celebrado en Ginebra sobre la Prevención del Crimen y el Tratamiento de los Delincuentes. En el cual, se abordó el análisis del fenómeno criminal organizado como un riesgo permanente para las libertades y derechos fundamentales.

A partir de este momento, se han celebrado varios encuentros internacionales con el fin de adoptar y formular recomendaciones al tratamiento de este tipo de delitos. Así, la Conferencia Interministerial de 1994 sobre el Crimen Organizado Trasnacional, celebrada en Nápoles, evento en el que se reunieron miembros de 142 países, quienes adoptaron por unanimidad la Declaración Política de Nápoles, y el Plan de Acción Mundial contra la Delincuencia Transnacional Organizada (E/CONF 88L4), aprobados por la Asamblea General mediante Resolución 49/159 de 23 de diciembre de 1994.[13]

La Comisión de Prevención del Delito y Justicia Penal, y actualmente a través del Centro para la Prevención Internacional del Crimen, dependiente de la Oficina para el Control de Drogas y Prevención del Crimen, con sede en Viena y responsable del Programa Global de Lucha contra el Crimen Transnacional y Organizado.

De las conclusiones formuladas en estas Conferencias, la ONU dedujo la necesidad de elaborar una Convención Internacional relativa al Crimen Transnacional Organizado en 1998, para lo cual, se conformó un Comité especial para la Convención *ad hoc*. Ello desembocó en la Convention against Transnacional Organizad Crime, en vigor desde el 12 de diciembre de 2000 en Palermo. La referida Convención de Palermo, fue aprobada por 124 países, y se conforma adi-

---

[13] Vid. SÁNCHEZ GARCÍA DE PAZ, I., "La Criminalidad Organizada. Aspectos penales, procesales, administrativos y policiales" Madrid, 2005, pág. 83.

cionalmente por tres Protocolos adicionales.[14] El aporte de esta Convención ha sido la promoción de instrumentos legislativos y administrativos de cooperación internacional para prevenir y sancionar eficazmente la delincuencia organizada transnacional.

A partir de la aprobación de la Convención de Palermo, Naciones Unidas ha continuado trabajando en la promoción de Acuerdos Internacionales en este ámbito, en especial en materias como la lucha contra el tráfico de drogas, blanqueo de capitales, terrorismo entre otros.

3.2. La lucha contra la criminalidad organizada en la Unión Europea

Para la Unión Europea (UE) y sus países miembros la lucha contra el crimen organizado a merecido especial interés, al punto de plantearse como uno de sus objetivos, tal y como quedo consagrado en el Tratado de Maastrich de 1992, que crea la actual Unión Europea, en el Tratado de Ámsterdam, por el que se modifican el Tratado de la Unión Europea, los Tratados constitutivos de las Comunidades Europeas y determinados actos conexos de 1997.[15]

Uno de los propósitos de la Unión Europea previstos en el Tratado de Ámsterdam artículo 29 es el posibilitar un "alto grado de seguridad dentro de un espacio de libertad, seguridad y justicia elaborando una acción común entre los Estados miembros en los ámbitos de cooperación policial y judicial en materia penal". Ello supone, en términos de la referida norma "la prevención y la lucha contra la criminalidad organizada o no, en particular el terrorismo, la trata de seres humanos y los delitos contra los niños, el tráfico ilícito de drogas y de armas, la corrupción y el fraude".

Los instrumentos previstos por la UE en la lucha contra la criminalidad organizada se relacionan con tres frentes de acción. El primero contenido en los artículos 30 y 32 del Tratado es la cooperación policial y aduanera; directamente o a través de la Oficina Europea de Policía (Europol); tal y como lo disponen los artículos 31 a) a d) y el artículo 32, el segundo es la cooperación judicial, y el tercero es la armonización de las leyes penales, artículo 31. e).[16]

En este orden de ideas, el Tratado de Niza de 2001, por el que se modifican el Tratado de la Unión Europea, los Tratados Constitutivos de las Comunidades Europeas y determinados actos conexos, señala mecanismos de cooperación re-

---

[14] Dichos Protocolos son: Protocolo para la Prevención, supresión y Punición del tráfico de personas, especialmente de mujeres y niños, Protocolo contra el contrabando de emigrantes por tierra, mar y aire; Protocolo contra la Fabricación y Tráfico ilícito de armas de fuego, sus partes y componentes y de municiones.

[15] Vid. SÁNCHEZ GARCÍA DE PAZ, I, "La Criminalidad Organizada. Aspectos penales, procesales, administrativos y policiales", op. cit, pág. 86 y ss.

[16] En este punto, es preciso señalar que en el Consejo de Tampere de octubre de 1999, se establecieron las bases para la conformación de un espacio de seguridad, libertad y justicia en la Unión Europea, el cual, tuvo como finalidad abordar aspectos de la cooperación judicial y la lucha contra la delincuencia.

forzada entre los Estados miembros y en particular, en aspectos de cooperación judicial, la creación de la Unidad Judicial de Cooperación Judicial Eurojust, entre otros.[17] Valga anotar, que en materia de armonización de las legislaciones penales, sólo existe la propuesta del *Corpus iuris* para la introducción de normas penales para la tutela de los intereses financieros de la Unión Europea, que seria la primera norma penal comunitaria de aplicación directa en caso de aprobarse.[18]

Por su parte, el Tratado por el que se establece una Constitución Europea, firmado en Roma en 2004, el cual no fue ratificado por todos los países miembros, reafirmaba el objetivo del espacio común de libertad, seguridad y justicia.[19] En particular, y para garantizar la lucha contra el crimen organizado se preveía la posibilidad de armonizar las legislaciones penales en este ámbito, a través de nuevos mecanismos legislativos. De acuerdo con el artículo III. 271: 1 "1. La ley marco europea podrá establecer normas mínimas relativas a la definición de las infracciones penales y de las sanciones en los ámbitos delictivos que sean de especial gravedad y tengan una dimensión transfronteriza derivada del carácter o de las repercusiones de dichas infracciones o de una necesidad particular de combatirlas según criterios comunes". La misma disposición señala como ámbitos criminales los siguientes: el terrorismo, la trata de personas y la explotación sexual de mujeres y niños, el tráfico de drogas, el tráfico ilícito de armas, el blanqueo de capitales, la corrupción, la falsificación de medios de pago, la delincuencia informática y la delincuencia organizada. En el mismo sentido, se consagra la cláusula solidaria del artículo I-43, según la cual, los Estados miembros de la Unión deben actuar de forma solidaria y conjunta, cuando otro Estado miembro es objeto de un ataque terrorista.[20]

Derivado de lo anterior, puede señalarse que la lucha contra la criminalidad organizada en el seno de la Unión Europea ha sido una prioridad desde su constitución. La aparición de instrumentos en este ámbito ha sido notoria desde 1995, y

---

[17] Véase por todos: VERVAELE, J, "El Ministerio Fiscal europeo y el espacio judicial europeo. Protección eficaz de los intereses comunitarios o el inicio de un Derecho procesal penal europeo", en PALOMO DEL ARCO, A, (Dir), *Sistemas penales europeos,* Cuadernos de Derecho Judicial IV, Madrid 2002, págs. 275 y ss; ADELMAS-MARTY, M, y VERVAELE, J, (red), "La mise en oeuvre du Corpus Iuris dans kes Etasts membres. Dispositions pénales pour la protection des finances de l' Europe", Vol I-IV, Antwerp-Groningen-Oxford, 2000-2001, y BLANCO CORDERO, I, "El Derecho penal y el primer pilar de la Unión Europea", en RECPC, 2004

[18] Su contenido, pretende conciliar las tradiciones jurídicas europeas claramente diferenciadas en los países del sistema common law y paises con tradición continental, con el objeto de crear normas penales y procesales comunes, destinadas a la protección de los intereses financieros de la Unión Europea. Además de ello, se pretende la creación de una autoridad central europea a través de la figura de un Fiscal General Europeo con competencias en toda la Unión. En el 2001 la Comisión Europea publicó el Libro Verde sobre la protección penal de los intereses financieros comunitarios y la creación de un Fiscal Europeo.

[19] En el Tratado de Constitución europea se fortalecen además, aspectos como la cooperación judicial penal, a través del fortalecimiento de Eurojust, la Red Judicial europea, la Fiscalía Europea, y el reconocimiento mutuo de decisiones judiciales en el ámbito penal, y en la armonización de algunos procedimientos penales. De la misma manera, se buscaba el fortalecimiento de la cooperación judicial a través de Europol.

[20] SÁNCHES GARCÍA DE PAZ, I, "La Criminalidad Organizada. Aspectos penales, procesales, administrativos y policiales", op. cit, pág. 92 y ss.

principalmente, en 1996 con la creación por el Consejo Europeo de un Grupo de Alto Nivel encargado de elaborar un plan global en esta materia. Las medidas que se han venido implementando tienen una doble naturaleza, de una parte obedecen a instrumentos de prevención, y de otra, a medidas de represión, así por ejemplo, la Resolución del Consejo de 21 de diciembre de 1998, relativa a la prevención de la delincuencia organizada para el establecimiento de una estrategia global de lucha contra esta delincuencia, la Acción Común 733 de 1998 de 21 de diciembre de 1998, relativa ala tipificación penal de la participación en una organización delictiva en los Estados miembros de la Unión Europea; la Acción Común 747 de 1996, sobre la creación y el mantenimiento de un directorio de competencias, conocimientos y técnicas especializadas en materia de lucha contra la delincuencia organizada internacional, con el fin de facilitar la cooperación entre los Estados miembros de la Unión Europea para garantizar el cumplimiento de la Ley; y la Acción Común 827 de 1997, por la que se establecen un mecanismo de evaluación de la aplicación y ejecución a escala nacional de los compromisos internacionales en materia de lucha contra la delincuencia internacional organizada.[21]

3.2.1. Instrumentos contra el crimen organizado del consejo de Europa

El Consejo de Europa pone en marcha su política criminal a través del European Committee on Crime Problems (CDPC), la cual, depende de el Comité de expertos sobre aspectos de Derecho penal y criminológicos de la criminalidad organizada, creado en 1997. A este Comité corresponden actividades encaminadas a estudiar y preparar informes relativos a medidas para combatir el crimen organizado, entre otras.

Para el Consejo de Europa la lucha contra el crimen organizado ha sido una prioridad, dados los múltiples efectos nocivos de las conductas ilícitas que se asocian con este tipo de criminalidad, y dentro de los que pueden incluirse la corrupción y el blanqueo de capitales.[22]

En este punto, resulta oportuno señalar algunas de las principales medidas que se han adoptado en esta materia como las vinculadas con los programas de protección a testigos; inversión de la carga de la prueba en procedimientos de confiscación; grabaciones telefónicas y otras formas de intrusión en la investigación del crimen organizado; cooperación transfronteriza para combatir el crimen organizado; cooperación contra el tráfico de seres humanos y medidas legales preventivas contra el crimen organizado.

---

[21] Idem, págs. 93 y 94.
[22] Puede destacarse como Programa pionero en el ámbito de la lucha contra la criminalidad organizada, el Programa "Octopus", creado por el Consejo de Europa en 1996, y los Programas PACO. Programme against corruption and organised crime in South-eastern Europe, y el Programa GRECO: Group of Status against corruption.

Sobre este particular, la Recomendación del Comité de Ministros sobre principios directrices en la lucha contra el crimen organizado, de 19 de septiembre de 2001, contiene en cuatro capítulos, los principios relativos a la prevención general del crimen organizado, el sistema de justicia penal, cooperación internacional y principios relativos a la recogida de datos, investigación y entrenamiento de las fuerzas de seguridad. Ello supone, una declaración de 28 principios que deben imperar en la lucha contra la criminalidad organizada por parte de los Estados miembros, siguiendo las tendencias de las organizaciones internacionales en este ámbito.

Valga señalar además, que la lucha contra el crimen organizado también se desarrolla al interior de otras organizaciones internacionales como la Organización para la Cooperación y el Desarrollo Económico (OCDE); el Grupo de Acción Financiera Internacional (el GAFI/FATF), y las Recomendaciones emanadas del Grupo conocido como G8.[23]

3.3. La propuesta norteamericana con la Racketeer Influenced and Corrupt Organizations Law

En octubre de 1970, el Congreso de Estados Unidos aprobó la ley contra el crimen organizado, identificada por las siglas RICO (en inglés Racketeer Influenced and Corrupt Organizations), quedó establecido así, un conjunto de regulaciones encaminadas a suprimir y sancionar acciones criminales de personas y agrupaciones, vinculadas a lo que comúnmente se conoce como mafia. Esencialmente, RICO es una iniciativa agresiva y poco garantista ya que se fundamentó en ideas eminentemente retribuccionistas y de prevención general negativa, las cuales tuvieron como principal propósito utilizar viejos métodos de sospecha y represión para luchar contra el crimen y proporcionar las "armas nuevas del alcance sin precedente para un asalto sobre crimen organizado y sus raíces económicas".

La LEY RICO, fue decretada en su mayor parte como respuesta del congreso norteamericano a la infiltración financiera del crimen organizado de las operaciones de negocio legítimas que afectaron el comercio entre los Estados Federados. Con ello, el congreso pretendía aniquilar el beneficio de crimen organizado y separar al chantajista de su fuente del rédito. Es paradójico pero la LEY RICO no hace ninguna mención expresa y directa de "crimen organizado". En su lugar, el congreso eligió apuntar "actividad el chantajear. A su vez, las disposiciones allí contenidas se destacan por su excesiva amplitud y por la falta de sistemática en la estructura de la Ley, sus disposiciones y sanciones. El fin que se buscaba en ese momento, constituía la piedra angular de la misma, haciéndo-

---

[23] Véase SÁNCHEZ GARCÍA DE PAZ, I, "La Criminalidad Organizada. Aspectos penales, procesales, administrativos y policiales", op. cit., pp. 96 y ss.

le perder relevancia a las garantías y derechos ciudadanos que han de existir en cualquier causa judicial.

4. Medidas previstas en el ordenamiento jurídico colombiano en la lucha contra el crimen organizado

4.1. La problemática colombiana y la criminalidad organizada

Colombia se ha visto afectada por una difícil situación de orden público a lo largo de las últimas décadas, realidad que ha tenido efectos en el funcionamiento de las instituciones democráticas del país. Esta situación a sido consecuencia entre otras cosas, de los enfrentamientos continuos entre grupos al margen de la Ley, fuerzas de seguridad del Estado, delincuencia común y la delincuencia organizada, entre las que se destacan las bandas dedicada a actividades narcotraficantes, de blanqueo de capitales, asociaciones terroristas, trata de personas, corrupción, entre otras. Esta grave realidad ha supuesto modificaciones en el ámbito penal sustantivo y procesal.

El país ha adoptado diversas reformas legales encaminadas a luchar contra la criminalidad, efectivizar los fines del proceso penal y garantías ciudadanas.[24] La naturaleza del proceso penal ha sufrido cambios importantes con la adopción del sistema acusatorio en el 2004, y la adopción de reformas posteriores, y de manera reciente la aprobación de la Ley de extinción de dominio. A ello, debe sumarse la especial situación social, política y jurídica que a traviesa el país en los últimos años, resultado de la detección y judicialización de fenómenos criminales conocidos como la parapolítica,[25] la presencia de bandas criminales emergentes (bacrim), el proceso de desmovilización previsto en la Ley de Justicia y Paz,[26] las negociaciones de paz del actual gobierno con la guerrilla de las Farc y los diversos procesos penales adelantados en el ámbito del Derecho Internacional

---

[24] Así por ejemplo, puede anotarse que en materia penal sustantiva Colombia modificó el Código Penal de 1980, a través de la Ley 599 de 2000, la cual ha sufrido modificaciones a través de la Ley 890 de 2004, Ley 1121 de 2006, Ley 1142 de 2007, Ley 1153 de 2007, entre otras. En el ámbito procesal penal, puede destacarse que el Decreto 2700 de 1991 por el que se expedía el Código de Procedimiento Penal, fue derogado por la Ley 600 de 2000, la cual a su vez, fue modificada por la Ley 906 de 2004 que adopto el sistema acusatorio en Colombia. La última reforma en materia procesal penal, se presentó en julio de 2007 con la Ley 1142 de 2007, o Ley de Convivencia y Seguridad Democrática en el país.

[25] Se ha venido considerando con carácter informal el concepto de "parapolítica", como el fenómeno a través del cual líderes políticos del país, y en particular, congresistas, gobernadores, alcaldes y altos dirigentes elegidos a través del voto popular, han recibido apoyo y financiación de grupos de autodefensas, como medio para llegar al poder. Con lo cual, se constata una relación entre las formas de Democracia representativa y grupos al margen de la Ley, como lo son las autodefensas armadas de Colombia.

[26] Ley 975 de 2005, reformada por la ley 1592 del 2013, por la cual se dictan disposiciones para la reincorporación de miembros de grupos armados organizados al margen de la ley, que contribuyan de manera efectiva a la consecución de la paz nacional y se dictan otras disposiciones para acuerdos humanitarios.

Humanitario y los Derechos Humanos,[27] persecución del narcotráfico y bandas criminales organizadas, entre otros.

Esta situación, resulta de especial importancia al momento de analizar el ámbito de la lucha contra la criminalidad organizada en Colombia. De una parte, por la dimensión del fenómeno criminal que se presenta con varias modalidades delictivas en buena parte del país, lo cual, implica la necesidad de adoptar medidas eficaces para controlar y sancionar este tipo de delitos; y por otra, por el coyuntural momento social y jurídico de la nación, al enfrentar una salida al conflicto con las negociaciones de paz con la guerrilla más longeva y fuerte del país, a su vez, retroalimentar estas experiencias y realidades judiciales con los resultados que ha dejado la aplicación de la Ley de Justicia y Paz, normas marco en el sostenimiento de los miembros de grupos organizados al margen de la ley a un sistema de justicia transicional. Experiencias que se hallan conexas al fenómeno criminal organizado, y particularmente a la afectación a gran escala de las garantías ciudadanas y derechos humanos.

Todo lo anterior, nos permite afirmar que la experiencia de Colombia en este ámbito resulta particularmente interesante, toda vez que es un país en el que se presentan de una parte, una difícil situación de orden público en diferentes zonas del territorio, las cuales, se han visto afectadas por variopintas expresiones del crimen organizado, y de otra, por la adopción de esfuerzos importantes del Estado por combatirlo y reprimirlo. A su vez, los desafíos que suponen la incorporación de esquemas de persecución penal que posibiliten la aplicación de instrumentos como la justicia negociada, la delación, el desmantelamiento de estructuras criminales complejas, la persecución de sus bienes, el bloqueo de sus fondos financieros, el descubrimiento de testaferros, paraísos fiscales, empresas fachadas, entramados de corrupción y redes conexas, como medidas para combatirlas y castigarlas.

4.1.1. Los instrumentos jurídicos en el ordenamiento colombiano en la lucha contra la criminalidad organizada

Como se ha señalado en líneas anteriores, las recomendaciones de los organismos internacionales se vienen desarrollando en dos frentes, por una parte los denominados medios de investigación criminal proactivos y encubiertos, caracterizados por la limitación de los derechos a la libertad personal y las diversas manifestaciones de la intimidad (inviolabilidad del domicilio, habeas data, secreto de las comunicaciones, entre otros). En este sentido, la Convención de Naciones

---

[27] La Unidad Nacional de Derechos Humanos y Derecho Internacional Humanitario de la Fiscalía General de la Nación, al igual que la Unidad Nacional de Análisis y Contexto, adelantan importantes investigaciones encaminadas a esclarecer la muerte y atentados contra líderes sindicales en el país, defensores de derechos humanos, líderes políticos, violencia sexual en el conflicto armado, desapariciones forzadas, desplazamiento forzado, reclutamiento de menores, homicidios cometidos bajo la existencia de patrones sistemáticos o generalizados,. y todas aquellas relacionadas con la vulneración del Derecho Internacional Humanitario.

Unidas sobre Crimen Organizado de 2000, y la Convención contra la Corrupción de 2003, señalan que en atención a los principios y garantías fundamentales de los Estados, estos deben reconocer técnicas de investigación especiales, tales como la vigilancia electrónica y otras similares que posibiliten la prevención y persecución del crimen organizado.

Por su parte Colombia, mediante la Ley 800 de 2003 por medio de la cual se aprueban la Convención de las Naciones Unidas contra la Delincuencia Organizada Transnacional y el Protocolo para Prevenir, Reprimir y sancionar la Trata de Personas, especialmente Mujeres y Niños, que complementa la Convención de las Naciones Unidas contra la Delincuencia Organizada Transnacional, adoptados por la Asamblea General de las Naciones Unidas el quince (15) de noviembre de dos mil (2000), se adhiere a la normativa internacional prevista en este ámbito.

De la misma manera, para combatir el crimen organizado el Código penal colombiano, Ley 599 de 2000, y sus reformas posteriores particularmente la adoptada con la ley 1453 de 2011, han señaló un amplio catalogo de delitos que pueden incluirse como expresiones precisas a este tipo de criminalidad y dentro de los que se contienen: el concierto para delinquir, la trata de personas, el tráfico de drogas, el lavado de dinero, el contrabando, la pornografía infantil la minería ilegal, el enriquecimiento ilícito y el terrorismo entre otros, con penas que buscan no sólo la prevención general, sino además la protección efectiva de los bienes jurídicos lesionados con este tipo de conductas criminales.

A su vez, la Ley 906 de 2004 modificada por la Ley 1142 de 2007, y la Ley 1453 de 2011, en lo que respecta al sistema penal acusatorio en el país, establecen medidas de carácter procesal para optimizar las labores de investigación, persecución, prueba y sanción de este tipo de criminalidad. Además de lo anterior, existen disposiciones especificas que van encaminadas a ese mismo fin como la Ley 793 de 2003, modificada por la ley 1708 de extinción de dominio, la Ley 747 de 2002 de tráfico de migrantes y personas, la Ley 1121 de 2006 de financiación del terrorismo entre otras. A continuación analizaremos cada uno de los instrumentos procesales existentes en Colombia para combatir la criminalidad organizada, con el objeto de estudiar el panorama de las tendencias político criminales existentes en el país y la efectividad de tales medidas.

4.2. Instrumentos procesales en la lucha contra la criminalidad organizada en Colombia

Se trata de medidas contenidas en el Código de procedimiento penal previstas para efectivizar las investigaciones, recaudar pruebas, limitar los efectos nocivos del delito, conocer la verdad, proteger los derechos de las victimas del delito, y en definitiva obtener justicia. Se trata de medidas restrictivas de derechos, pero en cualquier caso respetuosas de las garantías y derechos fundamentales contenidos en la Constitución de 1991.

4.2.1. La extinción del derecho de dominio: principales generalidades

La extinción de dominio es una de las medidas que puede resultar más eficaz en el desmantelamiento de la delincuencia organizada, no sólo por las características que le son propias al procedimiento previsto para tal fin en la ley 1708 de 2014, sino además por la reciente incorporación normativa de todo un estatuto de medidas previstas para perseguir los bienes de procedencia ilegal, y por tanto el ataque frontal a los insumos de las organizaciones delictivas. Se trata de una acción que tiene su origen en la Convención de las Naciones Unidas contra el trafico ilícito de estupefacientes y sustancias psicotrópicas, suscrita en Viena el 20 de diciembre de 1988, incorporada a la legislación colombiana mediante ley 67 del 23 de agosto de 1993. Sin lugar a dudas, es una herramienta para limitar los beneficios y productos provenientes de actividades ilícitas.

Se trata de un instrumento normativo, cuyo alcance y contenido han sido criticados por algunos sectores, dados los elementos que le son propios, y que ha sido valorada por la Corte Constitucional colombiana no sólo en lo que respecta al anterior régimen, sino que frente al actual viene siendo objeto de estudio de constitucionalidad por el máximo tribunal colombiano. En el pasado, la Corte Constitucional analizó su exequibilidad con los postulados y contenidos de la Carta Constitucional, entre ellas, la Sentencia 740 de 26 de agosto de 2003, declaró la constitucionalidad de la referida Ley.[28]

La extinción de dominio es una acción que tenía su regulación en la Ley 793 de 2002, la cual la definía como la pérdida del derecho de dominio a favor del Estado, sin contraprestación ni compensación de naturaleza alguna para su titular. Se caracteriza por ser una acción autónoma, de "naturaleza jurisdiccional, de carácter real y de contenido patrimonial, y procederá sobre cualquier derecho real, principal o accesorio, independientemente de quien los tenga en su poder, o los haya adquirido y sobre los bienes comprometidos. Esta acción es distinta e independiente de cualquier otra de naturaleza penal que se haya iniciado simultáneamente, o de la que se haya desprendido, o en la que tuviere origen, sin perjuicio de los terceros de buena fe exentos de culpa".

El fundamento constitucional de la acción de extinción de dominio se encuentra en el artículo 34 de la Carta, que señala que no se puede alegar protección constitucional sobre títulos viciados y el artículo 58, debido a que se presenta un incumplimiento a la función social de la propiedad.

El nuevo Código de Extinción de Dominio previsto en la Ley 1708 de 2014, busca otorgarle completa autonomía y suficiencia a la acción. Prevé que las de-

---

[28] Con relación a la acción de extinción de dominio, véase entre otras, las Sentencias de la Corte Constitucional 006-93, C-216-93, C-245-93, C-176-94, y C-389-94, C-374-97, C-409-97, C-539-97 y C-1708-00; C-194-98, C-677-98, C-674-99, y C-329-00 Finalmente se dictó la Sentencia C-1007-02, mediante la cual se realizó el control automático de constitucionalidad sobre el Decreto Legislativo 1975 de 2002, por medio del cual se suspendió la Ley 333 de 1996 y se reguló la acción y el trámite de la extinción de dominio.

finiciones lo son para la interpretación y aplicación de la ley, límite este que permite darle no solo identidad sino limitar su alcance. Contiene una parte general de la Extinción, en la que señala su concepto y las causales, entendidas estas como los requisitos objetivos que se deben comprobar para extinguir el dominio de un bien. El estatuto está integrado por una parte procedimental que fija el alcance y contenido de la acción, se refiere a su autonomía, la intemporalidad y su prevalencia. La norma fija por primera vez, criterios de priorización que serán tenidos en cuenta como derroteros para ejercer el trámite de extinción de dominio por parte de la Fiscalía General de la Nación.

La Ley de extinción señala las competencias y los sujetos procesales: Fiscalía y afectado, así como los intervinientes dentro de los que se encuentra el Ministerio Público, a quien le corresponde entre otros, velar por el respeto de los derechos de los afectados determinados que no comparecieren y de los indeterminados". La norma señala las reglas de competencia y la competencia por conexidad y se describen las reglas generales de la actuación, se regula además lo relacionado con los mecanismos de comunicación y vinculación al proceso, se establecen los tipos de decisiones o providencias y el contenido puntual de la sentencia de extinción de dominio.

La Ley prevé un apartado relevante en lo relacionado con la regulación de las medidas cautelares y la administración de los bienes. También se contienen como fases del proceso: a. una inicial previa al a fijación de la pretensión, b. un procedimiento abreviado, c. el trámite del requerimiento de declaratoria de improcedencia y d. el juicio de extinción de dominio. Uno de los capítulos de la ley, que resulta especialmente relevante, es el relacionado con la regulación de las reglas de prueba, donde se contienen las técnicas especiales de investigación, y la regulación de la cooperación internacional.

4.2.2. El procedimiento de Extinción del derecho de dominio previsto en la Ley 1708 de 2014

Partiendo de su definición normativa, "la extinción de dominio es una consecuencia patrimonial de actividades ilícitas o que deterioran gravemente la moral social, consistente en la declaración de titularidad a favor del Estado de los bienes, sin contraprestación ni compensación de naturaleza alguna".

El procedimiento fija un instrumento de persecución con contradicción, la fase previa al juicio es de competencia de la Fiscalía y el juicio de la judicatura, el cual se origina con la resolución de procedencia. En la fase previa, se puede materializar el derecho de contradicción y los derechos de los terceros de buena fe, como la condición que acompaña todo acto o negocio jurídico relacionado con la adquisición o destinación de los bienes y que se presume, y que no puede ser rota cuando el titular del derecho proceda de manera diligente y prudente, exenta de toda culpa. La etapa de juzgamiento, se inicia con la presentación de la pretensión de la Fiscalía General de la Nación, con un requerimiento al juez de extinción de dominio.

El Fiscal puede ordenar mediante providencia la imposición de medidas cautelares, con el fin de evitar que los bienes sean ocultados, negociados, gravados, distraídos, transferidos o puedan sufrir deterioro, extravío o destrucción; o con el propósito de cesar su uso o destinación ilícita, salvaguardando eso sí los derechos de terceros de buena fe exenta de culpa. Se contempla como medidas cautelares el embargo, el secuestro, la toma del control de Sociedades y la toma de posesión sobre establecimientos de comercio. Además se señalan como limites los siguientes: a. La inexistencia de los elementos mínimos de juicio suficientes para considerar que probablemente los bienes afectados con la medida tengan vínculo con alguna causal de extinción de dominio. b. Si la materialización de la medida cautelar no se muestre como necesaria, razonable y proporcional para el cumplimiento de sus fines. c. Si la decisión de imponer la medida cautelar no ha sido motivada. d. Si la decisión de imponer la medida cautelar está fundamentada en pruebas ilícitamente obtenidas.

Los actos de investigación de la Fiscalía General de la Nación, tienen control de legalidad ante los jueces de extinción de dominio, únicamente cuando ellos supongan una limitación de derechos fundamentales.

Frente a las causales de extinción, la ley distingue entre los bienes que tienen origen ilícito, y, aquellos que tienen que ver con la destinación ilícita de bienes. Cuando las pruebas obtenidas por la Fiscalía, configuren una causal de extinción de dominio, el fiscal dicta una Resolución de Fijación Provisional de la Pretensión, donde se señalan las razones fácticas, jurídicas y probatorias del origen o procedencia de los bienes.

La acción en el proceso de extinción se inicia de oficio por parte de la Fiscalía General, con "fundamento serio y razonable que permita inferir la probable existencia de bienes cuyo origen o destinación se enmarca en las causales de extinción del derecho de dominio. La ley destaca las técnicas ordinarias y especiales de investigación, entre ellas los allanamientos y registros, las interceptaciones a las comunicaciones, vigilancia de cosas, seguimiento y vigilancia de personas, búsquedas selectivas en bases de datos, recuperación de información dejada al navegar por internet, análisis e infiltración de organizaciones criminales, Agentes encubiertos, escuchas y grabaciones entre presentes entre otras.

La ley 1708 de 2014 hace mención a la cooperación internacional, el traslado, ofrecimiento y práctica de pruebas en el exterior, la asistencia mutua, la validez de las decisiones adoptadas por autoridades judiciales extranjeras y la facultad para compartir bienes.

Las causales, para la extinción del dominio se encuentran previstas en el artículo 16, en donde se señala que se declarará extinguido el dominio sobre los bienes que se encuentren en las siguientes circunstancias: 1. Los que sean producto directo o indirecto de una actividad ilícita. 2. Los que correspondan al objeto material de la actividad ilícita, salvo que la ley disponga su destrucción. 3. Los que provengan de la transformación o conversión parcial o total, física o jurídica del producto, instrumentos u objeto material de actividades ilícitas. 4. Los que formen parte de un incremento patrimonial no justificado, cuando existan elementos de conocimiento que permitan considerar razonablemente que provienen de actividades ilícitas. 5. Los que hayan sido utilizados como medio o instrumento para la ejecución de actividades ilícitas. 6. Los que de acuerdo con las circunstancias en que fueron hallados, o sus características particulares, permitan establecer que están destinados a la ejecución de actividades ilícitas. 7. Los que constituyan ingresos, rentas, frutos, ganancias y otros beneficios derivados de los anteriores bienes. 8. Los de procedencia lícita, utilizados para ocultar bienes de ilícita la procedencia. 9. Los de procedencia lícita, mezclados material o jurídicamente con bienes de ilícita procedencia. 10. Los de origen lícito cuyo valor sea equivalente a cualquiera de los bienes descritos en los numerales anteriores, cuando la acción resulte improcedente por el reconocimiento de los derechos de un tercero de buena fe exenta de culpa. 11. Los de origen lícito cuyo valor corresponda o sea equivalente al de bienes producto directo o indirecto de una actividad ilícita, cuando no sea posible la localización, identificación o afectación material de estos.

Parágrafo. También procederá la extinción de dominio respecto de los bienes objeto de sucesión por causa de muerte, cuando en ellos concurra cualquiera de las causales previstas en esta ley (ley 1708/2014, art. 16).

La Ley contiene un concepto de actividad ilícita, entendida como "toda aquella [actividad ilícita] tipificada como delictiva, independiente de cualquier declaración de responsabilidad penal, así como toda actividad que el legislador considere susceptible de aplicación de esta ley por deteriorar la moral social" (ley 1708/2014, art. 1).

Sin duda, se trata de una Ley integral que otorga al Estado la facultad de perseguir, incautar y disponer de los bienes sospechosos de provenir de actividades ilícitas o cuyo origen este directamente vinculado a este tipo de actividades ilegales, buscando además evitar el testaferrato. Es un instrumento eficaz en la investigación del entorno delictivo y financiero de los criminales organizados, a través de la perdida de derechos patrimoniales respecto de bienes cuya procedencia no sea debidamente aclarada por su poseedor.[29]

---

[29] Con referencia a la acción de extinción de dominio, la Corte Constitucional en Sentencia C- 1096 de 2003, puso de manifiesto: "La extinción de dominio es acción constitucional pública, jurisdiccional, autónoma, directa y expresamente regulada por el constituyente y relacionada con el régimen constitucional del derecho de propiedad, en virtud del cual se le asigna un efecto a la ilegitimidad del título del que se pretende derivar el dominio, independientemente de que tal ilegitimidad genere o no un juicio de responsabilidad penal. i) A ella no le son trasladables las garantías constitucionales referidas al delito, al proceso penal y a la pena por no tratarse de una institución que haga parte del ejercicio del poder punitivo del Estado. ii) Si bien a ella no le resulta aplicable la presunción de inocencia, el Estado no se encuentra legitimado para presumir la ilícita procedencia de los bienes objeto de extinción de dominio, pues éste se halla en la obligación ineludible de recaudar un compendio probatorio que le permita concluir, de manera probatoriamente fundada, que el dominio sobre unos bienes no tiene una explicación razonable en el ejercicio de actividades lícitas sino ilícitas. iii) Satisfecha esa exigencia el afectado tiene derecho a oponerse a la declaratoria de la extinción del dominio, pues ésta es una facultad legítima que está

En definitiva, la acción de extinción de dominio ha permitido la transferencia al Estado de bienes adquiridos a través del desarrollo de actividades ilícitas, a fin de que estos sean utilizados en programas de inversión social, fortalecimiento del sector justicia y lucha en todos los frentes contra el crimen organizado.

4.2.3. El comiso

Se trata de una medida prevista en el artículo 82 del Código de Procedimiento penal, que dispone que el comiso procederá sobre los bienes y recursos del penalmente responsable que provengan o sean producto directo o indirecto del delito, o sobre aquellos utilizados o destinados a ser utilizados en los delitos dolosos como medio o instrumentos para la ejecución del mismo, sin perjuicio de los derechos que tengan sobre ellos los sujetos pasivos o los terceros de buena fe.

Cuando los bienes o recursos producto directo o indirecto del delito sean mezclados o encubiertos con bienes de lícita procedencia, el comiso procederá hasta el valor estimado del producto ilícito, salvo que con tal conducta se configure otro delito, pues en este último evento procederá sobre la totalidad de los bienes comprometidos en ella.

Decretado el comiso, los bienes pasarán en forma definitiva a la Fiscalía General de la Nación a través del Fondo Especial para la Administración de Bienes, a menos que la ley disponga su destrucción o destinación diferente. Las anteriores medidas procederán cuando se tengan motivos fundados para inferir que los bienes o recursos son producto directo o indirecto de un delito doloso, que su valor equivale a dicho producto, que han sido utilizados o estén destinados a ser utilizados como medio o instrumento de un delito doloso, o que constituyen el objeto material del mismo, salvo que deban ser devueltos al sujeto pasivo, a las víctimas o a terceros.

Valga anotar, que la Ley 1142 de 2007, modificó el artículo 86 de la ley 906 de 2004, con el objeto de que el Fiscal General de la Nación desarrolle los sistemas de administración de bienes a cargo del fondo especial creado para tales efectos en la Fiscalía General de la Nación. La norma señala además, que en los eventos en los cuales se desconozca al titular, poseedor o tenedor de los bienes que fueron afectados, la Fiscalía General de la Nación instaurará la acción para que se declaren vacantes o mostrencos y sean adjudicados al Fondo Especial para la Administración de Bienes de la Fiscalía General de la Nación.

---

llamada a materializar el derecho de defensa del afectado y en virtud de la cual puede oponerse a la pretensión estatal de extinguir el dominio que ejerce sobre los bienes objeto de la acción. iv) Al ejercer ese derecho, el actor debe aportar las pruebas que acrediten la legítima procedencia de los bienes objeto de la acción pues, como titular del dominio, es quien se encuentra en mejor condición de probar ese hecho. En ese marco, el reconocimiento al afectado del derecho a probar el origen legítimo de los bienes, a probar que éstos no se adecuan a las causales de extinción y a probar la existencia de cosa juzgada, constituye una manifestación de la distribución de la carga probatoria a que hay lugar en el ejercicio de la acción de extinción de dominio y tal manifestación no es contraria al artículo 29 constitucional".

Se trata de una medida que afecta directamente el producto de la actividad delictiva, ello con el objeto de imposibilitar a los delincuentes el disfrute y beneficio de bienes derivados del delito o que hayan sido utilizados para su ejecución tratándose de delitos dolosos. No obstante, debe anotarse que la eficacia del comiso depende del aseguramiento cautelar en el proceso penal de los efectos, ganancias e instrumentos derivados del delito, como también de la Administración de los mismos efectué la Fiscalía General de la Nación.

4.2.4. El embargo y secuestro de bienes

El artículo 92 CPP dispone la posibilidad de decretar medidas cautelares sobre bienes del imputado o del acusado para proteger el derecho a la indemnización de los perjuicios causados con el delito. Las medidas cautelares las decretará el Juez de Control de garantías a petición del Fiscal o de las Víctimas, a partir de la audiencia de formulación de la imputación o con posterioridad a ella. También se prevé la apertura del incidente de reparación integral, una vez emitido el sentido del fallo por parte del Juez de conocimiento, que declara la responsabilidad penal del acusado, para determinar los daños y perjuicios causados con la conducta criminal.

Se trata de una medida procesal que afecta el patrimonio de los acusados por el delito, la norma no especifica que se trata de bienes provenientes de la actividad delictiva, sino que pertenezcan al imputado. Se evidencia que la finalidad de esta norma se circunscribe en asegurar la indemnización de los perjuicios generados con el delito. Ello posibilita de una parte, la reparación de las víctimas de las actividades criminales, y de otra la afectación del patrimonio de los delincuentes derivada de la imposibilidad de que puedan disfrutar de sus bienes cuando cometan delitos que afecten a terceros, tal y como sucede en los casos de criminalidad organizada.

4.2.5. Suspensión y cancelación de la personería jurídica

El artículo 91 señala que en cualquier momento y antes de presentarse la acusación, a petición de la Fiscalía, el juez de control de garantías ordenará a la autoridad competente que, previo el cumplimiento de los requisitos legales establecidos para ello, proceda a la suspensión de la personería jurídica o al cierre temporal de los locales o establecimientos abiertos al público, de personas jurídicas o naturales, cuando existan motivos fundados que permitan inferir que se han dedicado total o parcialmente al desarrollo de actividades delictivas.

Las anteriores medidas se dispondrán con carácter definitivo en la sentencia condenatoria cuando exista convencimiento más allá de toda duda razonable sobre las circunstancias que las originaron.

Sin lugar a dudas, se trata de una medida procesal cautelar, tendiente a evitar la comisión de las actividades delictivas en el interior de establecimientos o locales, como también que se continué la actividad criminal por parte de una persona jurídica o natural, cuando existan razones fundadas para ello. Esta es una medida conveniente, toda vez que muchas de las organizaciones criminales se valen de empresas fachada y sociedades mercantiles para garantizar la realización y consumación de los delitos, y posibilitar las ganancias económicas. Como se señaló, es una medida que puede adoptarse durante el proceso o con posterioridad a él una vez se dicte sentencia condenatoria.

4.2.6. Prohibición de enajenar

El artículo 97 señala que el imputado dentro del proceso penal no podrá enajenar bienes sujetos a registro durante los seis (6) meses siguientes a la formulación de la imputación, a no ser que antes se garantice la indemnización de perjuicios o haya pronunciamiento de fondo sobre su inocencia. La prohibición de enajenar se impone a partir de la audiencia de formulación de imputación, por parte del Juez de Control de Garantías.

Lo anterior, se fundamenta en la realidad que subyace a que muchas de las actividades conexas al crimen organizado se relacionan con la venta y explotación de bienes derivados o relacionados con ese tipo de delitos. Así las cosas, la prohibición de enajenar es un instrumento importante en la medida que limita cualquier posibilidad de disposición patrimonial del imputado respecto a los bienes sujetos a registro. Como señala la disposición normativa, esta medida no se ordenará si se garantiza la indemnización de perjuicios o exista declaración judicial de la inocencia. Con ello, se busca bloquear las actividades económicas que puedan sustraer los bienes del imputado que provengan de una fuente delictiva.

4.2.7. Allanamientos especiales

Según el artículo 226 CPP, se contempla para el allanamiento y registro de bienes inmuebles, naves, aeronaves o vehículos automotores que, conforme con el Derecho internacional y los Tratados en vigor gocen de inmunidad diplomática o consular, el fiscal solicitará venia al respectivo agente diplomático o consular, mediante oficio en el que se requerirá su contestación dentro de las veinticuatro (24) horas siguientes y será remitido por conducto del Ministerio de Relaciones Exteriores.

Se trata de una medida excepcional, que recae sobre bienes que conforme a las normas internacionales tengan inmunidad diplomática o consular. Dicha medida tiene por objeto asegurar el allanamiento y registro de bienes que puedan estar relacionados con la comisión de delitos, viéndose la autoridad judicial respectiva, obligada en cualquier caso a respetar las disposiciones supranacionales sobre este particular.

4.2.8. Retención de correspondencia

Prevista en el artículo 233, CPP dispone la retención de la correspondencia postal, telegráfica o de mensajería especializada o similar que reciba o remita el indiciado o imputado cuando tenga motivos razonablemente fundados, para inferir que existe información útil para la investigación.

Es una medida de especial eficacia investigativa, como viene demostrándose en muchos casos la criminalidad organizada actúa a través de diversos medios delictivos de comunicación, dentro de los que se destacan los de carácter informático y telemático. Podría pensarse que esta medida puede afectar Derechos fundamentales vinculados a la intimidad, no obstante, la propia norma es clara al precisar la exigencia de elementos razonables y fundados que permitan inferir al funcionario judicial la relación informativa entre la correspondencia y las actividades criminales.[30]

Se evidencia, que la lucha contra el crimen organizado implica la restricción de Derechos básicos de los ciudadanos, sin embargo, estas limitaciones deben ser la excepción, y sólo deben adoptarse cuando no existan otros medios para garantizar la persecución y prevención de la criminalidad organizada.

Valga anotar, que el artículo 234 dispone que la policía judicial examinará la correspondencia retenida y si encuentra elementos materiales probatorios y evidencia física que resulten relevantes a los fines de la investigación, en un plazo máximo de doce (12) horas, informará de ello al fiscal que expidió la orden. Si se tratare de escritura en clave o en otro idioma, inmediatamente ordenará el desciframiento por peritos en criptografía, o su traducción. Si por este examen se descubriere información sobre otro delito, iniciará la indagación correspondiente o bajo custodia la enviará a quien la adelanta. Una vez formulada la imputación, o vencido el término fijado, la policía judicial devolverá la correspondencia retenida que no resulte de interés para los fines de la investigación.

Lo anterior no será obstáculo para que pueda ser devuelta con anticipación la correspondencia examinada, cuya apariencia n o se hubiera alterado, con el objeto de no suscitar la atención del indiciado o imputado

4.2.9. Interceptación de comunicaciones

El artículo 235 CPP, reformado por el artículo 52 de la Ley 1453 de 2011, señala que el fiscal podrá ordenar, con el objeto de buscar elementos materiales

---

[30] Sobre las injerencias en la vida privada el Comité de Derechos Humanos del Pacto Internacional de Derechos Civiles y Políticos ha señalado: "(…)7. Como todas las personas viven en sociedad, la protección de la vida privada es por necesidad relativa. Sin embargo, las autoridades públicas competentes sólo deben pedir aquella información relativa a la vida privada de las personas cuyo conocimiento resulte indispensable para los intereses de la sociedad en el sentido que tienen con arreglo al Pacto. En consecuencia, el Comité recomienda que los Estados señalen en sus informes las leyes y reglamentos que regulan las injerencias autorizadas en la vida privada.

probatorios, evidencia física, búsqueda y ubicación de imputados, indiciados o condenados, que se intercepten mediante grabación magnetofónica o similares las comunicaciones que se cursen por cualquier red de comunicaciones, en donde curse información o haya interés para los fines de la actuación. En este sentido, las autoridades competentes serán las encargadas de la operación técnica de la respectiva interceptación así como del procesamiento de la misma. Tienen la obligación de realizarla inmediatamente después de la notificación de la orden y todos los costos serán a cargo de la autoridad que ejecute la interceptación.

En todo caso, deberá fundamentarse por escrito. Las personas que participen en estas diligencias se obligan a guardar la debida reserva. Por ningún motivo se podrán interceptar las comunicaciones del defensor. La orden tendrá una vigencia máxima de seis (6) meses, pero podrá prorrogarse, a juicio del fiscal, subsisten los motivos fundados que la originaron.

La orden del fiscal de prorrogar la interceptación de comunicaciones y similares deberá someterse al control previo de legalidad por parte del Juez de Control de Garantías.[31]

En todo caso, deberá fundamentarse por escrito. Las personas que participen en estas diligencias se obligan a guardar la debida reserva. De forma similar a la retención de la correspondencia, la interceptación de comunicaciones implica la restricción de derechos fundamentales de los ciudadanos, con el objeto de facilitar la investigación penal y lograr la ubicación de imputados. Su eficacia resulta manifiesta, y como se ha evidenciado en la práctica es uno de los instrumentos que más se usa para luchar contra el crimen organizado. A través de los operativos e investigación judicial, las autoridades competentes logran diseñar estrategias de interceptación encaminadas a esclarecer los hechos y detectar presuntos responsables. Pese a ello, su práctica debe ajustarse al respeto de los derechos y garantías establecidas por el legislador y que implican la menor injerencia en las esferas íntimas del ciudadano, salvo casos de evidente conexidad con el delito.

En particular, la interceptación de comunicaciones ha merecido especial interés de la Corte Constitucional colombiana, quien a través de algunos fallos se ha pronunciado respecto de su alcance y contenido. Así por ejemplo en Sentencia de la Corte Constitucional de 9 de mayo de 2007, el alto tribunal puso de manifiesto lo siguiente: ". No obstante la Corporación ha reconocido también que el derecho a la intimidad no es absoluto. En este sentido, la Corte ha establecido que el derecho fundamental a la intimidad "puede ser objeto de limitaciones" restrictivas de su ejercicio "en guarda de un verdadero interés general que responda a los presupuestos establecidos por el artículo 1º de la Constitución",[32] sin que por ello se entienda que pueda desconocerse su núcleo esencial.[33]

---
[31] Vid entre otras, Sentencias: T 928 de 2004, C 519 de 2007, C 336 de 2007 de la Corte Constitucional Colombiana
[32] Sentencia T-414 de 1992. M.P., Ciro Angarita Barón.
[33] Cfr. Sentencia C-501 de 1994 M.P. Vladimiro Naranjo Mesa.

El interés de la sociedad en que se investiguen las conductas delictivas y se sancione a sus responsables, en procura de preservar la vigencia de un orden justo, es también un bien protegido por la Constitución. El acopio de información en relación con las personas puede ser eventualmente un medio necesario para la satisfacción de ese interés constitucionalmente protegido. Sin embargo, su recaudo debe realizarse con escrupuloso acatamiento de las cautelas que la propia Constitución ha establecido para la protección de los derechos fundamentales especialmente expuestos a su afectación, vulneración o mengua en el contexto de una investigación criminal.[34] El requerimiento de autorización judicial previa para la adopción de medidas –adicionales– que implique afectación de derechos fundamentales es una de esas cautelas que el legislador debe acatar al configurar las reglas orientadas a regular la actividad investigativa del Estado".

En el mismo pronunciamiento la Corte señala que la autorización del juez de control de garantías, salvo en las excepciones explícitamente contemplada en la Constitución, se erige en presupuesto indispensable para legitimar las intervenciones a los derechos fundamentales y en particular las medidas que impliquen injerencia en el derecho fundamental a la intimidad personal, como es el acceso a información confidencial referida al indiciado o imputado mediante la búsqueda selectiva en bases de datos. La Corte Constitucional mediante Sentencia C-131-09 de 24 de febrero de 2009, destacó que "en el entendido de que en todo caso, la orden del fiscal de prorrogar la interceptación de comunicaciones y similares deberá estar sometida al control previo de legalidad por parte del juez de control de garantías'

4.2.10. Recuperación de información dejada al navegar por internet u otros medios tecnológicos que produzcan efectos equivalentes

En atención al artículo 236 CPP, modificado por el artículo 53 de la Ley 1453 de 2011, se dispone que cuando el fiscal tenga motivos razonablemente fundados, de acuerdo con los medios cognoscitivos previstos en este código, para inferir que el indiciado o imputado está transmitiendo o manipulando datos a través de las redes de telecomunicaciones, ordenará a policía judicial la retención, aprehensión o recuperación de dicha información, equipos terminales, dispositivos o servidores que pueda haber utilizado cualquier medio de almacenamiento físico

---

[34] 8. Incluso con respecto a las injerencias que sean conformes al Pacto, en la legislación pertinente se deben especificar con detalle las circunstancias precisas en que podrán autorizarse esas injerencias. La decisión correspondiente competerá sólo a la autoridad designada por la ley a ese efecto, que dará la autorización necesaria tras examinar cada caso en particular. El cumplimiento del artículo 17 exige que la integridad y el carácter confidencial de la correspondencia estén protegidos de jure y de facto. La correspondencia debe ser entregada al destinatario sin ser interceptada ni abierta o leída de otro modo. Debe prohibirse la vigilancia, por medios electrónicos o de otra índole, la intervención de las comunicaciones telefónicas, telegráficas o de otro tipo, así como la intervención y grabación de conversaciones. Los registros en el domicilio de una persona deben limitarse a la búsqueda de pruebas necesarias y no debe permitirse que constituyan un hostigamiento". (Comité de Derechos Humanos. Observación General No. 16). (...)

o virtual, análogo o digital, para que expertos en informática forense, descubran, recojan, analicen y custodien la información que recuperen; lo anterior con el fin de obtener elementos materiales probatorios y evidencia física o realizar la captura del indiciado, imputado o condenado.

En estos casos serán aplicables analógicamente, según la naturaleza de este acto, los criterios establecidos para los registros y allanamientos. La aprehensión, se limitará exclusivamente al tiempo necesario para la captura de la información en él contenida. Inmediatamente se devolverán los equipos incautados, de ser el caso. cuando se tengan motivos fundados, de que el indiciado o el imputado ha estado transmitiendo información útil para la investigación que se adelanta, durante su navegación por Internet u otros medios tecnológicos que produzcan efectos equivalentes, ordenará la aprehensión del computador, computadores y servidores que pueda haber utilizado, disquetes y demás medios de almacenamiento físico, para que expertos en informática forense descubran, recojan, analicen y custodien la información que recuperen.

Esta disposición contiene expresamente una medida investigativa encaminada a la detección del delito, su incorporación en el estatuto procesal penal obedece a la necesidad de ajustar los instrumentos de investigación a las necesidades reales en la lucha contra las nuevas formas de criminalidad. Sin lugar a dudas, uno de los efectos más significativos de la globalización han sido los avances informáticos y de los diversos medios de comunicación, prueba de ello, son los conocidos delitos informáticos y su conexidad con manifestaciones de la criminalidad organizada.

4.2.11. Vigilancia y seguimiento de personas

En atención a lo contenido en el artículo 239, modificado por el artículo 54 de la Ley 1453 de 2011, sin perjuicio de los procedimientos preventivos que adelanta la fuerza pública, en cumplimiento de su deber constitucional, el fiscal que tuviere motivos razonablemente fundados, de acuerdo con los medios cognoscitivos previstos, para inferir que el indiciado o el imputado pudiere conducirlo a conseguir información útil para la investigación que se adelanta, podrá disponer que se someta a seguimiento pasivo, por tiempo determinado, por parte de la Policía Judicial. Si en el lapso de un (1) año no se obtuviere resultado alguno, se cancelará la orden de vigilancia, sin perjuicio de que vuelva a expedirse, si surgieren nuevos motivos.

Otra de las medidas que contiene el Código de procedimiento en la lucha contra la criminalidad y efectividad de las investigaciones penales es la vigilancia y seguimiento de personas y cosas, lo cual supone, la observancia permanente sobre objetos y sujetos que puedan tener una relación directa con el delito.[35] No

---

[35] En particular, para las investigaciones que se adelantan por el delito de lavado de activos, la Corte Constitucional Colombiana ha señalado en Sentencia C 851 de 2005, lo siguiente: "Dada la complejidad que ge-

cabe duda, que la medida de vigilancia implica una restricción a la intimidad, de ahí que la norma la posibilite sólo para los supuestos en los que se constaten motivos fundados. La norma establece como límite temporal para efectuar dicho seguimiento, el plazo de un año, tiempo en el cual la policía judicial debe constatar si existe alguna conexidad con las actividades criminales.[36]

Sobre este particular aspecto, la Corte Constitucional colombiana en Sentencia C-431 de 2003, señaló: "Si la persona tiene el derecho a no ser molestada ni individualmente, ni en su familia, ello significa que esa incursión o seguimiento pasivo que autoriza el artículo 243 del Código de Procedimiento Penal, no puede realizarse sino de manera exclusiva para la finalidad prevista en la norma citada, es decir, para la identificación, individualización o captura posterior, cuando se cumplan para el efecto los requisitos constitucionales o legales, o para impedir la ejecución o consumación de conductas punibles. De manera que, se hace entonces indispensable que quien imparta la orden de realizar la incursión o seguimiento pasivo de alguien para las finalidades citadas, documente la decisión, con una motivación expresa que facilite el control preventivo de las conductas delictuosas y garantice al mismo tiempo el derecho a no ser molestado ni individualmente ni en su familia cuando no existan los motivos previstos por la ley para el efecto". En el mismo sentido, la Corte pone de manifiesto la temporalidad de la medida de seguimiento y vigilancia de las personas, ya que en ningún caso puedan significar persecuciones abusivas, pues la política criminal del Estado ha de adelantarse siempre conforme a la Constitución.

4.2.12. Vigilancia de cosas

El artículo 240 del CPP, dispone que el fiscal que dirija la investigación, que tuviere motivos razonablemente fundados, de acuerdo con los medios cog-

---

neralmente acompaña a las operaciones de lavado de activos –bien sea, por el número de cuentas, el tipo de transacciones, la velocidad de las transacciones, las instituciones y cuentas involucradas-, la prevención y sanción de este delito requiere no sólo del control de operaciones individuales, sino del seguimiento permanente y del análisis del comportamiento histórico de los usuarios del sistema financiero, a fin de identificar movimientos inusuales que no correspondan al giro normal de los negocios de una persona, que pudieran ser el producto de operaciones delictivas. Es por esto que la prevención, investigación y sanción efectiva del lavado de activos, especialmente en el contexto colombiano, demanda de la cooperación de las entidades financieras, del control y seguimiento por parte de las autoridades administrativas, de instrumentos de prevención, análisis y seguimiento de la información de los usuarios del sistema financiero, así como de medidas de carácter penal".

[36] Véase entre otras la Sentencia C- 431 de 2003 de la Corte Constitucional colombiana en la que se señala: "Cuando el Fiscal General o su delegado ordena a un funcionario judicial o de policía judicial realizar labores de inteligencia sobre actividades sospechosas de estar encaminadas a la vulneración de bienes jurídicos tutelados, individuales o colectivos, encuentra una finalidad constitucionalmente válida cual es la de buscar pruebas con fines judiciales o la de prevenir la comisión de delitos, constituyéndose en una herramienta valiosa de política criminal que el legislador en ejercicio de su libertad de configuración encontró importante delegar en el ente acusador con el fin de identificar, individualizar o capturar los autores o partícipes, desarticular empresas criminales, impedir la ejecución o consumación de conductas punibles, determinar la procedencia de la acción penal, recaudar pruebas, atender solicitudes de asistencia judicial, determinar el origen de los bienes y ubicar víctimas". De ahí, se infiere la relevancia de la medida como instrumento eficaz en la lucha contra la criminalidad organizada, prevención y persecución del delito".

noscitivos previstos, para inferir que un inmueble, nave, aeronave o cualquier otro vehículo o mueble se usa para almacenar droga que produzca dependencia, elemento que sirva para el procesamiento de dicha droga, o para ocultar explosivos, armas, municiones, sustancias para producir explosivos y, en general, los instrumentos de comisión de un delito o los bienes y efectos provenientes de su ejecución, ordenará a la policía judicial vigilar esos lugares y esas cosas, con el fin de conseguir información útil para la investigación que se adelanta. Si en el lapso máximo de un (1) año no se obtuviere resultado alguno, se cancelará la orden de vigilancia, sin perjuicio de que vuelva a expedirse, si surgieren nuevos motivos.

En la ejecución de la vigilancia se empleará cualquier medio idóneo, siempre y cuando no se afecte la expectativa razonable de intimidad del indiciado, del imputado o de terceros. En todo caso se surtirá la autorización del juez de control de garantías para la determinación de su legalidad formal y material, dentro de las treinta y seis (36) horas siguientes a la expedición de la orden por parte de la Fiscalía General.

4.2.13. *Análisis e infiltración de organización criminal*

El artículo 241 dispone, que cuando existan motivos fundados para inferir que el indiciado o el imputado, en la indagación o investigación que se adelanta, pertenece o está relacionado con alguna organización criminal, ordenará a la policía judicial la realización del análisis de aquella con el fin de conocer su estructura organizativa, la agresividad de sus integrantes y los puntos débiles de la misma. Después, ordenará la planificación, preparación y manejo de una operación, para que agente o agentes encubiertos la infiltren con el fin de obtener información útil a la investigación que se adelanta, de conformidad con lo establecido en el CPP.

Como se ha venido destacando, las organizaciones criminales se caracterizan por su dinamismo y complejidad, prueba de ello son las diversas manifestaciones de su actuar delictivo, a través del tipo de delitos que suelen cometer. En este sentido, las actividades de investigación de los delitos llevadas a cabo por los diferentes miembros de policía judicial bajo la dirección de la Fiscalía respectiva, son el instrumento clave para detectar, controlar las manifestaciones criminales de los grupos que se dedican a ello. Este asunto no es pacifico, toda vez que en el desarrollo de actividades de filtración y análisis de las organizaciones criminales, pueden resultar afectados derechos y garantías ciudadanas. Por su parte, la Corte Constitucional en su jurisprudencia ha venido destacando que: "La intervención de funcionarios judiciales o de policía judicial en la etapa previa a la comisión de un delito, bajo la dirección y coordinación del Fiscal General o su delegado, se constituye, a juicio de la Corte, en una medida eficaz de lucha contra la delincuencia. Por ello, restringir la competencia del ente acusador a la labor meramente represiva, es decir, que solamente pueda actuar una vez realizado el hecho punible, sería tanto como desconocer los fines constitucionales conferidos en la Carta a esa entidad".[37]

En el mismo sentido, ha destacado que la intervención del Fiscal General de la Nación o de su delegado en la incursión o seguimiento pasivo por parte de funcionarios judiciales o de policía judicial en actividades relacionadas con la preparación de un hecho punible, "le permite como cabeza máxima de la actividad de policía judicial, coordinar las labores de inteligencia, pesquisas, operaciones especiales a través de agentes encubiertos, y en general la utilización de las técnicas desarrolladas por la policía judicial, con el fin de que se lleven a cabo ajustándose a los requerimientos del debido proceso, sin que ello implique la punición de esos actos, ni la calificación previa de elementos que puedan eventualmente ser considerados como prueba, ni el peso relativo que puedan tener en el contexto de un proceso penal en caso de que a ello haya lugar, por cuanto esas actividades de seguimiento previo solamente podrán ser tenidas como criterios orientadores de la investigación, sin perjuicio de que el Fiscal General pueda a partir de esos informes producir dentro del proceso la prueba requerida a fin de esclarecer la veracidad de los hechos que han dado lugar a la procedencia de la acción penal cuando fuere el caso".[38]

4.2.14. Actuación de agentes encubiertos. Referencia al agente provocador

El agente encubierto es una de las medidas de mayor eficacia en la lucha contra la criminalidad organizada, es un instrumento caracterizado por la infiltración de miembros de las fuerzas de seguridad en las organizaciones criminales, quienes ocultan su autentica identidad con el propósito de detectar y perseguir delitos. Del mismo modo, este tipo de medidas buscan la verificación de ideólogos y dirigentes de tales organizaciones.

La actividad del agente encubierto está dirigida a tareas de información y verificación de las actividades criminales, para de tal forma descubrir los delitos y garantizar los elementos probatorios. Al respecto, la Convención de Naciones Unidas contra el Crimen Organizado de 2000, y la Convención contra la Corrupción de 2003, prevén que en atención con los principios y garantías fundamentales previstas en los ordenamientos de los Estados, el reconocimiento de las técnicas especiales de investigación como las operaciones encubierto. La Convención contra la corrupción señala que los Estados tomaran las medidas necesarias para posibilitar la admisión de las pruebas emanadas de dicha técnica.

En Colombia, el agente encubierto es el funcionario de policía judicial o particular, que se infiltra en una organización criminal, previa orden del Fiscal a cargo de la investigación y con la respectiva autorización del Director Nacional

---

[37] Vid entre otras, Sentencia 431 de 2003 Corte Constitucional Colombiana.
[38] Sentencia 431 de 2003.

de Fiscalías o del Director Seccional de Fiscalías correspondiente. Su objeto es establecer las características de la organización, sus miembros, funciones de los mismos, modus operandi, y toda información que permita desmantelar la organización. El artículo 242 CPP, señala que cuando existan motivos fundados para inferir que el indiciado o el imputado en la investigación que se adelanta, continúa desarrollando una actividad criminal, previa autorización del Director Nacional o Seccional de Fiscalías, podrá ordenar la utilización de agentes encubiertos, siempre que resulte indispensable para el éxito de las tareas investigativas. En el desarrollo de esta facultad especial podrá disponerse que uno o varios funcionarios de la policía judicial o, incluso particulares, puedan actuar en esta condición y realizar actos extrapenales con trascendencia jurídica. En todo caso, el uso de agentes encubiertos no podrá extenderse por un período superior a un (1) año, prorrogable por un (1) año más mediante debida justificación.

Valga mencionar que el artículo 36 de la Ley 1474 de 2011, incorporo un nuevo instrumento en la lucha contra la corrupción destacando de manera específica, que los mecanismos contemplados en los artículos 241 y 242 podrán utilizarse cuando se verifique la posible existencia de hechos constitutivos de delitos contra la Administración Pública en una entidad pública. Indicando además que cuando en investigaciones de corrupción, el agente encubierto, en desarrollo de la operación, cometa delitos contra la Administración Pública en coparticipación con la persona investigada, quedará exonerado de responsabilidad, salvo que exista un verdadero acuerdo criminal ajeno a la operación encubierta, mientras que el indiciado o imputado responderá por el delito correspondiente.

En lo que respecta al agente provocador, éste es considerado como un autentico inductor, quien sin querer la consumación del delito, adopta las medidas de precaución oportunas para posibilitar el procesamiento de los criminales. La doctrina no ha sido pacifica al momento de determinar los limites de su responsabilidad criminal, valga destacar que las tesis que excluyen tal incriminación consideran que en la conducta del agente provocador falta el dolo en la consumación del delito, como elemento que exige la inducción. No obstante, existe una tendencia internacional liderada por la jurisprudencia del Tribunal Supremo Español y el Tribunal de Derechos Humanos que considera posible la sanción de las conductas desarrolladas por el agente provocador. En lo que respecta al ordenamiento colombiano, debe señalarse que el artículo 243 CPP, prohíbe al agente encubierto sembrar la idea de la comisión del delito en el indiciado o imputado. Así, sólo está facultado para entregar por sí, o por interpuesta persona, o facilitar la entrega del objeto de la transacción ilegal, a instancia o por iniciativa del indiciado o imputado.

4.2.15. Entrega vigilada

En la Convención de Naciones Unidas contra la delincuencia trasnacional de 2000, art. 2. i. se define la entrega vigilada como la técnica consistente en posibilitar que remesas ilícitas o sospechosas de serlo, circulen por el territorio de un Estado con el conocimiento y bajo la supervisión de las autoridades competentes, ello con la finalidad de investigar delitos e identificar a los involucrados en la comisión de los mismos. Esta misma técnica especial de investigación se haya contenida en la Convención de la ONU contra la corrupción de 2003, art. 50.1, que prevé además, que los Estados adoptaran las medidas necesarias para posibilitar la admisibilidad de las pruebas emanadas de esta técnica

En Colombia, se trata de una técnica de investigación consistente en dejar que una mercancía ilegal se transporte en el territorio nacional, entre o salga de el, bajo la vigilancia de una red de agentes de policía judicial previo el lleno de las autorizaciones y ritualidades exigidas por el código de procedimiento penal. Sobre este aspecto, el artículo 243 CPP señala que cuando existan motivos fundados para creer que el indiciado o el imputado dirige, o de cualquier forma interviene en el transporte de armas, explosivos, municiones, moneda falsificada, drogas que producen dependencia o también cuando sea informado por agente encubierto o de confianza de la existencia de una actividad criminal continua, previa autorización del Director Nacional o Seccional de Fiscalías, podrá ordenar la realización de entregas vigiladas de objetos cuya posesión, transporte, enajenación, compra, alquiler o simple tenencia se encuentre prohibida. A estos efectos se entiende como entrega vigilada el dejar que la mercancía se transporte en el territorio nacional o salga de él, bajo la vigilancia de una red de agentes de policía judicial especialmente entrenados y adiestrados.[39]

La Corte Constitucional mediante Sentencia C-025-09 de 27 de enero de 2009, precisó ".. Siempre que se entienda que cuando el indiciado tenga noticia de que en las diligencias practicadas en la etapa de indagación anterior a la formulación de la imputación, se está investigando su participación en la comisión de un hecho punible, el juez de control de garantías debe autorizarle su participación y la de su abogado en la audiencia posterior de control de legalidad de tales diligencias, si así lo solicita".

4.2.16. Búsqueda selectiva en bases de datos

El artículo 244 prevé que la policía judicial en desarrollo de su actividad investigativa, podrá realizar las comparaciones de datos registrados en bases mecánicas, magnéticas u otras similares, siempre y cuando se trate del simple cotejo de informaciones de acceso público. Cuando se requiera adelantar búsqueda selectiva en las bases de datos, que implique el acceso a información confidencial, referida al indiciado o imputado o, inclusive a la obtención de datos

---

[39] Con referencia al agente provocador, la Sentencia de la Corte Constitucional C- 962 de 2003, en el salvamento de voto del Magistrado JAIME ARAUJO RENTERIA, señala: "En relación con el artículo 20 de las técnicas especiales de la investigación, me parece que el derecho colombiano debe proscribir la figura del agente provocador, que por regla general lo que hace es instigar al delito a personas inocentes, que nunca antes habían pensado en delinquir hasta que el agente provocador se los propone".

derivados del análisis cruzado de las mismas, deberá mediar autorización previa del fiscal que dirija la investigación y se aplicarán, en lo pertinente, las disposiciones relativas a los registros y allanamientos. No obstante, se requiere de orden judicial previa cuando se trata de datos personales organizados con fines legales y recogidos por instituciones o entidades públicas o privadas debidamente autorizadas para ello.

Con relación a la búsqueda selectiva en base de datos, la Sentencia C-336 de 2007 de la Corte Constitucional, pone de manifiesto los siguientes aspectos: "para la Corte es claro que la búsqueda selectiva de información personal en bases de datos, constituye un medio específico para la obtención de evidencia física con fines probatorios, que conserva su propia autonomía frente a esos otros medios de acopio informativo relacionados en el numeral 2° del artículo 250 de la Constitución como son los registros, los allanamientos, las incautaciones, y la interceptación de comunicaciones. Ni técnica ni conceptualmente es posible incluir la búsqueda selectiva de información en bases de datos en la categoría de los registros como instrumento de pesquisa, a los que refiere el artículo 250.2 de la Carta.

La búsqueda selectiva en bases de datos se inserta dentro del ámbito de operatividad del derecho al *habeas data,* que recae sobre sistemas de acopio de información que se articulan a los llamados bancos de datos o centrales de información, que son administrados por entidades públicas o privadas sometidas a ciertos principios jurídicos, con el fin de garantizar la armonía en el ejercicio de los derechos fundamentales de los diversos actores (titulares, usuarios y administradores) del proceso de recopilación, procesamiento, almacenamiento, control y divulgación de datos personales".

Se evidencia que la búsqueda selectiva en bases de datos, sólo opera como mecanismo de investigación en los casos relativos a información de carácter público. Cuando se trate de información confidencial dada su vinculación con el derecho a la intimidad, debe existir orden de la autoridad judicial competente, y se justificará si tal indagación se configura como un instrumento necesario para constatar la comisión de un delito o la detección de una organización criminal.

La Corte Constitucional mediante Sentencia C-025-09 de 27 de enero de 2009, destacó sobre el particular que "siempre que se entienda que cuando el indiciado tenga noticia de que en las diligencias practicadas en la etapa de indagación anterior a la formulación de la imputación, se está investigando su participación en la comisión de un hecho punible, el juez de control de garantías debe autorizarle su participación y la de su abogado en la audiencia posterior de control de legalidad de tales diligencias, si así lo solicita". Del mismo modo, la Sentencia C-336-07 de 9 de mayo de 2007, resaltó que "en el entendido que se requiere de orden judicial previa cuando se trata de datos personales organizados con fines legales y recogidos por instituciones o entidades públicas o privadas debidamente autorizadas para ello".

4.2.17. Exámenes de ADN que involucren al indiciado o al imputado

Como lo dispone el artículo 245 CPP, cuando la policía judicial requiera la realización de exámenes de ADN, en virtud de la presencia de fluidos corporales, cabellos, vello púbico, semen, sangre u otro vestigio que permita determinar datos como la raza, el tipo de sangre y, en especial, la huella dactilar genética, se requerirá orden expresa del fiscal que dirige la investigación

Todas estas técnicas de investigación deben contar con la aprobación del correspondiente Juez de Control de garantías y conservar la correspondiente cadena de custodia, para así poder formular la imputación. Como se ha precisado respecto de otras medidas encaminadas a la persecución del delito y sus autores que involucren afectación de derechos fundamentales, tales medidas se podrán realizar cuando concurran una serie de presupuestos jurídicos y fácticos para ello, en el caso de los exámenes de ADN que involucren al imputado o indiciado siempre que sean necesarios y pertinentes para el desarrollo de la actividad investigativa y la verificación de elementos claves del delito, siempre que exista previa orden de la autoridad judicial correspondiente.

Es preciso anotar, que la revisión de legalidad que corresponde al juez de garantías, debe hacerse de manera previa, tal como lo fijó la Corte Constitucional mediante Sentencia C-334-10 de 12 de mayo de 2010, también debe tenerse en cuenta lo dicho en la Sentencia C-025-09 de 27 de enero de 2009, "siempre que se entienda que cuando el indiciado tenga noticia de que en las diligencias practicadas en la etapa de indagación anterior a la formulación de la imputación, se está investigando su participación en la comisión de un hecho punible, el juez de control de garantías debe autorizarle su participación y la de su abogado en la audiencia posterior de control de legalidad de tales diligencias, si así lo solicita".

4.2.18. La protección de victimas y testigos a cargo de la fiscalía general de la nación

La Ley 906 de 2004, conforme el Acto Legislativo 03 de 2002, señala en su artículo 114 dentro de las atribuciones de la Fiscalía General de la Nación, la obligación de velar por la protección de las víctimas, testigos y peritos que la Fiscalía pretenda presentar en los procesos penales. Por su parte, el artículo 342 dispone que: "Luego de formulada la acusación y para la protección integral de las víctimas o testigos, a solicitud de la Fiscalía, podrá el juez ordenar las medidas tendientes a ofrecerles eficaz protección, para conjurar posibles reacciones contra ellos o su familia, originadas en el cumplimiento de su deber testifical"

Por su parte, el artículo 342 establece que una vez formulada la acusación el juez podrá, a solicitud de la Fiscalía, cuando se considere necesario para la protección integral de las víctimas o testigos, ordenar:

1. Que se fije como domicilio para los efectos de las citaciones y notificaciones, la sede de la Fiscalía, quien las hará llegar reservadamente al destinatario.

2. Que se adopten las medidas necesarias tendientes a ofrecer eficaz protección a víctimas y testigos para conjurar posibles reacciones contra ellos o su familia, originadas en el cumplimiento de su deber testifical.

Además de las disposiciones normativas en el ámbito de protección de testigos en Colombia, debe destacarse que la jurisprudencia emanada de la Corte Constitucional del país, ha tenido un importante papel al momento de precisar conceptos y contenidos de las normas que regulan esta materia. Así por ejemplo, puede destacarse que la Corte en reiteradas Sentencias se ha pronunciado sobre los criterios de vinculación al Programa, las diferencias entre los niveles de riesgo, el alcance de la condición de testigo y los derechos que se tienen en virtud de tal situación en el proceso penal.[40] En particular, y con referencia a la tutela de testigos en la Ley de Justicia y Paz, la Corte ha señalado algunas precisiones en este ámbito, como las relacionadas con la reserva de información y la protección de la intimidad, vida, integridad y seguridad de los testigos.[41]

No cabe duda, que la protección de víctimas y testigos se constituye en un instrumento clave del Estado en la lucha contra la criminalidad organizada. Si el Estado a través de la Fiscalía General de la Nación y demás instancias competentes cuenta con programas de protección y asistencia de víctimas y testigos de la criminalidad, se fomentará su participación en los procesos penales, y con ello, la detección y persecución de los criminales, redes y formas de actuación. Sólo en la medida que se garanticen sus derechos y en particular, se pongan en marche medidas como la relocalización, cambios de identidad y protección de su integridad y la de sus familiares en el curso de la investigación.

4.2.19. Inversión excepcional de la carga de la prueba

Se trata de admitir como posibles las presunciones en contra del procesado, o la inversión de la carga de la prueba con carácter excepcional para delitos muy graves. Sobre este particular el Convenio de Naciones Unidas sobre crimen organizado de 2000, recomienda en su articulo 12.7 la posibilidad de exigir a un delincuente que demuestre el origen licito del presunto producto del delito u otros bienes expuestos a decomiso, con observancia de los principios del Derecho interno.

Respecto a este particular aspecto, es preciso anotar que la presunción de inocencia hace parte del debido proceso, y por tanto se articula en un Derecho fundamental previsto en el artículo 29 CN. En este orden de ideas, la carga de la

---

[40] Véase entre otras, las Sentencias de la Corte Constitucional Colombiana: T683 de 2005; C 209 de 2007, C 473 de 2005, C343 de 2007 y T 1060 de 2006.

[41] Véase las Sentencias de la Corte Constitucional Colombiana: C- 370 de 2006 y 576 de 2006.

prueba es un deber del Estado quien a través de las instancias judiciales competentes debe constatar los elementos probatorios necesarios que posibiliten acreditar la comisión de un delito. Sin embargo, y como se anotó en líneas anteriores el ordenamiento jurídico colombiano en el ámbito de la acción de extinción de dominio permite la inversión de la carga de la prueba.

Así, la Sentencia C- 740 de 2003 la Corte Constitucional colombiana, puso de manifiesto con relación a la inversión de la carga de la prueba en los procesos de extinción de dominio: "Por otra parte, cuando el Estado ejerce la acción de extinción de dominio, en manera alguna se exonera del deber de practicar las pruebas orientadas a acreditar las causales que dan lugar a ella. (..) Nótese cómo no es que el Estado, en un acto autoritario, se exonere del deber de practicar prueba alguna y que, sin más, traslade al afectado el deber de acreditar la lícita procedencia de sus bienes. Por el contrario, aquél se encuentra en el deber ineludible de practicar las pruebas necesarias para concluir que el dominio ejercido sobre los bienes no tiene una explicación razonable derivaba del ejercicio de actividades lícitas. Satisfecha esta exigencia, el afectado, en legítimo ejercicio de su derecho de defensa, puede oponerse a esa pretensión y allegar los elementos probatorios que desvirtúen esa fundada inferencia estatal. De no hacerlo, las pruebas practicadas por el Estado, a través de sus funcionarios, bien pueden generar la extinción de dominio, acreditando, desde luego, la causal a la que se imputa su ilícita adquisición. De acuerdo con esto, lejos de presumirse la ilícita procedencia de los bienes objeto de la acción, hay lugar a una distribución de la carga probatoria entre el Estado y quien aparece como titular de los bienes, pues este puede oponerse a aquella".

En efecto, y en atención a las normas rectoras que erigen el sistema jurídico colombiano, puede señalarse que la carga de la prueba es un deber del Estado, y una garantía del ciudadano emanada del debido proceso y la presunción de inocencia. En consecuencia, la persecución de los delitos de carácter organizado no puede suponer la violación de los derechos emanados de la Carta constitucional *so pretexto* de posibilitar la persecución del delito. En un sistema garantista y respetuoso de los Derechos fundamentales, el Estado debe garantizar su observancia y limitar lo menos posible su alcance. No obstante, en instrumentos específicos de lucha contra la criminalidad organizada como la acción de extinción de dominio las disposiciones legales y la jurisprudencia de la Corte Constitucional señalan que la carga de la prueba se halla dividida entre el Estado y quien aparece como titular de los bienes objeto de extinción.

4.2.20. Preacuerdos y negociaciones entre la fiscalía, el imputado y el acusado

El artículo 348 CPP señala como finalidades de los acuerdos y preacuerdos: humanizar la actuación procesal y la pena; obtener pronta y cumplida justicia; activar la solución de los conflictos sociales que genera el delito; propiciar la reparación integral de los perjuicios ocasionados con el injusto y lograr la participación del imputado en la definición de su caso, la Fiscalía y el imputado o acusado podrán llegar a preacuerdos que impliquen la terminación del proceso.

El funcionario, al celebrar los preacuerdos, debe observar las directivas de la Fiscalía General de la Nación y las pautas trazadas como política criminal, a fin de aprestigiar la administración de justicia y evitar su cuestionamiento. Por su parte el artículo 349 de la misma norma dispone que en los delitos en los cuales el sujeto activo de la conducta punible hubiese obtenido incremento patrimonial fruto del mismo, no se podrá celebrar el acuerdo con la Fiscalía hasta tanto se reintegre, por lo menos, el cincuenta por ciento del valor equivalente al incremento percibido y se asegure el recaudo del remanente.

Con relación a los preacuerdos y negociaciones, resulta conveniente el pronunciamiento de la Corte Constitucional, que en Sentencia C-517 de 2007 señaló: "En cuanto a la *naturaleza*, los preacuerdos y las negociaciones representan una vía judicial encaminada a la simplificación de los procesos mediante la supresión parcial o total del debate probatorio y argumentativo como producto del consenso entre las partes del proceso. Los procesos abreviados basados en los preacuerdos y las negociaciones entre las partes involucradas, no son expresión de una renuncia al poder punitivo del Estado,[42] están guiados por el propósito de resolver de manera más expedita el conflicto penal mediante la aceptación, por parte del imputado o acusado de hechos que tengan relevancia frente a la ley penal y su renuncia libre, voluntaria e informada, al juicio oral y público, a cambio de un tratamiento jurídico y punitivo menos severo por parte del órgano jurisdiccional. No incorporan el ejercicio de un poder dispositivo sobre la acción penal,[43] sino la búsqueda, a través del consenso, de alternativas que permitan anticipar o abreviar el ejercicio de la acción penal.

La denominada justicia consensuada, fundada en los preacuerdos y las negociaciones debe estar asistida por unas *finalidades* como son la de *(i) humanizar* la actuación procesal y la pena; *(ii)* la *eficacia* del sistema reflejada en la obtención pronta y cumplida justicia; *(iii)* propugnar por la solución de los conflictos sociales que genera el delito; *(iv)* propiciar la *reparación integral* de los perjuicios ocasionados con el injusto; *(v)* promover la *participación* del imputado en la definición de su caso (Art. 348)".

En efecto, las negociaciones y preacuerdos suponen el reconocimiento de responsabilidad por parte del imputado o acusado; la coexistencia de un fundamento probatorio sobre el cual se produce el acuerdo; la renuncia libre, conciente,

---

[42] El artículo 250 de la Constitución establece que "la Fiscalía General de la Nación está obligada a adelantar el ejercicio de la acción penal y realizar la investigación de los hechos que revistan las características de un delito que lleguen a su conocimiento por medio de denuncia, petición especial, querella o de oficio, siempre y cuando medien suficientes motivos y circunstancias fácticas que indiquen la posible existencia del mismo".

[43] Conforme al artículo 250 de la Carta la Fiscalía General de la Nación no podrá suspender, interrumpir, ni renunciar a la persecución penal, salvo en los casos que establezca la ley para la aplicación del principio de oportunidad.

voluntaria y formalmente comunicada del imputado o acusado al juicio público, oral, concentrado y contradictorio; los descuentos punitivos derivados del acuerdo. Una vez aprobada la negociación, se convocará a audiencia para dictar la sentencia correspondiente, mediante la cual se produce la terminación anticipada al proceso. Ello en definitiva, implica por una parte economía procesal, celeridad y eficacia de la justicia, este tipo de medidas procesales pueden propiciar el desmantelamiento de redes criminales, persecución de los delitos y sanción de los autores y participes de los mismos. Sin lugar a duda las posibilidades legales de negociación entre los acusados o imputados por el delito y la Fiscalía General de la Nación, es un instrumento clave en la lucha contra la criminalidad organizada, y en particular, en la mayor eficacia persecutora del Estado a través de la sanción del delito, búsqueda de la justicia y control de la impunidad.

A su vez, la Constitucional mediante Sentencia C-516-07 de 11 de julio de 2007, señaló "en el entendido que la víctima también podrá intervenir en la celebración de acuerdos y preacuerdo entre la Fiscalía y el imputado o acusado, para lo cual deberá ser oída e informada de su celebración por el fiscal y el juez encargado de aprobar el acuerdo".

4.2.21. Rebajas por allanamiento de cargos

El artículo 293 de la Ley 906 de 2004, modificado por el artículo 69 de la Ley 1453 de 2011, precisa que "Si el imputado, por iniciativa propia o por acuerdo con la Fiscalía acepta la imputación, se entenderá que lo actuado es suficiente como acusación. La Fiscalía adjuntará el escrito que contiene la imputación o acuerdo que será enviado al Juez de conocimiento. Examinado por el juez de conocimiento el acuerdo para determinar que es voluntario, libre y espontáneo, procederá a aceptarlo sin que a partir de entonces sea posible la retractación de alguno de los intervinientes, y convocará a audiencia para la individualización de la pena y sentencia".

En el parágrafo de le mencionada norma se contiene que la retractación por parte de los imputados que acepten cargos será válida en cualquier momento, siempre y cuando se demuestre por parte de estos que se vicio su consentimiento o que se violaron sus garantías fundamentales. señala que si en la audiencia de formulación de imputación "el imputado, por iniciativa propia o por acuerdo con la Fiscalía acepta la imputación, se entenderá que lo actuado es suficiente como acusación".

Al momento de la formulación de imputación existen dos formas de aceptación de cargos: una unilateral y otra preacordada, cuyas consecuencias están reguladas de manera independiente, a la segunda de ellas ya hemos hecho referencia en líneas anteriores. La primera, por su parte se haya prevista en el artículo 288 CPP que señala que cuando en desarrollo de la audiencia de formulación de la imputación, el investigado acoge la posibilidad de allanarse a la imputación, obtendrá la rebaja de pena del inciso primero del artículo 351, que será hasta de la mitad de la pena imponible.

El reconocimiento que hace el imputado ante el Juez de control de garantías o el de conocimiento, según sea el caso, de ser el autor o partícipe de los hechos ilícitos investigados por la Fiscalía General de la Nación, debe ser voluntario, libre y espontáneo sin que pueda alegar causales de exclusión de la responsabilidad penal. El Juez de control de garantías o el de conocimiento, según el caso, puede desvirtuar la aceptación por existir vicios en el consentimiento, por elementos materiales de prueba deficientes, por error, fuerza, o por cualquiera otra circunstancia análoga que aparezca demostrada en la tramitación de cada etapa del proceso.

Como lo anotamos, en la lucha contra la criminalidad organizada no bastan las medidas de carácter sustancial como incremento de penas, tipificación de nuevas modalidades delictivas y en definitiva aumento de la represión, si a ello, no se añaden medidas procesales efectivas relacionadas con la persecución y detección del delito, y en particular con medidas procesales encaminadas a desarticular redes criminales, adelantar procesos ágiles y evitar la impunidad. Ello supone, que el sistema acusatorio incorpore figuras como los acuerdos y preacuerdos, rebajas de penas por aceptación o allanamiento de cargos y la aplicación del principio de oportunidad. La experiencia colombiana en este ámbito se viene presentando de forma positiva como un instrumento clave para limitar la actuación de redes criminales, y evitar la comisión de nuevos delitos, como también por avanzar hacia la consolidación de un proceso penal eficiente en cuanto a represión del crimen, búsqueda de la verdad y justicia, y protección de los derechos ciudadanos.

4.2.22. El principio de oportunidad

La Convención de Palermo en el artículo 26, incluye dentro de las medidas para intensificar la cooperación con las autoridades encargadas de hacer cumplir la ley, la siguiente: "3. Cada Estado Parte considerará la posibilidad de prever, de conformidad con los principios fundamentales de su derecho interno, la concesión de inmunidad judicial a las personas que presten una cooperación sustancial en la investigación o el enjuiciamiento respecto de los delitos comprendidos en la presente Convención". Por su parte, y en lo que atañe a la aplicación de este principio en el ordenamiento interno colombiano, es preciso señalar que la causal quinta dispone "Cuando el imputado colabore eficazmente para evitar que continúe el delito o se realicen otros, o aporte información esencial para la desarticulación de bandas de delincuencia organizada".

Se trata de la figura del "arrepentido o testigo de la corona",[44] caso en el cual, la Fiscalía General de la Nación puede abstenerse de investigar alguno o todos los delitos, cuando el testigo brinde información efectiva para evitar la

---

[44] Cfr. GARZÓN MARÍN, A, y LONDOÑO AYALA, C., "Principio de oportunidad"., Bogotá, 2006. pág. 134.

comisión de conductas criminales de mayor gravedad a las que le fueron imputadas; o cuando suministra información relevante para desarticular organizaciones criminales.

Sobre el particular el artículo 324 de la Ley 906 de 2004, incisos 4 y 5 establecen la aplicación del principio de oportunidad en el marco del crimen organizado del siguiente modo: numeral 4: Cuando el imputado o acusado, hasta antes de iniciarse la audiencia de juzgamiento, colabore eficazmente para evitar que el delito continúe ejecutándose, o que se realicen otros, o cuando suministre información eficaz para la desarticulación de bandas de delincuencia organizada. Respecto al numeral quinto: Cuando el imputado o acusado, hasta antes de iniciarse la audiencia de juzgamiento, se compromete a servir como testigo de cargo contra los demás procesados, bajo inmunidad total o parcial.

En este evento los efectos de la aplicación del principio de oportunidad quedarán en suspenso respecto del procesado testigo hasta cuando cumpla con el compromiso de declarar. Si concluida la audiencia de juzgamiento no lo hubiere hecho, se revocará el beneficio.

La información obtenida a través de la colaboración, será constatada por los miembros de la policía judicial, con el propósito de obtener evidencias físicas, elementos materiales probatorios o declaraciones que puedan utilizarse en un juicio para desarticular redes criminales. La eficacia de la aplicación del principio de oportunidad serán revocados si la persona beneficiada con el mismo incumple con la obligación que la motivó". Se trata de una figura conocida en el sistema anglosajón como *to turn King's / Queen's evidence*, que significa "la colaboración de aquel que estando vinculado con el hecho como presunto autor o partícipe actúa como testigo contra terceros que presuntamente han intervenido con él".[45]

La norma consagra la posibilidad de revocar los beneficios, si la persona incumple con su obligación. Por lo cual, el principio de oportunidad puede aplicarse interrumpiendo la persecución penal contra el imputado, hasta tanto declare como testigo de cargo durante el juicio que se adelante contra los demás intervinientes. Tal propuesta operará tanto para las figuras de inmunidad total (*transaccional inmunity*), como la de inmunidad parcial *(use inmunity)*.

Por su parte, la causal 15 dispone. "Cuando la persecución penal de un delito comporte problemas sociales más significativos, siempre y cuando exista y se produzca una solución alternativa adecuada a los intereses de las víctimas. No procederá para los jefes, organizadores o promotores".

Con relación a esta última causal, la Corte Constitucional señaló en Sentencia C095 de 2007 lo siguiente: "La Corte entra a estudiar el cargo según el cual los jefes y cabecillas de una organización delincuencial en ningún caso deben ser beneficiarios del principio de oportunidad. Sin embargo, la Corte estima que de la Constitución Política no emana una premisa según la cual el mayor grado de

---

[45] Cfr. PERDOMO TORRES. *Cit.* pág. 132.

responsabilidad tenga que ser, en todos los casos, un factor determinante de la imposibilidad de aplicar el principio de oportunidad penal. Al respecto obra la libertad de configuración del legislador, que puede consagrar distintas excepciones para la aplicación del principio de oportunidad penal, teniendo en cuenta la diversidad de supuestos de hecho a que se refieren cada una de las causales de aplicación de dicho principio".

La causal 16, destaca la aplicación del principio de oportunidad, cuando quien haya prestado su nombre para adquirir o poseer bienes derivados de la actividad de un grupo organizado al margen de la ley o del narcotráfico, los entregue al fondo para Reparación de Víctimas siempre que no se trate de jefes, cabecillas, determinadores, organizadores promotores o directores de la respectiva organización.

El Numeral 18 adicionado por el artículo 40 de la Ley 1474 de 2011, resalta que cuando el autor o partícipe en los casos de cohecho formulare la respectiva denuncia que da origen a la investigación penal, acompañada de evidencia útil en el juicio, y sirva como testigo de cargo, siempre y cuando repare de manera voluntaria e integral el daño causado. Los efectos de la aplicación del principio de oportunidad serán revocados si la persona beneficiada con el mismo incumple con las obligaciones en la audiencia de juzgamiento. El principio de oportunidad se aplicará al servidor público si denunciare primero el delito en las condiciones anotadas.

El artículo 324 del CPP, señala en el parágrafo primero, que "En los casos de tráfico de estupefacientes y otras infracciones previstas en el capítulo segundo del título XIII del Código Penal, terrorismo, financiación de terrorismo, y administración de recursos relacionados con actividades terroristas, solo se podrá aplicar el principio de oportunidad, cuando se den las causales cuarta o quinta del presente artículo, siempre que no se trate de jefes, cabecillas, determinadores, organizadores promotores o directores de organizaciones delictivas".

En definitiva, la aplicación del principio de oportunidad como instrumento de política criminal en la lucha contra el crimen organizado, puede evidenciar avances en la detección y sanción de delincuentes que cometen este tipo de conductas. No obstante, su aplicación queda restringida a quienes no ostenten los niveles de organizadores y promotores. Tal y como se consagra este principio en el ordenamiento jurídico colombiano, su alcance no es muy amplio para la lucha contra el crimen a gran escala, resultando quizás de mayor eficacia otras medidas a las que ya hemos hecho referencia.

4.2.23. Allanamientos y registros

El artículo 219 del CPP dispone que el fiscal encargado de la dirección de la investigación, y con el fin de obtener elementos materiales probatorios y evidencia física o realizar la captura del indiciado, imputado o condenado, podrá ordenar el registro y allanamiento de un inmueble, nave o aeronave, el cual será realizado por la policía judicial. Si el registro y allanamiento tiene como finalidad única la captura del indiciado, imputado o condenado, sólo podrá ordenarse en relación con delitos susceptibles de medida de aseguramiento de detención preventiva.

La Corte Constitucional mediante Sentencia C-366-14 de 11 de junio de 2014, indicó que «(...) la posibilidad de que la Fiscalía ordene adelantar una diligencia de registro y allanamiento, únicamente para procurar la captura de una persona, requiere de la autorización previa del juez de garantías tratándose del indiciado o imputado, quien deberá constatar tal como exige el artículo 219 analizado, no sólo que se esté en presencia de un delito de aquellos susceptibles de imposición de medida de aseguramiento de detención preventiva, sino de los demás presupuestos contenidos en la ley y decantados por la jurisprudencia. En los eventos de condenados, tal orden provendrá del juez de conocimiento del juez de ejecución de penas y medidas de seguridad, según el caso.

Destaca además sobre este particular aspecto: "Recuérdese que el artículo 297 de la Ley 906 de 2004, modificado por el artículo 19 de la Ley 1142 de 2007, en concordancia con el artículo 28 superior y con la jurisprudencia de esta corporación que destaca, entre otros, los principios de reserva judicial y legal para la privación de la libertad y demás derechos fundamentales, que "para la captura se requerirá orden escrita proferida por un juez de control de garantías con las formalidades legales y por motivos razonablemente fundados, de acuerdo con el artículo 221, para inferir que aquel contra quien se pide librarla es autor o partícipe del delito que se investiga, según petición hecha por el respectivo fiscal".

Además de lo anterior, precisa expresamente que "Más adelante, el artículo 297 en cita establece que salvo los casos de captura en flagrancia, o de captura excepcional dispuesta por la Fiscalía General de la Nación, que no corresponden a lo consignado en el artículo 219 ibídem analizado, "el indiciado, imputado o acusado no podrá ser privado de su libertad ni restringido en ella, sin previa orden emanada del juez de control de garantías" (no está en negrilla en el texto original).

Afirma complementando la idea anterior que "Aunado a lo anterior, el artículo 299, modificado por el artículo 20 de la Ley 1142 de 2007, regula el trámite de la orden de captura, según el cual una vez emitida, "el juez de control de garantías o el de conocimiento, desde el momento en que emita el sentido del fallo o profiera formalmente la sentencia condenatoria, la enviará inmediatamente a la Fiscalía General de la Nación para que disponga el o los organismos de policía judicial encargados de realizar la aprehensión física, y se registre en el sistema de información que se lleve para tal efecto...".

El articulo 220 destaca lo relacionado con el fundamento para la orden de registro y allanamiento, indicando que sólo podrá expedirse una orden de registro y allanamiento cuando existan motivos razonablemente fundados, de acuerdo con los medios cognoscitivo, para concluir que la ocurrencia del delito investigado tiene como probable autor o partícipe al propietario, al simple tenedor del bien por registrar, al que transitoriamente se encontrare en él; o que en su interior se hallan los instrumentos con los que se ha cometido la infracción, o los objetos producto del ilícito.

En el artículo 221 se incluye, que los motivos fundados deberán ser respaldados, al menos, en informe de policía judicial, declaración jurada de testigo o informante, o en elementos materiales probatorios y evidencia física que establezcan con verosimilitud la vinculación del bien por registrar con el delito investigado.

4.3. Algunas medidas administrativas en la lucha contra la criminalidad organizada

4.3.1. Levantamiento de secreto bancario y medias de facilitación de las investigaciones financieras en el patrimonio de una organización criminal

Se trata de una medida encaminada a efectivizar las investigaciones financieras relacionadas con el crimen organizado. En particular, y desde la Convención de Viena de diciembre de 1988 contra el trafico ilícito de estupefacientes y sustancias psicotrópicas de Naciones Unidas, se estableció que en el ámbito de estupefacientes el secreto bancario no puede invocarse para negar la prestación de asistencia judicial, ni la presentación o incautación de documentos financieros o comerciales con el objeto de asegurar el decomiso o la adopción de medidas temporales que persigan dicho fin.

En 2000 con la Convención de la ONU contra el crimen organizado se fijo la posibilidad de exigir la presentación o de incautar documentos financieros, bancarios o comerciales a fines de aplicación del decomiso, como la prohibición de alegar secreto bancario para impedirlo o para denegar la asistencia judicial reciproca. En 2003 con la Convención contra la corrupción de las Naciones Unidas, se prevé la posibilidad que los Tribunales u otras entidades competentes puedan ordenar la presentación o incautación de documentos bancarios, financieros o comerciales, los Estados parte no pueden negarse a aplicar dichas disposiciones alegando el secreto bancario.[46]

En el ámbito europeo la Directiva 97 de 2001 del Parlamento Europeo, y del Consejo de 4 de Diciembre de 2001, por las que se modifica la Directiva 91/308 del Consejo de las Comunidades Europeas de 10 de junio de 1991, relativa a la prevención de la utilización del sistema financiero contra el blanqueo de capi-

---

[46] SANCHEZ GARCIA DE PAZ, I, " La criminalidad organizada. Aspectos penales, procesales, administrativos y policiales", op. cit., p. 228.

tales, aumenta la lista de profesionales obligados a comunicar la existencia de operaciones sospechosas, y amplia la lista de posibles delitos previos al lavado de activos a los delitos que califica de "graves", entre los que incluye el de participación en una organización criminal. A su vez, en el Protocolo al Convenio celebrado por el Consejo en atención al articulo 234 del Tratado de la Unión Europea, relativo a la asistencia judicial en materia penal entre los Estados miembros de la Unión Europea, dispuso por Acto del Consejo de 16 de octubre de 2001 la regulación de información y control sobre transacciones bancarias como forma de cooperación judicial, y la prohibición de invocar el secreto bancario para rechazar una solicitud de asistencia judicial de otro Estado miembro.

Conforme el Capítulo V, de la convención de las Naciones Unidad Contra la Corrupción, el Estado Colombiano ejerce control sobre las entidades Financieras, a través de la Superintendencia Bancaria, entidad creada por Ley, con autonomía administrativa y financiera, que cumple funciones de inspección y vigilancia atribuidas por la Ley o mediante delegación que hace el presidente de la República.

En Colombia valga destacar, el pronunciamiento de la Corte Constitucional en Sentencia T 440 de 2003, donde se precisó: "bien el secreto bancario está protegido por el derecho a la intimidad, es necesario precisar la relación entre uno y otro. De un lado, no todos los datos protegidos por la reserva bancaria refieren a la intimidad del usuario (por ejemplo, la información económica relacionada directamente con actividades criminales). Sin embargo, alguna información privada también esta cobijada por el secreto bancario (datos que revelen los hábitos de consumo de los usuarios del banco por ejemplo). De otro lado, la reserva bancaria, per se, no integra el núcleo esencial del derecho a la intimidad, el cual está compuesto por información relativa a características definitorias de un individuo, a su vida personal y familiar y a otros aspectos que la Corte ha resaltado. El alcance del derecho a la intimidad no se reduce a su núcleo esencial, sino que se extiende hasta abarcar relaciones intersubjetivas por fuera del ámbito meramente personal o familiar, como las relaciones dentro de asociaciones privadas, los vínculos de naturaleza partidista e, inclusive, algunos aspectos de las relaciones sociales y económicas dentro de los cuales se encuentra el secreto profesional y la reserva bancaria".

Del mismo modo, se indicó en el referido pronunciamiento del tribunal Constitucional: "La reserva bancaria, aún respecto de aquellos datos cobijados por el derecho a la intimidad, no es absoluta. En ciertas circunstancias, el deber de guardar secreto sobre información personal cede ante las necesidades del interés público o de la protección de otros derechos y por ende puede ser sometido a limitaciones constitucionalmente legítimas. Además, el inciso 4º del artículo 15 de la Constitución dispone excepciones a la confidencialidad de documentos privados. La jurisprudencia constitucional ha considerado como ajustadas a la Constitución disposiciones legales que en ciertas circunstancias específicas han limitado el deber de reserva en cabeza de las entidades bancarias. Se observa entonces que esta

Corporación ha aceptado la revelación de datos que en principio están protegidos por la reserva bancaria y ha distinguido, como se anotó anteriormente, entre información amparada solo por la reserva bancaria y datos confiados a un banco en razón de su relación profesional con el usuario que además están protegidos por el derecho a la intimidad".

4.3.2. Unidad de Información y Análisis financiero

Se trata de una Unidad de información a cargo del Estado colombiano, cuyo principal trabajo se centra en: prevenir y detectar operaciones posiblemente relacionadas con lavado de activos y financiación del terrorismo, recibir, centralizar, sistematizar y analizar información relevante (Arts 102 a 107 EOSF, normas tributarias y aduaneras), trabajar coordinadamente con las autoridades de policía judicial competentes.

Del mismo modo, la Unidad de Información y análisis financiero realiza estudios estratégicos sobre prácticas y tipologías de lavado de activos y financiación del terrorismo, sobre sectores y actividades económicas de riesgo, proponer nuevos controles o modificaciones a los existentes.

Es una Unidad clave en la lucha contra el crimen organizado, toda vez que el sistema financiero se configura en uno de los medios claves para detectar operaciones ilícitas vinculadas con delitos organizados, que intentan dar apariencia de legalidad a transacciones criminales. Los criminales organizados, suelen emplear mecanismos para realizar sus operaciones, por ejemplo usar empresas grandes, medianas y pequeñas, de múltiples sectores, utilizan empresas y personas para ingresar el dinero de los delitos a la economía. Hacen propuestas que parecen fáciles, como prestar el nombre o los productos financieros a cambio de una comisión. Al final, el involucrado es quien prestó el nombre o sirvió de herramienta para los lavadores. Por todo ello la Unidad de Información y Análisis Financiero permite detectar las conductas criminales y controlar los comportamientos ilícitos con visos de legalidad.

4.4. La cooperación internacional en la lucha contra la criminalidad organizada

Sin lugar a dudas, la cooperación constituye un instrumento eficaz en la unión de esfuerzos entre Estados para optimizar tareas de investigación y persecución de las actividades criminales.

La Convención de Naciones Unidas contra la criminalidad trasnacional organizada de 2000, en los artículos 16 a 19 señala entre otras formas de cooperación y asistencia judicial reciproca en materia de investigaciones, procesos y actuaciones judiciales las siguientes: la transmisión espontánea de informaciones sobre cuestiones penales que afecten a otro Estado parte cuando las mismas permitan emprender o concluir indagaciones o procesos penales, el traslado de los detenidos o condenados para colaborar en investigaciones, la audición de testigos o peritos por videoconferencia, y la creación de órganos mixtos de investigación para procesos o investigaciones que afecten a dos o mas Estados parte, mecanismos de facilitación de las extradiciones, y el traslado de personas condenadas a cumplir pena.

Según la doctrina los pilares de cooperación judicial pueden clasificarse en tres frentes:[47]

1. La extradición

2. Asistencia judicial en sentido estricto: transferencia de un proceso penal pendiente en el extranjero, la restitución de objetos obtenidos por medios ilícitos, el traslado temporal a otro Estado de detenidos con fines de investigación, la audición de conferencia telefónica y por videoconferencia de testigos y peritos en el extranjero, las entregas vigiladas en territorios de otros Estados, los equipos conjuntos de investigación con un fin y una vigencia temporal determinados, la intervención de comunicaciones en el extranjero, la facilitación de información, documentos u otros elementos de prueba en el extranjero, etc.

3. El auxilio en la ejecución de decisiones extranjeras: transferencia de personas condenadas, ejecución de condenas a privación del permiso de conducir, de condenas pecuniarias, de comiso o incautación de productos del delito< vigilancia de personas condenadas condicionalmente en el extranjero.

Por su parte, el ordenamiento jurídico colombiano establece los siguientes instrumentos de cooperación en materia penal:

1. Cartas rogatorias: Son las solicitudes de asistencia judicial que se dirigen a las autoridades judiciales extranjeras para la obtención de información o pruebas o para la práctica de diligencias. Las cartas rogatorias que se dirijan a las autoridades extranjeras se formularán de manera ordenada, breve, clara y concisa

2. Exhortos: Comisiones que libran las autoridades judiciales a un agente diplomático o consular para que adelante determinadas diligencias, las cuales serán aportadas a un proceso o investigación. Las autoridades colombianas libran exhortos para diferentes diligencias, entre las que se encuentran: la notificación personal de decisiones judiciales, interrogatorios de partes, entrevistas, recepción de elementos materiales probatorios, testimonios, presentaciones personales, videoconferencias, entre otros.

3. Notas suplicatorias: Son las solicitudes de asistencia judicial elevadas a las representaciones diplomáticas acreditadas ante el Gobierno Colombiano. Se tienen que surtir por la vía diplomática es decir a través del Ministerio de Relaciones Exteriores. Su finalidad principal radica en la obtención de información o elementos probatorios como en el caso del otorgamiento de visas a ciudadanos, recepción de testimonios de un Ministro o Agente Diplomático de nación extranjera acreditado etc.

A través de los instrumentos de cooperación y asistencial judicial internacional, Colombia a fortalecido la lucha contra el crimen trasnacional y organizado, toda vez que los delitos no conocen fronteras, y sus formas de actuación

---

[47] SANCHEZ GARCIA DE PAZ, I, " La criminalidad organizada. Aspectos penales, procesales, administrativos y policiales", op. cit., pp. 256 y 257.

son dinámicas y globales, las alianzas entre Estados y la adopción de políticas comunes, posibilitan la unión de esfuerzos que resultan de mayor eficacia en la persecución y sanción del delito.

5. El principio de precaución y su impacto en la persecución del crimen organizado

En la doctrina europea se ha venido desarrollando el abordaje del principio de precaución para anticipar las barreras de protección frente a concretas formas de criminalidad. Este principio se fundamenta en la peligrosidad objetiva de la conducta, y en la constatación de una relación próxima frente la producción de un resultado lesivo, a partir del análisis de los riesgos propios de la conducta, lo que supone la discrecionalidad del intérprete en su valoración. En efecto, prohibir una conducta en atención al principio de precaución supone una restricción parcial sujeta a la aprobación, cuando llegare a constatarse su escaza lesividad o su falta de idoneidad para afectar el bien jurídico.

Frente a la posibilidad de aplicar este principio en el ámbito de los delitos relacionados con el crimen organizado, puede señalarse que no operaria con carácter general para todos los delitos, sino para aquellos que revistan una técnica de tipificación relacionada con el peligro. Lo cual, traería consigo una evaluación de los riesgos al llevar a cabo prácticas encaminadas a la conspiración, o el concierto para delinquir por ejemplo, o las relaciones que por acción u omisión pueda llevar a cabo un funcionario público en redes criminales organizadas, o la tentativa de cometer crímenes a gran escala utilizando medios tecnológicos. Situación similar acontecería en el caso de las conductas que se dirijan a afectar el orden económico y social en el delito de lavado de capitales, o cuando para ello se recurra a prácticas no permitidas que generen riesgos para el medio ambiente como los casos vinculados a la minería ilegal e inclusive a la preparación de actos terroristas. Siempre y cuando, esto se sujete a una fuerte actividad probatoria que permita constatar un nivel de probable lesión de los bienes jurídicos tutelados. Ello traería aparejado el adelantamiento de las barreras de protección a niveles previos a la materialización del resultado lesivo, y que en muchos casos suelen asociarse a la probabilidad mayor de cometer delitos a gran escala y con efectos supranacionales.

Respecto al alcance de la jurisprudencia del Tribunal Europeo de Justicia en cuanto a la aplicación del principio de precaución, resulta pertinente relacionarlo en el ámbito de la lucha contra el crimen organizado del siguiente modo; 1. Cuando se mantengan las dudas sobre la existencia o alcance de los riesgos para la seguridad pública, orden económico y social, salud pública, medio ambiente, entre otros, pueden aplicarse medidas preventivas con el propósito de evitar riesgos mayores, basadas las autoridades en criterios de alta probabilidad, 2 Las medidas de salvaguarda relacionadas con la prohibición, que deben adoptarse como consecuencia de un análisis de riesgos por los hechos inadecuados en el control, manejo y disposición de los bienes y recursos destinados a nutrir y afianzar el propósito de la organización criminal. Por tanto, se exige una valoración rigurosa de los diferentes aspectos que supone el grado de afectación de los recursos. 3. La utilización del principio de precaución se caracteriza por su valor preventivo, superada la incertidumbre, la prohibición de la actividad podrá ser superada o continuar. 4. El ámbito de aplicación de este principio se relaciona con ámbitos propios al orden económico y social, no por ello, puede restringirse su alcance de tutela frente a otros intereses, como sucedería con los delitos vinculados con otras expresiones del crimen organizado. 5. El alcance de este principio en el ámbito que nos ocupa no requiere de la aplicación exclusiva del Derecho Penal, sino la utilización de otros mecanismos del ordenamiento jurídico como el administrativo sancionador. Con la finalidad de evitar peligros concretos que repercutan negativamente en los intereses más relevantes de la sociedad, lo que se podría ver representado en la ausencia de autorizaciones o su revocatoria, la exigencia de mayores controles, la supervisión de licencias, el fortalecimiento de los filtros de inspección a los que son sometidos los funcionarios públicos, y particulares, seguimiento legitimo a movimientos financieros sospechosos, y una mayor exigencia a la observancia de la cultura de legalidad y probidad .

En definitiva, puede anotarse que el principio de precaución en el derecho interno puede vincularse a varios ámbitos del ordenamiento jurídico, entendido éste, como un mecanismo de prevención de los actos precios y concomitantes asociados al crimen organizado, como también con el fortalecimiento de las diversas instancias de detección de los indicios de actividades dirigidas a la comisión de delitos a gran escala.

6. Priorización de los crímenes vinculados a la delincuencia organizada y nuevas estrategias en su detección y persecución

En Colombia, la Ley 1592/12 dispuso que los criterios de priorización estuvieran dirigidos a esclarecer el patrón de macrocriminalidad en el accionar de los grupos armados organizados al margen de la ley y a develar los contextos, las causas y los motivos del mismo, concentrando los esfuerzos de investigación en los máximos responsables. Y es esta Ley, la que le daría soporte legal y a posteriori al Plan Acción de Casos a Priorizar por la Unidad Nacional de Fiscalías para la Justicia y la Paz de fecha 10 de enero de 2012 y de la Directiva 01 de 4 de octubre de 2012 del Fiscal General.

No obstante, el anterior avance procesal, aun se destaca por su ausencia la priorización en la persecución de los bienes de las organizaciones delictivas, y en este caso, de los grupos criminales organizados. Entendidos estos como ya hemos hecho referencia en líneas anteriores como «Cualquier organización creada con el propósito expreso de obtener y acumular beneficios económicos a través de su implicación continuada en actividades predominantemente ilícitas y que asegure su supervivencia, funcionamiento y protección mediante recurso a la violencia y la corrupción o la confusión con empresas legales.»

Al respecto, valga destacar lo expuesto por Giménez-Salinas Framis en la obra La Lucha Contra el Crimen Organizado en la Unión Europea, de la que se ha tomado la definición de crimen organizado, anota que son características del crimen organizado las siguientes:

- La existencia de una organización para acometer el negocio criminal.
- La provisión y suministro de servicios y bienes legales e ilegales.
- La búsqueda de beneficio económico y el empleo del blanqueo de capitales.
- Continuidad y tradición en el negocio.
- Utilización de la violencia hacia el interior y el exterior de las organizaciones.
- Utilización de formas de corrupción en el desarrollo del negocio criminal.
- Confusión con empresas legales.

En el caso colombiano, la realidad social y jurídica ha constatado que en la comisión de graves violaciones de los derechos humanos y de Derecho Internacional Humanitario concurren características propias del crimen organizado tales como las asociaciones delictivas con el mundo empresarial, coaliciones con el mundo político, transacciones financieras, blanqueo de capitales generadas entre otras cosas por el tráfico de drogas, armas, extorsión y el soborno.

Por consiguiente, las estrategias de priorización deben dirigirse a conocer la verdad respecto de la comisión de los delitos más graves por una parte, y de otra, en la persecución de los bienes de la organización no sólo para satisfacer el presupuesto de la reparación integral, sino además para lograr establecer los patrones y alianzas criminales más representativas con el ámbito de lo público y lo privado.

Las estrategias de priorización resultan válidas para el impulso de casos y la obtención de sentencias judiciales, pero las mismas no pueden suponer la impunidad en graves afectaciones de derechos de especial relevancia como los conculcados con las expresiones del crimen organizado y de otra parte, con los casos de connotación y trascendencia en atención al bien jurídico lesionado, impacto en los derechos de las victimas afectadas, trascendencia social que genera el delito y calidad de los autores o participes de los mismos. De no ser así, ello afectaría el derecho a la igualdad como postulado constitucional, y estaríamos ante un escenario de justicia eficiente en desmedro de la justicia material e incluyente.

El Conjunto de Principios de la impunidad dispone también que "La impunidad constituye una infracción de las obligaciones que tienen los Estados de investigar las violaciones, adoptar medidas apropiadas respecto de sus autores, especialmente en la esfera de la justicia, para que las personas sospechosas de responsabilidad penal sean procesadas, juzgadas y condenadas a penas apropiadas, de garantizar a las víctimas recursos eficaces y la reparación de los perjuicios sufridos de garantizar el derecho inalienable a conocer la verdad y de tomar todas las medidas necesarias para evitar la repetición de dichas violaciones". En consecuencia, la búsqueda de la justicia debe observar las realidades nacionales, las calidades de los autores, el tipo de delitos cometidos, los tiempos de su ocurrencia, los modus operandi de dichas organizaciones, así como, la calidad de las víctimas, la cual debe valorarse con criterios objetivos que se inspiren en los principios de igualdad, necesidad, proporcionalidad, verdad, equidad y reparación integral, para el caso que nos ocupa, frente al crimen organizado y los diversos delitos que lo componen.

De otro lado, la aplicación de la Ley 975, conocida como la Ley de Justicia y Paz, ha puesto en evidencia la insuficiencia de los bienes aportados por los victimarios para reparar a sus víctimas, así como la ausencia de vocación reparadora de dichos bienes. Ello se traduce en un déficit de verdad y reparación a cargo del victimario, particularmente implica la posibilidad de que dichos bienes sigan prestando un servicio a las actividades criminales y por tanto, posibilitando que el fenómeno criminal se transforme a otro tipo de delitos relacionados. Por tanto, la priorización debe tener como uno de sus pilares no sólo la obtención rápida de sentencias, sino además, la consecución unos máximos de verdad dirigidos a conocer los móviles y realidades que originaron el delito, los nexos de los autores con el sector público y privado, sus relaciones financieras en el exterior, y los destinos de los recursos o fuentes de financiación de las organizaciones criminales.

Otro aspecto que debe considerarse, en lo asociado a la falta de priorización en la persecución de los bienes de los victimarios y de las organizaciones a las que pertenecen, radica en que la Ley 1592 dispuso la extinción de dominio sobre dichos bienes esté sometida al proceso de extinción de dominio, en desmedro de figuras como el comiso, y el embargo y secuestro de los bienes. Los cuales, podrían hacer más expedita la reparación de las víctimas, en algunos casos. Además de lo anterior, podría adoptarse una estrategia vinculada a la figura de la confiscación, y a la aplicación inmediata de las consecuencias accesorias en dichas sentencias priorizadas que ataquen eficazmente los bienes de procedencia ilegal.

7. Conclusiones

La lucha contra la criminalidad organizada ha inquietado y continúa preocupando a la comunidad internacional, no sólo por los efectos sociales y económicos que generan las conductas delictivas de esta naturaleza, sino además por sus repercusiones negativas en las instituciones, desarrollo democrático, ordenamientos jurídicos, y que en definitiva pueden afectar la estabilidad y gobernabilidad de los Estados que resultan afectados.

Las iniciativas internacionales en la prevención, persecución y represión de la criminalidad organizada han sido muy importantes en cuanto han posibilitado la adopción de medidas e instrumentos comunes al interior de los Estados que las han adoptado. En este sentido, instrumentos como la Convención de las Naciones Unidas contra la Delincuencia Organizada Transnacional y las Directivas y Recomendaciones de la Unión Europea han supuesto la adopción de instrumentos supranacionales encaminados a la lucha contra la criminalidad de gran escala. Del mismo modo, han generado un llamado de atención a los Estados en la implementación de políticas jurídicas eficaces para prevenir y sancionar delitos de gran repercusión dada su gravedad. Dentro del entramado de conductas criminales se encuentran no sólo los delitos de narcotráfico y blanqueo de dinero, sino además los delitos de terrorismo y su financiación, trata de personas, corrupción, concierto para delinquir, criminalidad informática y enriquecimiento ilícito entre otros. Este tipo de delitos tienen como elementos en común no sólo la magnitud de los bienes jurídicos que resultan afectados, sino además sus efectos trasnacionales y las dificultades en su persecución y prueba.

Colombia, es un país que se ha visto particularmente afectado por la criminalidad organizada y sus diversas manifestaciones. El ordenamiento colombiano se ha ido ajustando a los requerimientos internacionales en este ámbito y en consecuencia, ha adoptado reformas legislativas en materia sustancial y procesal en la lucha contra el crimen organizado. Ello ha supuesto de una parte, incremento de penas, tipificación de nuevos delitos, sanciones económicas importantes, y de otra, modificaciones de naturaleza procesal referidas a optimizar los fines del proceso, la persecución de bandas y la lucha contra la impunidad, la actualización de la ley de extinción del derecho de dominio. Además se han fortalecido medidas administrativas importantes como el levantamiento del velo bancario y las actividades que desempeñan las unidades de vigilancia del sistema financiero.

En particular, la adopción de un sistema procesal penal como el acusatorio en el país, ha propiciado la optimización de medidas claves en la lucha contra la criminalidad de carácter organizado. No obstante, los instrumentos de mayor eficacia continúan siendo la extinción del derecho de dominio, el comiso, las actividades del agente encubierto, los allanamientos y registros, y las medidas de naturaleza cautelar encaminadas a bloquear las actividades criminales. Algunas de estas medidas, han supuesto la relativización de garantías ciudadanas, en este punto a sido relevante la jurisprudencia de la Corte Constitucional, la cual, a través de sus decisiones a precisado el alcance y límites de las normas procesales y sustantivas.

Otro de los aspectos claves en este ámbito viene dado por la cooperación internacional y la asistencia judicial reciproca en materia de investigaciones, procesos y actuaciones judiciales. Así, medidas como la transmisión espontánea de informaciones sobre cuestiones penales que afecten a otro Estado parte cuando las mismas permitan emprender o concluir indagaciones o procesos penales, el traslado de los detenidos o condenados para colaborar en investigaciones, la audición de testigos o peritos por videoconferencia, y la creación de órganos mixtos de investigación para procesos o investigaciones que afecten a dos o mas Estados parte, mecanismos de facilitación de las extradiciones, y el traslado de personas condenadas a cumplir pena, son el actualidad los instrumentos que permiten que la lucha contra la criminalidad organizada presente resultados significativos por parte de los Estados.

No obstante, son múltiples los retos a los que se enfrenta Colombia y la comunidad internacional en la prevención, detección y represión de la criminalidad de carácter organizado, y en especial por los efectos nocivos que se encuentran asociados a ésta y que siguen afectando a buena parte de los países. En consecuencia, deben fortalecerse los instrumentos procesales existentes y efectuar una labor de verificación de las medidas dirigidas a controlar las diversas manifestaciones del crimen organizado.

En definitiva, la lucha contra esta forma de criminalidad en Colombia implica un trabajo decidido por parte de diversas instituciones del Estado, y en especial de la Fiscalía General de la Nación, en lo que respecta no sólo con la persecución, prueba y sanción de los delitos, sino además con la garantía de los derechos de los procesados. No obstante, es preciso reforzar ciertas medidas procesales existentes y seguir fortaleciendo los instrumentos de cooperación y asistencia judicial para tal fin.

Así las cosas, concluimos destacando: "A los mafiosos no les da miedo la cárcel; ellos temen que les controlemos en sus recursos financieros". PIERO GRASSO

Impressão:
Evangraf
Rua Waldomiro Schapke, 77 - POA/RS
Fone: (51) 3336.2466 - (51) 3336.0422
E-mail: evangraf.adm@terra.com.br